할 말 하는 주주

할 말 하는 주주

주주 권리 탈환 전쟁, 그 한복판에서

김규식 지음

일러두기

1. 단행본은 《 》, 영화와 드라마 제목은 ' ', 신문 기사 제목은 " "로 표기했다. 잡지와 신문은 기호를 사용하지 않았다.
2. 해외 단행본 중 국내 번역서가 있는 경우에는 《문 앞의 야만인들(Barbarians at the Gate)》, 번역서가 없는 경우에는 《生涯投資家(생애투자가)》식으로 표기했다.

It is not the critic who counts.

중요한 건 평론가가 아니다.

– 시어도어 루스벨트 Theodore Roosevelt

한국 시장 저평가의 핵심을 파헤친 '리얼 드라마'

2024년은 우리 기업 거버넌스 역사에서 획기적인 전환점이 될 듯하다. 정부가 기업가치 제고 계획(밸류업 프로그램)을 발표하고 거래소는 밸류업 기업 가이드라인과 밸류업지수를 발표했기 때문이다. 국민 멸종 수준의 낮은 출산율만큼이나 재앙인 코리아 디스카운트를 해소하는 첫걸음을 내디뎠다고 할 수 있다.

물론 근본적인 해법은 '이사의 주주에 대한 충실 의무'를 인정하는 상법 개정이다. 이 역시 최근 공론화되면서 정치권에서 강하게 추진하고 있어서 매우 고무적이다. 이런 성과는 우리 국민이 잘못을 바로잡을 역량을 갖고 있기 때문이지만 그 속에서 고군분투하는 행동주의 펀드의 역할도 크다.

기업 거버넌스가 훼손되고 주주가치가 침탈될 때, 행동주의 펀드는 해당 기업 주식을 매입한 후 문제를 제기하고 경영에 개입하며 종국적으로 이사회에 진입하는 전략을 구사해 주주가치를 회복한다. 우리나라에서도 행동주의 펀드가 주주가치를 되살린 사례가 잇따르고 있다.

그러나 거의 모든 사례에서 경영진과 이사회는 행동주의 펀드의 개입에 격렬하게 저항하며 무력화하려고 다양한 방법을 시도한다. 따라서 주주가치 회복은 짧으면 2~3년, 길면 5~6년이나 걸리는 매우 고통스러운 과정이 된다. 이 책은 그 과정을 다큐멘터리처럼 생생하게 보여준다. 행동주의 투자 전략의 케이스 스터디로도 활용할 수 있을 정도다.

일반적으로 기업 거버넌스 훼손은 다섯 가지로 분류한다. 첫째, 이사회의 독립성과 전문성 상실, 둘째, 특히 사외이사의 견제, 감독 기능 마비, 셋째, 경영진 성과 보상과 주주 이익의 괴리, 넷째, 주주 통제로부터 차단된 채 밀실에서 이루어지는 이사 추천·선임 및 경영 승계, 다섯째 이사회의 주주의 견제·감독 무력화다. 이 책에는 이 문제들이 거의 다 등장하고, 어떻게 이 문제들을 다루는지 놀랍도록 세밀하게 기록했다는 점에서 큰 의의가 있다.

우리 기업 거버넌스의 훼손 문제는 지배주주가 사익을 편취하거나 지분율을 확대하기 위해 일반 주주의 이익을 침탈하는 사례에 집중되어왔다. 그러나 소유가 분산된 기업의 거버넌스 훼손 또한 심각하다. 특히 주주의 견제, 감독을 차단하기 위해 이사회가 다양한 수단을 동원하는 참호 파기(entrenchment) 현상이 대표적이다. 이 책은 KT&G가 어떻게 자사주를 매입한 후 장기간 장학재단과 복지재단에 기부하는 방식으로 사실상 최대주주 지위를 확보했는지, 참호 파기가 현실에서 어떤 식으로 실행되는지 치밀하게 보여준다.

소유분산기업은 실제로는 소유권이 연기금에 있는 기업이라 할 수 있다. 포스코홀딩스, KT, KT&G 등 대표적인 소유분산기업의 최대주주는 모두 국민연금 등 연기금이다. 연기금의 주인의식이 스튜어드십 코드인데, 이 책에서 스튜어드십 코드 준수가 기업 거버넌스와 기업가치, 주주가치에 얼마나 중요한지 확인할 수 있다.

이 책은 기업 거버넌스의 모든 문제를 심도 있게 다루면서도 한 편의 드라마처럼 박진감 있게 현장을 전달하며, 소유분산기업의 거버넌스 구조와 그 개선방안에 깊은 통찰을 제공한다. 한국 주식시장이 왜 저평가되고 있는지, 기업이 직면한 거버넌스의 복잡한 문제가 무엇인지, 나아가 이를 해결할 실질적인 방안이 무엇인지, 그 답이 이 책에 있다. 특히 기업의 지속가능성과 사회적 책임이 강조되는 현대 사회에서 이런 연구는 더욱 중요하다.

투자자는 물론이고 기업 경영자, 정부 정책 입안자 등 주식시장의 다양한 이해관계자에게 이 책을 필독서로 추천한다.

이남우
한국기업거버넌스포럼 회장

한국판《문 앞의 야만인들》

기업 사냥과 위임장 쟁탈전. 비즈니스 내러티브의 닳고 닳은 주제다. 그럼에도 거대 합병, 성공한 CEO, 주주행동주의자를 소재로 미국 회사의 이사회를 다룬 책을 누군가는 또 쓰고 있을 것이다. 새로운 스토리를 찾는 독자라면 아이러니하게도 가치 창출에 대한 독창적이면서 매력적인 통찰을 제공하는 한국의 역기능적 기업문화에 감사해야 할지도 모르겠다.

김규식 변호사가 신간《할 말 하는 주주》로 새 지평을 연다.《문 앞의 야만인들》이 1980년대 미국 사모펀드 열풍 속에 벌어진 막대한 '쩐의 전쟁'을 폭로했다면,《할 말 하는 주주》는 불편한 질문을 던지며 기득권에 대항하는 투자자들에 맞서 한국의 대기업이 애써 지키려는 가치의 실체를 파헤친다. 독자들은 KT&G의 자기 거래와 비밀주의에 경악할 것이다.

한국의 자본시장이 날로 선진화하면서 기업들의 후진적인 지배구조가 마침내 조명되고 있지만 변화는 쉬이 찾아오지 않는다는 것을 이 책은 여실히 보여준다. 이 책은 그래서 성공 스토리는 아니다. 행동을 촉구하는 격문이다.

아쉬움이 남는다. 아직 끝나지 않은 이야기이기 때문이다. 주주 친화적인 이사 한 명이 현재 KT&G 이사회에 안착했지만, 기존 경영진은 여전히 참호 속에 안주해 있고 회사의 주가는 행동주의 주주 FCP가 제안한 목표 주가에 크게 못 미친다. KT&G를 향한 행동주의 주주들의 캠페인은 아직 갈 길이 멀다.

딘 맥로비
CTFN 기자

Corporate raids and proxy battles are a well-worn topic of business literature. Seemingly every megamerger, successful CEO, or shareholder activist is fodder for yet another book on the American boardroom. Readers seeking something different should thank South Korea's dysfunctional corporate culture for original, engaging insight on value creation.

Kyu-Shik Kim's 《Smoke Screen》 breaks fresh ground. Readers will be shocked at KT&G's self-dealing, corruption and secrecy. As 《Barbarians at the Gate》 showed how much money was left on the table before America's private-equity revolution of the 1980s, 《Smoke Screen》 is a case study in the value that Korean conglomerates hold for investors willing to ask tough questions and fight against vested interests.

As the country's capital markets modernize and light falls on its companies' poor governance, 《Smoke Screen》 shows that change cannot come soon enough. The book is a compelling indictment of KT&G, but it is not a success story. It is a call to action.

If the book falls short, it is in telling a story that is not yet over. One shareholder-friendly director now sits on KT&G's board, but its management team remains entrenched, and the company's share price remains far below activist shareholder Flashlight Capital's target price. It will be plain to readers that the activist's campaign still has a long way to go.

Deane McRobie
CTFN

차례

Part I. 1998-2022

Part II. 2022-2024

들어가며

희미하게, 병원 천장의 조명 같은 것이 보였다. 옷이 풀어 헤쳐져 가슴에 심전도 측정기가 붙어 있었고, 옆에서는 산소 공급 장치인 것 같은 기기가 소리를 냈다. 내가 누운 방은 움직이고 있었다. 앰뷸런스 안이었다.

연말 회식 자리에서 졸도해 병원으로 실려 가는 중이었다. 2015년 12월, 나는 365일 몸을 갈아 넣으며 일하던 평범한 40대 변호사였다. 진단명은 과로로 인한 심부전증.

'주 60시간 필승론'으로 사법 시험에 합격했는데 로펌에서는 이보다 더했다. 주 80시간은 기본, 100시간 일한 주도 드물지 않았다. 연말이면 클라이언트마다 망년회도 해야 했다. 제명에 못 죽겠다 싶었다. 새해가 밝자마자 나는 로펌을 퇴사했다.

변호사로 일하는 동안 내 전문 분야는 증권, 금융, 투자 관련 법이었다. 국내 헤지펀드 운용사에 자문하느라 경영학 교과서부터 투자 전문 서적까지 숱하게 형광펜을 그은 덕에, 투자업은 내게 생소한 분야가 아니었다.

그러나 '전직 변호사'가 투자회사에서 시작할 곳은 바닥이었다. 투자자문사 몇 곳에서 주니어 어소(associate)처럼 리서치로 일을 시작했다.

그러다 한 자산운용사에서 전략리서치 담당 전무가 된 것이 2018년이었다. 그때 팀원 두 명과 모델 포트폴리오를 만들다 한 종목을 유심히 들여다봤다. 현대자동차였다. 당시 연말까지 지주회사에 대한 대주주의 양도차익 과세이연 조항이 일몰될 예정이었고[1] 김상조 공정거래위원장은 순환출자 해소를 요구하고 있었다. 당시만 해도 테슬라는 부도의 기로에 서 있었다. 현대차 주가는 너무 싸기까지 했다. 현대차의 주가 랠리는 탄탄대로라는 확신이 들었다. 누가 현대차의 궐기를 막을쏘냐.

물론 리스크도 있었다. 오너 일가가 자기 이익을 위해 현대글로비스를 중심으로 뭔가 편법을 동원할 태세였다. 그러나 시장에서는 대수롭지 않게 보는 분위기였다. '그야 뭐… 원래 그런 거지…' 내 생각은 달랐다. 이는 전략적으로 계산이 불가능한 오픈엔드(open-ended) 리스크였다.

결국 사달이 났다. 현대차그룹은 2018년 3월 현대모비스의 국내 A/S 부문을 인적분할해 비상장 상태에서 현대글로비스와 합병한다는 이사회 결의를 공시했다. 현대글로비스에 넘기는 현대모비스 국내 A/S 부문에는 말도 안 되는 헐값이 매겨졌다. 그러자 당시 외국인 주요 주주였던 엘리엇이 반대를 표하며 극렬히 저항했다. 외국인이건 한국인이건 누가 봐도 무리수였다. 언론에서도 우려가 쏟아졌고, 결국 같은 해 5월 양사가 합병 결의를 취소하며 없던 일이 되었다.

그러나 경영진을 향한 배신감의 후폭풍은 대단했다. 주식시장에서 본격적으로 현대차, 현대모비스 주가기 바닥을 향했다. 16만 원에서 움직이던 현대차 주가는 11월에는 9만 2,500원까지 내려갔다. 아비규환의 생지옥이었다.

물론 잊을 만하면 반복되는, 새로울 것 하나 없는 일이다. 2015년 7월에는 삼성물산-제일모직 간에 불공정한 비율의 합병이 있었다. 현대중공업은 2019년 6월 한국조선해양을 물적분할한 후 2021년 9월 중복 상장했다. LG화학은 2020년 12월 LG에너지솔루션을 물적분할한 후 2022년 1월 중복 상장했다. 2019년 10월에는 SK네트웍스가 렌터카 사업을 AJ렌터카에 영업양도하면서 AJ렌터카 주식을 헐값에 취득했다.

지배주주들은 온갖 창의적인 방법으로 일반 주주를 수탈해 자신들의 지분율을 늘린다. 고심 끝에 '지배력 강화'라고 우아하게 표현하지만 강화는 무슨. 강도 짓에 다름 아니다.

　나름 법적 리스크 분석에는 자신이 있는 나조차도 이런 암초를 피하는 것이 쉽지 않았다. 지배주주들은 항상 공부했다. 다음엔 또 어떤 창의적인 구조를 만들어 수탈할지 예측조차 하기 어려웠다. 그들이야말로 금융공학의 첨단에 서 있다 해도 과언이 아니었다.

　그렇게 수년간 몸으로 배운 것이 있다. 대한민국에서 주식투자는 장기적 비전, 가치 평가보다는 수풀 뒤에 매복해 있는 지배주주의 독화살을 피하는 게 더 중요한 핵심 스킬이라는 사실이다. 제명에 못 죽을 것 같았던 로펌 시절이 차라리 꽃밭처럼 여겨질 정도였다. 정신을 바짝 차려야 하는 이 정글은 암울한 곳이었다. 이대로 가만히 있어서는 안 된다 싶었고, 자연스레 주주행동주의에 관심이 커져갔다.

　'주주가 지분을 매집하고 주주총회를 통해 회사에 요구하는 행위'는 우리나라에서 흔한 일이 아니다. 1956년 주식시장이 개장한 이래 널리 알려진 사례는 단 8건에 불과하다. 70년 가까운 역사에 8건. 그마저 대부분 외국 펀드들이었다. 그래서인지 언론도 '문 앞의 야만인들' 취급을 했다.

　그중에서 지금까지도 가장 유명한 일이 2003년의 SK-소버린 케이스가 아닐까 싶다. 2003년 3월 SK그룹 최태원 회장은 분식회계 혐의로 구속된다. 그리고 곧이어 4월에 소버린이라는 미국계 투자펀드가 SK주식회사 지분 8.64%를 확보했다고 선언한다. 많은 이에게 대기업 회장이 분식회계를 저질러 감옥에 가게 되었다는 소식도 충격이었겠으나, 오너의 부재를 틈타 외국계 펀드가 지분을 늘렸다는 소식에 SK그룹 임직원들이 느꼈을 충격에 비할 바는 아니었을 테다.

당시 국민감정은 SK 최태원 회장에게 도저히 우호적일 수가 없었다. 그럼에도 불구하고 언론은 소버린을 맹비난했다. 외세에 맞서 전 국민이 하나 되어야 한다는 격문과도 같은 보도가 줄을 이었다. 리더가 철창 안에 있는 동안 소버린은 SK 주식을 맹렬히 매집했고 최태원 일가도 이에 질세라 주식을 사들였다. 종국에 최태원 측은 15.93%까지 확보했고, 소버린은 바로 턱밑인 14.82%까지 매집했다. 손에 땀이 날 만큼 맹렬한 추격전이었다.

당시 격렬한 경쟁 때문이었는지 행동주의 캠페인 역사 중에 유일하게 SK-소버린은 '사태'라는 이름을 얻었다. 물론 이런 이름은 SK와 SK 편을 든 언론이 붙인 것이었다. 정작 주주들은 함박웃음을 지었다. 약 2년 만에 주가가 무려 5배 올랐다. 일반 주주에게는 사태는커녕 대박이라고 부를 만한 일이었다. 이때의 추억 때문인지 10년이 지난 2013년 최태원 회장이 이번에는 역술인의 도움을 받아 공금을 횡령해 또다시 수감되자 주가가 2년 만에 3배가 올랐다. 이때는 아무도 사태라고 부르지 않았다.

　나는 운동권 출신이다. 그래서인지 '외국인=침략자'라는 등식이 기본값으로 뼛속 깊이 새겨져 있었다. 그러나 이질감을 벗어던지고 곰곰이 생각해보았다. 주주가 목소리를 내는 건 나쁜 일일까? 주주는 주식을 사고파는 것 말고는 가만히 있어야 하는 걸까? 우리나라에서는 대주주가 감옥에 가면 왜 주가에 호재일까? 왜 지인들은 밤잠을 설치며 미국의 애플, 엔비디아 주식을 살까?

　이러한 냉정과 열정 사이를 오가던 마음이 2022년 정리되기 시작했다. 그전까지 70년 동안 주주들의 움직임은 단 8건에 불과했다. 그런데 2022년부터 단 3년 동안 17건이 있었다. 게다가 대부분 우리나라 사람들이 이끄는 토종 펀드가 주축이었다. 같은 나라 사람들이 하는 일이라 더 거부감 없이 핵심을 보게 되었다. 거대한 변화가 시작되고 있었다.

　토종 주주 캠페인의 면면을 보면 가장 눈에 띄는 것이 있다. 바로 그 투자 금액의 보잘것없음이다. 주주 활동의 평균 금액이 500억 원에 지나지 않는다. 이 정도라면 큰 회사를 상대로 해서는 목소리를 내기 힘들다. 작은 회사를 타깃으로 삼을 수밖에 없다. 대부분 시가총액이 2,000억 원에서 2조 원 사이인 회사를 상대로 활동했다. 500억 원으로 지분의 2.5%에서 25%까지 확보할 수 있다. 토종 행동주의 펀드도 분명 조만간 조 단위로 성장하겠지만 한편으로는 조바심이 났다.

미국계 행동주의 펀드의 규모는 무시무시하다. 엘리엇이라는 펀드는 수탁고가 무려 90조 원이 넘는다고 하고,[2] 칼아이칸이라는 펀드도 20조 원이 넘는다.[3] 미국과 일본에서는 한 해에만 수십 건의 주주 캠페인이 있다. 그 큰돈을 굴리는 펀드들이 왜 우리나라에 지난 70년간 10번도 안 들어왔는지 도리어 궁금할 정도다. 행동주의 펀드들에조차 우리나라는 매력적이지 않은 시장이어서일까?

그렇게 하나씩 훑다 보니 국내 펀드 활동 중에 특이한 케이스가 눈에 들어왔다. 무려 시총 12조 원인 회사에 단 0.4% 지분으로 도전한 펀드였다.

KT&G라는, 나도 분명 공기업으로 알던 회사의 대표이사를 바꿔야 한다고 주장하는 플래쉬라이트 캐피탈 파트너스라는 회사였다.

PART I
1998—2022

1998년, 서울

"주가수익률을 보시지요. 한국은 이 비율이 7~8입니다. 대만은 18, 말레이시아는 21, 인도는 16인데 말입니다. 이렇게 저평가된 것은 경영진과 '기업 거버넌스'가 제대로 작동하지 않기 때문입니다."[4]

지금부터 23년 전인 2001년, 고려대학교 경영대학의 한 교수가 언론 인터뷰에서 이렇게 말했다. 장하성 교수는 1997년 참여연대를 만들고 소액주주 권리를 위해 활동하며, 삼성그룹에 도전장을 낸 사람이다. 한국에 이런 사람이 있다니, 외국 언론들이 앞다퉈 그에게 인터뷰를 요청했다. 드디어 한국 시장도 바뀌려나 하는 기대 반 호기심 반이었다.

1999년, 삼성그룹은 논란의 중심에 있었다. 당시 이건희 삼성그룹 회장은 삼성자동차가 금융기관과 협력업체 등 채권단에 진 부채 2조 4,500억 원을 자신이 보유한 삼성생명 주식 350만 주로 상환하고, 모자라면 50만 주 더 출자하겠다고 발표했다. 삼성생명 주식 평가액 주당 70만 원, 부채 2조 4,500억 원에 딱 들어맞는 숫자였다.

여기에 삼성전자를 포함한 삼성그룹 계열사들도 십시일반 돕겠다고 나섰다. 혹시 삼성생명 주가가 70만 원에 못 미치면 각 회사가 이사회 의결을 거쳐 부족분을 메우겠다고 했다. 한마디로 이건희 회장의 빚을 계열사가 연대보증한 셈이었다.

당시 삼성전자 주주였던 참여연대는 이러한 삼성전자 이사회의 의결이 무효라고 주장하며, 삼성전자가 엉뚱한 제삼자에게 돈을 내지 못하도록 막아달라고 가처분을 신청한다. 이에 삼성전자는 삼성자동차 채권자에 대한 이건희 회장의 채무를 대신 변제하지 않겠다고 발표했다. 참여연대의 승리였다.

그 후 2001년 12월에도 장하성 교수는 소액주주 대표소송을 통해, 이건희 회장과 임원들이 총 977억 원을 소액주주들에게 배상해야 한다는 승소 판결을 이끌어냈다.

시간을 더 거슬러 올라가 1998년 3월 27일, 삼성생명 강당에서 열린 29기 삼성전자 주주총회. 이 자리에도 장하성 교수가 나타났다. 강당을 가득 채운 주주들 사이에서 장 교수가 일어서서 경영진에게 질문했다. 사업의 문제와 의사결정의 문제, 그리고 경영진과 사외이사들이 가진 기본적인 자세의 오류를 조목조목 설명했다.

'도무지 경영진은 주주를 뭐라고 생각하는가? 저기 앉아 있는 사외이사들은 자신이 무엇을 해야 하는지를 알고는 있는가? 주주는 사외이사에게 경영진을 감독하라고 믿고 맡겼다. 그런데 그들은 주주는 안중에도 없고 자신에게 월급을 주는 사람, 경영진 편을 든다. 오죽하면 거수기, 손 드는 기계, 독자적 판단 능력을 가진 사람이 아니라 영혼을 잃어버린 기계라고들 한다.'

당시 삼성전자 사외이사는 송자 명지대 총장(향후 교육부 장관), 정지태 전 상업은행장, 윤병철 하나은행 회장 등이었다. 명성은 화려하지만 삼성전자의 사업을 제대로 이해했다고 보기는 어려운 사람들이었다. 사실 우리나라 모든 회사가 그랬다. 교수, 검사, 은행장 같은 전문직역은 재직 시에는 명예를 추구하다가 퇴직 후에 실리를 챙기는 관행이 있었다. 자신의 전문성을 발휘해 실리를 챙기면야 아무 문제가 없겠으나 실리만을 챙긴다면 심각한 문제가 발생한다.

삼성전자 이사는 연봉도 받고 그 외에도 실리를 챙길 수 있는 기회였다. 삼성그룹 사외이사들은 몰래 실권주를 챙겨서 단기에 매각해 수익을 거둘 수 있었다. 정지태 전 상업은행장은 2억 5,000만 원, 윤병철 하나은행 회장도 거의 1억 원에 달하는 돈을 챙겼다.[5]

삼성전자 이사라면 명예에도 도움이 됐다. '이건희의 요청을 받은 사람'이라는 인정이자 평판이 따라다녔다. 여느 중소기업의 사외이사와는 격이 다른 자리다. 우리 사회 최상위 이너서클의 멤버라는 아우라를 주었다. 그러니 사외이사들도 주주에 대한 의무에는 전혀 관심이 없었다. 주가? 내가 왜?

아무리 해도 부족했다. 벌써 일곱 시간이 넘었다. 하지만 아직도 부족했다. 전국의 주주들 모두가 주총장에 올 수는 없었다. 하지만 한 명이라도 진실을 밝혀야 했다. 주주들 목소리를 듣는 것이 주총 아닌가. 조목조목 설명하는 장하성 교수의 논조에 반대할 사람은 없었다. 다 맞는 말이었기 때문이다.

700명 넘는 참석자 중 한 명이 더 이상은 참을 수 없다는 듯 마이크를 요청해서는 장하성 교수 쪽을 쳐다보며 소신을 밝혔다.

"할 말 있습니다."

다른 주주인 줄 알았는데 아니었다. 삼성전자 직원이었다. 주총장에는 삼성전자 직원이 수십, 아니 수백 명은 들어와 있었다. 직원들이 왜 일은 안 하고 주총에 나온 것인지. 기싸움이라도 하려 했던 걸까? 목을 가다듬은 직원은 화난 목소리로 따박따박 말했다.

"제가 보기엔 당신들이 우릴 너무 우습게 보는 것 같습니다. 저는 솔직히 주주들에게 실망했습니다. 우리 삼성전자는 대한민국 전체 수출의 12퍼센트를 차지하는 수출 역군입니다. 자그마치 210억 불입니다! 우리가 이렇게 열심히, 국가 경제를 위해 일할 때 당신들은 뭘 했습니까?"

"옳소!" "조용히 해!" 삼성전자 직원의 발언을 도화선으로 저마다 소리를 질러대자 주총회장은 순식간에 아수라장이 되었다. 직원에게 질문을 받은 장하성 교수는 자신이 무슨 말을 들은 건지 어안이 벙벙했다.

'주주가 무슨 일을 했냐고? 우리가 뭘 했냐고?'

다시 장하성 교수가 큰 목소리로, 손에 든 멀쩡한 마이크가 고장이라도 난 듯이 소리를 질렀다.

"우리가 지금까지 당신들 월급을 주고, 당신들 보너스를 줬어! 당신이 가진 모든 걸 주주가 준 거라고. 우리가 회사의 주인이야! 회사의 주인은 주주야. 이 회사는 주식회사야!"

그렇게 열변을 토한 장하성 교수는 조금은 분을 삭이고서야 겸연쩍은 듯 침착하게 한마디를 더 했다. "이거 참…. 어디서부터 가르쳐야 할지."

열세 시간에 걸친 주총이 끝나고 장하성 교수는 생각했다.

'이렇게 아무것도 모르는 사람들이지만, 이렇게 척박한 환경이지만 나라도 열심히 해야 한다. 지금은 신기하게 볼지언정 내가 하는 일은 옳은 일이다. 언젠가 우리나라도 정상화되면 주주가 주인이라는 공리가 자명해질 날이 올 것이다. 사외이사가 고급 알바가 아니라 주주를 위해 일해야 한다는 그런 생각을 하는 때가, 당장은 아니어도 언젠가 올 것이다. 아니, 와야만 한다. 곧 와야만 한다.'

1998년이었다.

2022년, 카파도키아

마법 같은 광경이 펼쳐졌다. 같은 사물도 땅에서 보는 것과 하늘에서 보는 것은 말 그대로 천양지차였다. 하늘에서 보는 경이로움, 신비로움. 하늘에서 내려다보이는 기암괴석은 그야말로 장관이었다.

11월 터키 카파도키아의 하늘은 맑았다. 한국의 10월 무렵처럼 관광하기엔 더없이 좋았다. 아침 햇살도 공기도 너무 상쾌하다. 다들 사진 찍느라 여념이 없다. 정말 아무렇게나 찍어도 달력같이 나올 것 같다.

B씨는 기분이 너무 좋았다. 아침 4시 반에 일어나느라 힘들었지만 이렇게 이국의 황홀한 일출 장면을 보니 오길 잘했다 싶다. 기상 상황이 맞아떨어져야만 가능하다는 열기구 투어를 이렇게 하게 되다니. 운이 좋았다. 주변에 풍선들이 모두 떠서 스무 개가 넘어 보였다.

60을 바라보는 와이프도 연신 감탄하며 기뻐하는 모습을 보니 마음이 편했다. 검사로서 공직 생활을 하는 동안 와이프와 함께 이렇게 장기간 여행을 하기란 매우 어려운 일이었다. 그만큼 아직도 부부가 함께하는 여행은 생소하다.

어림잡아 100미터를 올라가니 처음의 들뜬 마음은 잔잔해지고 어느새 저 먼 곳을 관조하게 되었다. 그러면서 이런저런 생각이 들었다. 돌아보면 힘들게 달려온 30년이었다. 내 인생은 이제 이만큼 누릴 자격이 있다는 생각도 들었다. 인생이란 목표를 향해 열심히 달리는 것도 중요하지만 그때그때 즐겁고 여유 있게 사는 것도 필요하다는 생각이 들었다.

"인생은 경주가 아니라 그 길의 한 걸음 한 걸음을 음미하는 여행이라는 말도 있음을 마음에 두고 항상 풍요롭고 향기로운 삶을 영위하기를 바랍니다."

이렇게 매년 개인 여행을 출장이라는 명목에 돈까지 챙겨준 사장도 고마웠다. '참 인간미가 있는 좋은 친구야.' 지난 명절에는 홍삼을 몇 박스나 줘서 주변 지인들 다 나눠주고도 아직 많이 남았다. '작년에 사장 연임할 때 내가 사장후보추천위원회 위원장으로 연임을 확실히 밀어준 게 이렇게 돌아오다니 허허.' 사실 사외이사가 이런 건지 몰랐다.

주변에서 '너도 이젠 불로소득을 좀 만들어봐야지?'라고 말할 때 사실 이해가 가지 않았다. 그런데 막상 해보니 사외이사는 정말 편한 자리였다. '그동안 쌓아온 나의 사회적 영향력이 이렇게 도움이 되는구나' 깨달았다. 6년까지밖에 못 하는 게 그렇게 아쉬울 수가 없다.

여기까지 따라와준 직원들이 고마우면서도 '하긴, 저 나이 땐 원님 덕에 나팔도 불고 하는 거지' 하는 마음도 든다.

'A이사, B이사는 지금쯤 뭐 하고 있으려나? 아, 이번에 둘 다 미국에 갔지. 아들들 보러 간다고 했는데. 참 다들 그것도 출장이라고 둘러들 대긴. 허허. 정말 인간적인 사람들이야. 적당히 유도리도 있고. 이번에 귀국하면 골프라도 치면서 연말에 우리 사장 연봉도 넉넉히 챙겨주자고 이야기해봐야지. 나도 염치라는 게 있는데.'

"KT&G도 호화출장 논란… 업무시찰 가서 크루즈, 열기구 체험."

2024년 1월 24일 저녁 7시 30분 JTBC 뉴스 제목이었다. 포스코홀딩스 임원들이 전세 헬기까지 동원한 호화 해외 출장 의혹으로 경찰 수사를 받고 있는데, KT&G 사외이사들 역시 매년 업무 시찰을 간다고 해외로 나가 관광을 즐겨온 걸로 파악되었다는 보도였다. '유명 관광지를 돌고, 크루즈 여행을 하고, 열기구를 타기도 했다'는 자극적인 멘트도 잊지 않았다.

JTBC가 입수한 문건에는 2012년부터 최근까지 KT&G 전·현직 사외이사들의 해외 출장 기록이 담겨 있었다. 사외이사들은 업무 시찰을 한다며 KT&G 해외 법인이 있는 나라에 갔다. 특히 튀르키예를 자주 방문했다. 짧게는 8일, 길게는 12일 일정이었다.

문제는 내용이었다. 출장 일정표를 보면 법인장 보고를 받은 날을 빼면 나머지는 대부분 관광이었다. 시내를 시작으로 부육아다섬에서 마차 투어를 즐기고 보스포러스 해협에서 크루즈도 탔다. 2023년에는 현직 이사가 카파도키아에서 열기구도 탔다. 법인이 없는 다른 나라를 경유할 때도 많았다. 한 전직 이사는 이탈리아 로마와 밀라노에 들러 5일 동안 개별 일정을 소화한 뒤 튀르키예로 넘어갔고, 러시아 모스크바 법인 시찰에 나선 사외이사도 이탈리아 나폴리에 먼저 들러 개별 일정을 진행했다.

JTBC 기자가 연락을 시도했지만 사외이사 상당수는 연락을 받지 않았다. 방송에 나온 목소리는 다음과 같은 판에 박힌 말만 반복했다.

A이사 [음성변조] 취재에 응할 수가 없습니다. 미안합니다.
B이사 [음성변조] 인삼공사 견학하고 공장 방문하고 그렇게 했습니다. 그 일정도 그렇게 길지 않았고요.

나도 나이 먹으면 저렇게 될까?

K사 전략기획실 A씨는 입사 6년 차 대리다. 전략기획실은 K

사에서 요직 중에서도 요직이다.

사장들은 모두 사장이 되기 전 전략기획실을 거쳐갈 만큼 소위 '임원이 될 수 있는 팀'이에요. 주 업무는 회사의 전략을 검토하는 일인데, 또 중요한 부분이 바로 이사회를 관리하는 일이죠.

이사회 자료를 만들고 사외이사 한 명 한 명을 관리하는 일이에요. 사실 업무 강도가 세지는 않아요. 다만 진상을 부리는 이사가 있으면 감정노동을 해야 해서 힘들죠. 코로나 기간 동안 해외 연수를 가지 못했으니 그 비용을 현금으로 달라는 이사가 있었어요. 그리고 명절에 최고가 인삼제품 세트를 자그마치 1,000만 원어치나 달라는 이사도 있었고요. 그걸 다 어디 쓰려는 건지…. 그분은 이제 그만두었지만 '천만 원 명절 세트' 이야기는 지금도 전설로 남아 있어요.

1년에 네 번 이사회가 열릴 때면 사실 조마조마해요. 거의 항상 별 질문 없이 30분이면 끝나긴 하지만요. 한 시간을 넘기는 경우는 없어요. 질문이 없으니까요. 최근에는 미국에서 사고를 쳐서 사업이 중단된 일이 있었는데, 이에 관해서 보고해야 하니 자료를 최대한 간단히 만들었어요. 그러고도 혹시 질문이 나오면 어쩌나 걱정했어요. 그런데 역시는 역시라고 아무도 질문하는 사람이 없었고 훈훈하게 끝났어요.

사외이사 후보를 찾을 때도 전략기획실에서 헤드헌팅 업체 등에 의뢰해서 물색해요. 그럼 2배수, 3배수로 후보 약력을 보내와요. 최종적으로 어떤 인물이 어떻게 추려지는지는 전적으로 전략기획실장에게 달려 있어요. 아마도 이 과정에서 외부에서 추천한 사람과 사장이 개인적으로 아는 인맥의 사람이 섞이는 것 같아요. 이 마지막 과정은 항상 전략기획실장이 방 안에서 문을 잠그고 혼자 전화로 통화하면서 진행했어요.

무슨 질문을 하는지는 모르겠어요. 하지만 결과적으로 추려지는 사람들 프로필은 항상 같아요. 사업에 대해서 별 관심도 없고 별 질문이 없는 사람들이에요. 그래야 회사 입장에서도 편하니까요.

1년에 한두 번씩 출장이란 명목으로 사외이사들 관광을 보내요. 이걸 사양하는 사외이사는 지금까지 단 한 명도 보지 못했어요. 소위 '그린 미팅'이라고 하죠? 사외이사와 부사장이 골프를 치면서 이야기가 오가면 부사장이 전략기획실장에게 귀띔을 해요. 그럼 제가 사외이사에게 전화해서 선호하는 지역과 일정을 여쭙고 여행 일정을 짜드리지요. 여행사를 항상 복수로 알아보고, 정말 꼼꼼히 해야 해요. 이 과정에서 사외이사의 까다로운 주문을 다 받아야 해요.

마침 안 그래도 오늘 여행사로부터 문자를 받고 둘 중에 뭘로 할까 고민하고 있었는데요.

1) 찬란한 문명: 두바이+이집트 10일 #전일정5성호텔 #나일강크루즈
2) 하모니: 이집트+그리스+튀르키예 12일 #벨리댄스포함

아, 이번에도 사모님이 같이 가신다고 하니 1번이 안전하겠네요. 사

외이사 중에는 공식적으로는 출장이라면서 굳이 배우자를 동반하겠다는 분들이 있어요. 거기다 일정 중에 부득이하게 끼워놓은 아주 잠깐인 업무 미팅에도 데려와서 같이 업무 보고를 받겠다는 사람도 있어요. 잠시나마 영부인 대접받으며 기분을 내려 했던 것 같아요. 그걸 해달라는 사람이나, 따라오는 배우자나…. 그래도 본사 사외이사에게 감히 누가 토를 달 수 있겠어요.

일정이 확정되면 출장계획서를 써요. 물론 완전 허구죠. 사실은 나일강 크루즈나 벨리댄스를 하는 시간을 '시찰' 명목으로 그럴듯한 일정을 만드는 게 제 역할이죠. 그리고 이 출장계획서를 실장과 제가 부사장실에 가서 보고드려요. 이 모든 과정은 처음부터 이메일을 쓰지 않아요. 기록이 남는다고 해서 절대 금물이에요.

얼마 전 A, B 두 사외이사가 미국에 가겠다는 거예요. 미국에서 공부하는 아들을 보러 가겠대요. 난감하죠. 얼마 전에 미국 사업을 중단했다고 했잖아요. 그래서 시찰할 게 없으니 자회사 제품 '시장조사' 목적이라고 출장계획서를 작성했어요. 시장조사라는 말만큼 편한 게 없어요. 출국할 때 공항 면세점에만 가도 시장조사, 해외에서 편의점 한 번만 가도 시장조사니까요. 우리 사외이사를 보면 국회의원, 시의원, 구의원들이 해외연수한답시고 관광하는 모습이 떠올라요. 어쩜 하는 짓이 다 똑같은지….

어찌 보면 인간적으로 딱하기도 해요. 저 사람들 다 우리나라에서 나름대로 잘나갔다는 사회 지도층인데 어쩌다 저렇게 초라해졌을까요? 나이를 먹으면 저도 저렇게 될까요? 갑자기 우울해지네요.

"KT&G 사외이사들, 부부동반 외유 1000만원씩 회삿돈 썼다…업무 일정처럼 보이게 '허위 출장', 현지 직원이 쇼핑 등 '황제의전'"

이튿날 조선일보 기사는 제목부터 더 통렬했다. KT&G가 사외이사들에게 비즈니스 클래스 왕복 항공권과 고급 호텔 숙박료를 지원하고, 별도로 식대와 교통비 같은 명목으로 하루에 500달러(약 67만 원)씩 현금으로 지급했으며, 해외 출장에 배우자를 데려가기도 한 사외이사도 있었다며 일관되게 문제를 지적했다.

조선일보가 입수한 내부 문건 등에 따르면 KT&G 사외이사 대부분은 코로나19 사태로 하늘길이 막혔던 2020~2021년을 제외하고 2012년부터 매년 한 차례 일주일 내외 일정으로 해외여행을 갔다. 해외 체류 기간 중 업무 일정은 없는 거나 마찬가지였고, 있더라도 몇 시간이 전부였다. KT&G 현직 사외이사 6명은 '전원'이 2022년과 2023년 한 번씩 미국과 유럽, 인도네시아, 싱가포르 등지에 다녀왔다.

사외이사 해외 출장에는 KT&G 현지 직원들이 차량 운전이나 쇼핑 안내 등에 동원됐고, 사외이사의 아내가 현지 법인 업무 보고에 동석하기도 했으며, 현지 직원들이 사외이사를 접대하느라 법인카드를 썼다고도 한다. 항공료와 숙박료, 현지

의전 비용 등을 포함한 해외 출장 비용은 사외이사 한 명당 1,000만 원이 넘는다.

아예 업무 일정을 한 건도 잡지 않고 일주일 내내 그리스, 이탈리아, 이집트 등에서 유람선 여행을 한 사람도 있었다. 사외이사들은 여행사 패키지 상품을 이용하거나 현지에서 KT&G 직원들의 의전을 받으며 관광을 다녔다.

쇼핑 도우미

안녕하세요, 대리님
인삼공사 미국법인 조○○입니다.

오늘 아침에 N이사님 샌프란으로 무사히 올라가셨습니다.
업무상 나누었던 이야기는 첨부된 회의록 참고해주시구요, 이 메일에는 "참고로 알아두실 내용"만 넣었으니, 그냥 보고 흘려버리세요~ :)

도착하신 날 점심은 약속된 대로 공항 인근에서 이탈리안 레스토랑에서 했습니다. (...) 워낙 이동에 시간이 제법 걸려서, 업무보고 후 바로 사모님 픽업하여 LA 이곳저곳 보여드렸구요.
지나가는 길에 LA 다운타운에 있는 정관장 매장도 잠깐 보셨습니

다(다소 늦은 시간이라 방문은 못 하셨음)

저녁은 중식으로 하였는데, 중식당 쪽으로 이동하는 중간에 메뉴 선정 관련해서, 제가 대리님께서 많이 도와주셨다 했더니, 내가 뭐 좋아하는지는 또 어떻게 알았냐며, H대리님 칭찬을 많이 하셨습니다. ㅎㅎㅎ 돌아가서 민 사장님께 H대리 승진시켜달라고 해야겠다며 농담하셨다는 ㅎㅎㅎ

(혹시 9월에는 제가 H과장님이라고 불러야 할런지도 ㅎㅎㅎ)

첫날 조금 늦게 일정이 끝났습니다. 11시경에 호텔에 들어가셨고, 오늘 조식은 두 분이서 하셨습니다. 체크아웃 큰 문제 없이 바로 공항으로 출발하셨고, 좌석은 이코노미 불편해하셔서 비상구 좌석에 앉으실 수 있는 이코노미 플러스로 옮겨드렸어요.

다음에도 대리님께서 항공권 예약하실 때 참고하시면 좋을 것 같습니다.

원래 비지니스 타시니까 상관없을 것 같긴 한데, 이사님께서는 체격이 좋으셔서 자리가 좁으면 아무리 짧은 비행이라도 힘들다고 하시더라구요. 미국 국내선의 경우에 항공사마다 다르긴 하지만 이코노미 플러스 혹은 이코노미 컴포트 이런 이름으로, 일반 이코노미석보다 좌석 간격이 조금 넓은 것들이 있거든요(예약할 때 지정할 수 있음.)

구간이 짧은 경우에는 1인당 30~40불 정도만 추가하면 되기 때문에, 직접 항공권 arrange 하실 경우에는 참고하세용~

이건 진짜 오프더 레코드로....ㅎㅎ

원래 정해놓았던 일정 대비해서 여기 저기 많이 보여 드렸더니 상당히 흡족해 하셨습니다.

사모님께서도 패션디자인과 교수님이셔서 그러신지 쇼핑하시는 것도 좋아하시고, 이사님께서도 명품 브랜드는 빠삭하게 아시는 데다가, 돈 쓰시는 거에 크게 구애받지 않으시는 것 같아요.

제가 입사하고 지금까지 회사 다니면서 뵈었던 분 들 중에 브랜드는 가장 많이 아시는 듯 ㅎㅎㅎ

그리고 사진 찍고/찍히는 것 좋아하시는 것 같아요.

덕분에 J씨는 하루종일 운전하고, 저는 사모님/이사님 옆에 찰싹 붙어서 찍사를 ㅎㅎ

(다음에 대리님 일하실 때 참고하시라고 적어 놓습니다. ㅋㅋ)

보고용 자료로는 첨부된 회의록 봐 주시구요,

혹시 이사님 관련해서 추가적으로 제가 알려드릴 수 있는 사항 있으면 물어봐주세요. :)

감사합니다.

위 이메일에 나온 대로 이런 개인 일정 맞춤 도우미까지 포함된 관광을 받은 대가는 무엇이었을까? 이 이메일에서 언급한 사외이사 N씨는 2015년 민영진 사장이 범죄에 연루되어 구

속되는 바람에 급히 사장 후보로 백복인을 추천했을 당시 사장후보추천위원회 중 한 명이었다. 대전지방국세청장 출신인 N씨는 같은 해 세무 비리 혐의로 구속된다. 죄명은 '특정범죄가중처벌 등에 관한 법률상 알선수재 혐의', 즉 세무조사를 무마해달라는 청탁을 받고 3억 원을 수령한 혐의였다.

JTBC가 보도한 KT&G 내부 문건에는 KT&G 직원들이 사외이사와 그의 배우자 여권을 받아 여행 수속까지 밟아주었다고 기록되어 있었다. 현직 사외이사 중 한 명은 2018년 10월 아내와 함께 지중해 패키지 관광을 다녀왔다. 내부 관계자에 따르면 이 사외이사는 2022년, 2023년에도 각각 이집트, 스페인 여행을 다녀왔다.

해외에서 KT&G 주재원이나 전략실 직원 한두 명이 사외이사의 식사비, 교통비 등을 법인카드로 대신 결제하면 매일 지급되는 현금 경비 500달러는 고스란히 챙길 수 있었다.

조선일보 기사에 삽입된 사진에는 '회사 내부 문건'이라고 표시된 그래픽이 있었고, 여기에는 '10월(1021~1029)_○○○이사_터키등'이라는 폴더명 중 특정 부분이 희미하게 모자이크 처리되었다. 그러나 잘 보면 세 글자를 읽을 수 있었다. '백종수'였다.

6인의 사외이사

인터넷 등에서 접근 가능한 정보로 확인한 사외이사 6인의
프로필은 다음과 같다.

1. 백종수

고려대학교 법학과를 졸업하고 사법연수원을 수료했으며
육군법무관을 지낸 후, 24년간 검사 생활을 했다. 2012년 제주
지검에서 처음으로 검사장이 되었으며, 대검 형사부장 시절에
는 고금리 대부업자 단속을 펼쳐 악덕 고리대금업자들을 무더
기로 검거하기도 한다. 2013~2015년 부산지검 검사장을 마지
막으로 검사 생활을 마무리했는데 이때 수십 명이 모인 퇴임
식에서 그가 남겼다는 말이 매우 인상적이다. "청렴하자. 청렴
은 상급자의 솔선수범에서 비롯된다."[6]

백종수는 검사를 퇴직하고 동인이라는 대형 로펌의 파트너
변호사로 갔다. 현재는 서울시 규제개혁위원회 위원을 맡고 있
다. 핵심 규제의 신설, 유지, 완화 등을 논의하는 자리로 누구
보다 청렴함이 요구된다. 특히 부정청탁 및 금품등 수수의 금
지에 관한 법률, 즉 '김영란법'이 적용될 소지도 있는 자리다.

2. 임민규

한국외국어대학교 불어과를 졸업하고 프랑스에서 석사, 박사 과정을 수료했다(방경만 현 KT&G 사장이 한국외대를 졸업했다). 임민규는 1979년 삼성그룹에 입사해 2007년까지 삼성물산 석유화학부문에서 주로 근무했다. 2007년 OCI그룹에 입사해 2014년 OCI머티리얼즈 대표이사 사장에 오른다. 2016년 SK가 OCI머티리얼즈를 인수하며 사명이 바뀐 SK머티리얼즈에서 2017년까지 대표이사 사장을 맡은 후에는 2020년까지 자문역(고문)으로 근무했다. SK머티리얼즈 퇴직 후에는 본인 이름을 따 엠케이컨설팅이라는 회사를 창업했는데 회사 주소는 자택 주소와 같고, 컨설팅 영역이 어디인지 알려진 정보가 없다.

임민규는 반도체와 디스플레이 관련한 특수 산업가스 분야에서 B2B 업무 경력만 있다고 볼 수 있어, 대표적인 소비재 업체인 KT&G의 사외이사로서 어떤 가치를 가져오는지 의문이 제기될 수 있다.

2024년 3월 현재 그는 이사회 의장을 맡고 있다. 그달 말이 임기 만료였다. 그는 이사회 의장 자리를 사임하지 않고 사외이사 후보로 추천되었는데, 직접 해외를 다니고 주주를 만나면서 일종의 선거활동까지 했다. 일반적으로 이사회 의장이라면 연임은 당연시되었다.

3. 손관수

충북대 토목과를 졸업하고 삼성자동차, IDS, 오렌지디스플레이라는 중소기업을 거쳐 CJ GLS로 옮겼으며, CJ그룹이 대한통운을 인수하여 합병하면서 CJ대한통운 소속이 되었다. 2014~2019년 CJ대한통운 공동대표이사를 맡은 후 2021년까지 고문으로 있다가 대한자동차경주협회의 회장으로 취임한다. 회장 재임 당시 발생한 성추행 사건에 대해 보고를 받고도 별 조치를 취하지 않았다는 기사가 있다.[7] CJ대한통운 대표 시절 한국항만물류협회장(2016년 2월~2019년 2월)을 역임했다고 한다. 2014년 2월부터 2023년 3월까지는 한국국방수송물류협회장을 맡기도 했다.

이처럼 커리어 대부분이 B2B로 보이는데 KT&G 홈페이지에는 그가 B2C 역량을 보유하고 있다고 기재해놓았다. 2022년 KT&G 사외이사가 되었다.

4. 이지희

한양대 신문방송학과를 졸업하고 서강대에서 언론학 석사를 취득했다. 1984년 오리콤에 입사한 뒤 웰콤, 포스트비쥬얼, 더블유웍스, 더블유캠프 등의 광고회사 대표이사를 맡았다.

더블유캠프가 광고회사라면 의문이 들 수 있다. 광고회사 대표가 KT&G에 어떤 기여를 할 수 있는가. 전 세계 대다수 지역에서 담배 광고를 금지하기 때문이다. 우리나라도 예외는 아니다. 국민건강증진법에 따라 편의점 내부에서만 제한적으로 광고가 가능한데, 그것도 가게 밖에서 보이면 안 된다. 물론 KT&G의 자회사인 인삼공사는 광고가 아주 중요하다. 그러나 이지희는 인삼공사 사외이사가 아니라 KT&G 사외이사다. KT&G는 자사 홈페이지에 이지희 이사가 지속가능성에 대한 역량을 보유했다고 기재했으나 그의 커리어에서 지속가능성과 어떤 연결고리가 있는지 찾기는 어렵다.

한편 이지희는 2022년 4박 5일 일정으로 인도네시아 출장을 다녀왔다. 그런데 인도네시아에 며칠 머무른 뒤 나머지는 싱가포르에서 있었던 것으로 밝혀졌다. 싱가포르는 KT&G 담배가 전혀 판매되지 않는 곳이다. 직접 물어보려고 그에게 문자를 보내고 전화를 걸어도 감감무소식이었다. 그러던 어느 날 KT&G로부터 대신 답변을 받았다. 주주가 사외이사에게 연락하는 건 프로토콜에 어긋나니 앞으로는 그러지 말라는 내용이었다. 한낱 주주가 감히 사외이사에게 연락하다니, 그리 잘못된 일이었을까.

그가 대표를 맡고 있다는 더블유캠프에도 직접 가보았다. 더블유캠프 사무실은 서울역 앞 공유오피스 위워크 안에 있다.

가보고는 놀라지 않을 수 없었다. 우리나라 30위권 상장회사 KT&G의 최고결정권자인 사외이사가 운영한다는 이 회사는 직원 몇 명이 겨우 들어갈 만한 작은 사무실을 쓰고 있었다. 그가 보이지 않아 다시 회사 등기를 찾아보니 2023년 5월 사임했다고 써 있었다.

5. 김명철

과거 신한금융그룹에서 오랜 기간 일했다. 경희대 영어교육과를 졸업하고 1981년 한일은행에 입사했고, 신한은행으로 바뀐 뒤에도 홍콩법인장, 영업부장, 자금부장 등으로 일했다. 2007~2008년 신한금융지주 CFO, 2008~2011년 아메리카 신한은행장으로 일하고 신한금융그룹 생활을 마무리했다. 신한은행에서 퇴직한 후 2014년까지 건물에 통합전기배선 공사를 하는 중소기업 유라이프솔루션즈에서 일했다.

KT&G 홈페이지에 따르면 그는 현재 스페이스 엔터테인먼트 엔터프라이즈(Space Entertainment Enterprise(SEE))라는 회사의 고문으로 재직 중이다. SEE는 자사 홈페이지에, 우주에 스튜디오를 발사하여 그 안에서 콘텐츠를 만드는 것을 목표로 하는 회사라고 밝히고 있는데, 구체적인 프로젝트 정보는 알려진 바 없고 현재 홈페이지에도 김명철 고문에 대한 언급은 없다.

2020년부터 KT&G 사외이사로 일해온 김명철 또한 어떤 커리어가 KT&G와 연결되는지 의문이다. KT&G는 현금흐름이 남아돌고 현금성 자산이 엄청나게 많은 회사다. 그렇다고 남는 현금성 자산을 주주에게 돌려줄 생각 같은 것은 하지 않았다. 외부 펀드에 공격적으로 투자하고, 부동산에 투자했다.

김명철은 이사회 의장, 평가위원회 위원장, 지배구조위원회 위원 등을 맡아왔으니 이런 투자 행위에 개입했을 텐데, 이 실적에 책임을 질지는 의문이다. 한 가지 짚이는 부분은 있다. KT&G는 2006년 칼아이칸의 공격을 받은 이후 2007년 신한금융그룹과 주식을 맞교환했던, 즉 '피를 섞은 혈맹'이 된 이력이 있다.

6. 고윤성

한국외국어대학교 회계 전문 교수다. 연세대에서 경영학 박사 학위를 취득했다. 상장사 감사위원회에는 회계 전문가가 한 명 포함되어야 한다는 규제 때문에 추천, 선임된 것으로 보인다.

다만 고윤성은 한국 회계사는 아니며 미국 캘리포니아주 회계사(USCPA)다. 2002년 비씨카드에서 처음 사회생활을 시작했고, 2008년 경기대 회계세무학과 조교수로 학계에 발을 들였다. 2010년부터는 한국외대에서 교수직을 맡았다. 현재 KT&G 공시 기준으로 국세청 청원심의회 위원 등 무려 10개의 현직을 맡고 있다.

사외이사의 역할

사외이사는 한마디로 주주총회에서 선임되는 주주의 대리인으로서, 주주를 대신해서 경영진을 감시하고 감독, 관리하는 업무를 해야 한다.

경영진은 회사에서 연봉을 받는 사람이다. 주주는 배당과 주가를 받는 사람이다. 여기서 이해 상충이 일어난다. 경영진 입장에서 회사 주가가 곤두박질쳐도 자신이 오래 일하고 많은 연봉을 받으면 이익이다. 주주 입장에서는 끔찍한 일이다. 그러니 주주들이 이러한 이해 상충이 일어나지 않도록 감시하고 감독하라고 이사회에 사외이사를 보낸다.

이렇듯 사외이사는 이론상으로는 주주가 회사에 보내는 사람이다. 그러나 현실적으로 주주들이 직접 사외이사를 물색해 선임하는 일은 드물다. 어떤 사외이사를 데려올지는 경영진이 결정하고 이를 주주총회에 승인해달라고 요청할 뿐이다. 헤드헌팅 업체에서 추천하는 경우도 있고 사장 개인 인맥으로 추천하기도 한다. 사장 개인 인맥인데 헤드헌팅 업체에서 뽑은 것처럼 그럴듯한 겉모습을 갖출 때도 있다. 돈을 준다는데 헤드헌팅 업체에서 이를 마다할 리 없다. 이런 사정을 모르고 주주들은 주총에서 그저 추인할 뿐이다.

많은 회사에서 사외이사로 '적당한' 사람을 찾는다. 경영진 입장에서 자신에게 껄끄러운 사람을 찾을 리는 만무하다. 처음부터 경영진에게 협조적일 것 같은 사람을 뽑고, 한번 자리에 앉히면 여러 이익을 제공해 자기편으로 만든다.

처음에는 깐깐하던 사람도 시간이 지나며 다른 사외이사들 분위기를 보고는 까칠한 태도를 내려놓는다. 옳고 그름을 넘어서는 '우리만의 공동체'가 만들어진다. '참호'를 파고 그 안에서 성찬을 즐긴다.

회사의 지배구조를 규정하는 KT&G '기업지배구조헌장'에는 이렇게 나온다. "회사는 이사가 이사회 및 위원회에서 업무수행에 필요한 지식 및 기술을 지속적으로 습득할 수 있도록 지원하며, 효율적인 이사회 운영을 위하여 이사들의 교육 및 능력 개발을 위한 비용을 지원한다." 앞서 본 열기구, 쇼핑, 관광 일정이 이사회를 효율적으로 운영하는 데 어떤 도움이 될까?

설령 이사회를 효율적으로 운영해 주가가 올라가길 바라는 사외이사가 있다 한들, 우리나라 사외이사들은 대부분 그렇게 할 능력이 없다. 회사의 경영은 아무나 할 수 있는 것이 아니다. 그렇기에 사외이사가 CEO를 감시하고 멘토링할 수 있으려면 상당한 내공이 있어야 한다. 해외에서는 이사회가 주로 CEO 클럽이다. 이유는 간단하다. 뭘 알아야 면장을 한다.

검사, 판사, 교수 같은 직역은 일반적으로 사업과 거리가 있다. 그래서 특별히 기업 업무와 관련된 전문성이 없다면 상장회사를 감독할 때 일단 능력 부족을 절감한다. 처음 몇 번 이사회에서 길게 발언하지만 실무를 모른다고 몇 번 눈치를 받고 나면 그때부터 말수가 줄어든다.

전문가도 필요하다. 하지만 회사 사업의 본질과 특별한 관련이 없는 회계사만으로 또는 변호사만으로 이사회를 구성한다면 사장을 감독하지 않고 도와주기만 하겠다는 말과 같다. 이사회는 고문단이 아니다. 엄정한 평가자로서 역할을 충실히 해야 한다. 어떤 회사에서는 의도적으로 업의 본질과 전혀 관계없는 사람들로 구성한다. 전문가의 지적질이 부담스럽기 때문이다.

해외는 분명 다르다. 미국에서도 판검사, 변호사, 회계사가 사외이사를 할까? 글로벌 회사들은 전혀 그렇지 않다. 예를 들어 2024년 6월 현재 KT&G와 같은 담배회사인 필립모리스와 브리티시아메리칸토바코(BAT)의 사외이사 구성은 다음과 같다.

먼저 세계 최대 담배회사 필립모리스의 사외이사 명단이다.

- 로버트 폴렛(Robert B. Polet)   구찌 그룹, 유니레버
- 데시 템펄리(Dessi Temperley)   네슬레, 코카콜라
- 보닌 바우(Bonin Bough)   몬덜리즈, 크래프트하인즈, 펩시
- 슐로모 야나이(Shlomo Yanai)   테바(제약), CVC(PE), 모엘리스
- 미셸 콤베스(Michel Combes)   소프트뱅크, 클라우르 그룹
- 베르너 가이슬러(Werner Geissler)   어드벤트(PE)
- 칼파나 모르파리아(Kalpana Morparia)   JP모간
- 빅토리아 하커(Victoria Harker)   테그나
- 후안 호세 다붑(Juan José Daboub)   다붑파트너십
- 리사 훅(Lisa Hook)   투아일랜드파트너스(PE)

열 명 중 다섯 명이 소비재 산업의 전문가다. BAT도 밀리지 않는다.

- 머리 케슬러(Murray S. Kessler)   알트리아(담배), 캠벨수프
- 칸디 아난드(Kandy Anand)   쿠어스, 코카콜라, 유니레버
- 캐런 게라(Karen Guerra)   콜게이트
- 대럴 토머스(Darrell Thomas)   할리데이비슨, 씨티뱅크, ABN암로은행
- 세르필 티무라이(Serpil Timuray)   P&G, 보다폰
- 베로니크 로리(Véronique Laury)   킹피셔
- 홀리 코펠(Holly K. Koeppel)   커세어

역시 일곱 명 중 다섯 명이 소비재 전문가다. 필립모리스에

도, BAT에도 사외이사 중에 변호사, 회계사는 없다.

생계형 사외이사

맥킨지앤컴퍼니 한국사무소 유원식 시니어파트너는 2023년 2월 조선일보에 기고한 글에서 아래와 같이 말했다.

"지배구조에서 가장 중요한 것은 이사회 구성과 역할이다. 이사회의 역할은 크게 4단계로 진화한다. 1단계는 절차적 정당성의 보장, 2단계는 신의와 성실에 기반한 감독과 통제, 3단계는 리스크 관리, 4단계는 가치 창출이다. 그런데 한국의 많은 기업은 아직 1단계에 머물러 있다. 대기업 오너 또는 최고경영자(CEO) 마음대로 의사 결정한 것이 아니라는 '절차적 정당성'을 제공하는 데 그친다. 아직 2단계인 실질적인 감독과 통제 수준에도 이르지 못하기 때문에 경영에 대한 전문적인 지식이나 통찰력을 요구하는 3단계나 4단계는 말 그대로 언감생심이다."[8]

우리나라 상법에 따라 자산 규모 2조 원 이상 대기업에서는 사외이사가 이사회의 과반이기 때문에 사외이사들이 합의하면 언제든 대표이사를 해임할 수 있다. 그러나 현실에서는 아직 상상도 할 수 없다.

또한 상법에 따르면 "이사는 법령과 정관의 규정에 따라 회사를 위하여 그 직무를 충실하게 수행하여야 한다."(제382조의 3(이사의 충실의무)) 우리 학계의 통설은 여기서 말하는 회사에는 주주도 포함되고, 그러므로 이사는 당연히 주주의 이익을 보호할 의무가 있다고 해석한다. 일본 등 국가에는 이사의 주주 보호 의무를 인정한 판례가 있다. 주주의 이익을 침해할 수 있는 경영 행위는 소송 대상이 될 수 있다는 의미다.

반면 2009년 5월 한국 법원은 에버랜드 전환사채 발행의 위법을 다투는 사건에서, 회사의 이익과 주주의 이익을 별개로 구분하고 이사의 충실의무 대상을 '회사의 이익'으로 한정하면서 이건희 회장의 무죄를 확정했다. 에버랜드의 지배권을 이재용 부회장에게 이전하는 것은 기존 주주(삼성 계열사들)의 이익을 침해하지만, 에버랜드의 이익을 침해한 것으로 볼 수 없다는 이유였다.

즉 법적으로 주주와 경영진 사이를 완전히 단절하는 셈이다. 이사회는 주주의 이익에 신경 쓰지 않아도 된다. 예를 들어 말도 안 되는 투자를 집행해 주가가 폭락한다면 회사의 피해일까? 아니, 이것은 주주의 피해일 뿐이다. 이사회의 결정으로 회사가 부도라도 나지 않는 한, 사외이사들의 책임은 없는 것으로 본다.

잘못을 저질러도 처벌을 받지 않으니 이사회는 참 편한 자리다. 경영진과 적당히 협력해 자신의 이익을 위해 일하면 되는 그런 자리로 전락했다. 사장이 추천해서 들어온 자리이니 사장에게 의리를 지키면 된다. 사장을 감독한다? 번거로운 일이다. 그렇게 한들 누가 알아주지도 않는다. 최대한 좋은 관계를 유지해서 6년을 꽉 채우면 다음에 다른 회사로 가기에도 좋다. 까다로운 사외이사라는 평판이 생기면 다음부터 이 바닥에서는 일자리를 구하지 못하게 된다.

까다로운 지적질을 받고 싶지 않은 회사 입장에서는 어떤 이력을 가진 사외이사가 좋을까? 일단 사회적으로 명예를 쌓고 청렴한 평판을 가진 사람이 좋겠지만, 실리와 접대를 좋아하면 더욱 좋다. 자신만의 철학을 주장하기보다는 집단에서 벗어나지 않고 중론을 따라가는 사람이 적격이다. 글로벌 기업에서 사업과 산업에 정통한 전현직 CEO들을 사외이사로 모시려고 하는 경향과는 상당히 다른 양상이다.

본업에 대한 전문성이 없고, 의지도 도덕성도 없는 사외이사들이 장악한 이사회. 사장 입장에서 이만큼 편한 것이 없다. 자신을 감독하는 사람 대신 든든한 우군이 생기는 셈이다.

2021년 KT&G 백복인 사장의 연봉이 직전 연도 12억 원에서

26억 원으로 급증했다. 장기보너스라는 명목으로 지급되었다. 당시 백복인 사장의 3년(사장 선임일인 2018년 3월 16일부터 성과 평가일인 2021년 2월 16일까지) 성적표는 다음과 같다.

- 매출 12% 상승
- 영업이익 7% 하락
- 주가 21% 하락(같은 기간 코스피는 27% 상승)

백복인 사장은 (재벌 오너를 제외하면) 식품업계 '연봉킹'에 등극했다. 당시 사업보고서를 보면 사장 보수 중 상여를 산정하는 평가 항목은 무려 12개였다. '단기성과급은 1) 매출액, 2) 국내 M/S, 3) 해외 담배 매출액 등으로 구성된 계량지표와 4) 신성장 동력사업 가치 창출, 5) 그룹 인프라 혁신, 6) ESG 경영 고도화, 7) 투명/윤리경영 기반 강화 등 비계량지표를 종합적으로 평가해 책정하고, 장기성과급은 8) 사업포트폴리오 관리, 9) 전략브랜드 확보, 10) 차세대 담배 사업 관리, 11) ROE, 12) TSR 등으로 구성된 계량지표를 이사회 내 평가위원회에서 종합적으로 평가해 책정한다'는 내용이다.

딱 봐도 일단 매출만 올리면 나머지는 코에 걸어도 되고 귀에 걸어도 되는 국적 불명의 표현들이다. 물론 ROE(자기자본이익률), TSR(총주주수익률) 같은 구체적이고 명확한 지표도 평가 항목에 들어 있다. 코스피가 27% 오르는 동안 KT&G 주가는 21% 폭락했다. 이럴 때는 다른 10개 비계량지표 항목으로 이 명확한 숫자를 덮으면 된다.

갈 길이 먼 대한민국 이사회

사외이사들의 '호화 출장' 보도가 나가자 KT&G는 다음 날 즉 시 조선일보와 JTBC 보도를 반박하는 입장문을 발표했다.

"사외이사는 회사의 사업에 도움이 될 글로벌 인사이트 발굴을 위 해 현지 시장과 생산시설 방문, 해외 전문가 미팅, 신사업 후보군 고 찰 등을 목적으로… 해외법인뿐만 아니라 주요 시장을 대상으로 연 1회, 7일 이내로 해외 출장을 실시하고 있으며… 비용은 1인 평균 680만 원 수준(항공료는 제외)… 일부 사례는 2012년, 2014년 사안으 로 현직 사외이사와는 무관하다."

카파도키아 열기구 여행에서 어떤 글로벌 인사이트를 얻을 까? 영업이 정지된 미국이 '주요 시장'인가? 비즈니스석 항공 권을 포함하면 1,000만 원이 훌쩍 넘는데 이게 호화 여행이 아니라면 KT&G 임직원들의 평소 씀씀이는 어느 정도일까? '일부' 사례는 예전 사례가 맞다. 그럼 '나머지' 사례는? 언론 보도에는 분명 '현 사외이사 전원'이 호화 출장을 다녀왔다고 밝히고 있었다.

2024년 2월 6일, 7개 시민단체가 공동 기자회견을 열었다. "KT&G 사외이사는… 서로의 필요에 따라 이익을 공유하면서 경영진은 사장 등 경영권을 유지 및 독점하고, 사외이사는 회사로부터 각종 편의를 제공받으면서 사적인 이익을 취하는 매우 기형적인 형태로 운영되고 있다"고 주장했다. 그리고 서울경찰청에 백복인, 방경만을 포함한 이사회 전원을 업무상 횡령 혐의로 고발했다. 기사에 나온 '부사장'을 방경만으로 보는 듯했다.

방경만이 사외이사의 해외 관광을 주도했다면 심각한 문제였다. 2024년 2월 22일 KT&G 사외이사들이 방경만을 신임 사장 단독 후보로 발표했기 때문이다.

2월 23일, 수서경찰서가 고발인 조사와 함께 정식 수사에 착수했다.

'담배로 해친 건강, 인삼으로 회복하자'

호랑이 담배 피우던 시절

장죽을 입에 문 양반이 조선 시대 민화에 자주 등장할 정도로 우리나라 담배는 역사가 길다. 임진왜란 후 일본을 통해 들어왔다고 알려져 있다. 당시에는 담배를 신기한 약초로 보기도 했다. 우리나라에서 최초로 담배를 피운 사람이라고 기록된 장유는 일찍이 담배 예찬론자가 되어 담배가 '배고플 땐 배부르게 한다'고까지 했는데, 지금 보면 환각 상태 경험을 기록했음이 틀림없는 이 향정신성 문학은 1600년경에 쓰인 오랜 수필집 《계곡만필》에서 찾아볼 수 있다.

장유가 최초일지언정 그렇다고 별난 애연가였느냐 하면 그렇지는 않다. '세상에 담배처럼 유익한 것은 없다'고 했던 사람은 다름 아닌 정조였다. 이 담배 예찬자 절대 군주는 규장각 논술 시험에 '담배의 이로움을 논하라'고 출제했을 정도다. 정조 1년, 가뭄을 해소하기 위해 기우제를 준비시키며 기우제 기간 동안에는 스스로 금연, 금주를 결심했다. 그러곤 12일 만에 금단 현상의 고통을 몸소 경험하고 '담배는 예외적으로 금지 리스트에서 빼자'고 지시하기도 했다.

정조와 군신 관계를 넘어 친구 사이로까지 발전했다고 알려진 다산 정약용도 상사 못지않은 골초로 담배에 대한 애정을 담은 시까지 남겼을 정도다.

담배
- 정약용

이번 담배만큼
유배자인 내 맘
알아주는 게 또 있을까
들숨에 강렬한 향기
날숨에 가녀린 연기
후우… 이렇게 길었나

봄날이

淡婆今始出 遷客最相知

細吸涵芳烈 微噴看裊絲

旅眠常不穩 春日更遲遲

　　1653년부터 14년을 제주도에 체류한 명예 제주시민 하멜은 '조선에는 담배가 매우 성행하여 어린아이들이 4~5세에 담배를 피우기 시작한다'고 《하멜 표류기》에 기록했다. 지금 기준으로 상상해보면 매우 기이한 광경이 아닐 수 없다. 아직 유치원도 다니지 않을 만큼 작은 아이들이 횡단보도를 건너며 왼손은 치켜들고 오른손에는 담배를 들었다? 그런데 그나마 하멜은 점잖게 표현한 것이다. 《인조실록》에는 첫 흡연 경험을 훨씬 더 일찍 잡고 있다. 겨우 젖먹이를 면하면 담배를 피운다는 것이다. 《인조실록》에 '가짜뉴스'가 포함될 수 있을까?

　　상상컨대 딱히 별다른 간식도 없던 시절에 생업과 육아에 지친 부모에게 담배는 잠시 밥상에 평화를 가져다주는 장치였을 것이다. 요즘 부모들이 어린아이에게 스마트폰을 보여주는 것도 훗날에는 그토록 어리석게 보일까?

　　이렇듯 담배는 전 국민의 취미였고 조선은 '담배 왕국'이었다. 왕에서 노비까지, 남자, 기생, 어린이 할 것 없이 모두가 사랑하다 못해 오죽하면 호랑이도 담배를 피우던 시절이었다. 산 너머로 뉘엿뉘엿 해가 저물면 계곡의 토끼, 부엉이, 개구리, 귀 뚜라미까지 모두 담배 연기를 몽글몽글 피워 올리는, 담배로 모두가 하나 되는 나라였다.

미성년자 흡연 규제는 없었어도 그보다 더 중요한 규제가 시급히 도입됐다. 바로 어린이는 어른 앞에서, 상놈은 양반 앞에서, 신하는 왕 앞에서 담배를 피우면 안 된다는 것이었다. 담배를 피우면 그만큼 긴장감이 떨어지고 편해지기 때문일까. 상하 관계를 중요시하는 유교 국가에서 기본 사회 규율을 어지럽히는 행위는 금물이었다. 정조 시대에 집필된 한 서적에는 '아이가 손님과 맞담배를 피우는 모습이 어찌 그리도 오만불손한가'라고 적혀 있다. 그렇게 동방예의지국의 유서 깊은 '맞담 금지 국룰'이 생겨났다.

이 땅에 담배가 처음 수입된 시기를 1616년경으로 보는 시각이 많다. 하멜이 1653년 상륙했으니, 그렇다면 단 40년 만에 담배가 전국에서 유행했다는 말이다. 처음에는 수입한 잎을 쓰다가 자연스럽게 담배를 경작한다.

당시 흡연은 담뱃대에 불을 붙이는, 즉 장치가 필요한 행위였다. 이렇게 전 세계에서 조선의 담뱃대 혹은 유럽의 파이프로 보급되던 담배는 1843년에 이르러 매우 중요한 기술적 혁명을 맞이한다. 바로 종이에 말아서 피우는 '시가레트'의 출현이다. 가벼우니 휴대하기 편하고 대량 생산되니 값이 싸지면서 담배는 글로벌 산업으로 성장한다. 그리고 이것이 사실상 담배의 처음이자 마지막 기술적 혁명이었다. 그다음 기술적 진보는 2014년에 이르러서야 출현한다.

국가 독점 사업

1883년, 근대화를 한다고 좌충우돌하던 시절에 일본에서 신식 담배를 경험한 유학파 김용원을 주축으로 '순화국'이 만들어지고, 이로부터 연초 담배를 생산했다고 한다. 김용원은 사진 촬영술 등도 전공했다고 하니 당시 상당한 신세대였던 것 같다. 그러니 얼핏 신문물을 받아들인 팔자 좋은 유학생이라고 생각할 수도 있겠다.

그러나 순화국은 당시 개화파 나름대로 어떻게든 국가의 재정 파탄 위기를 막아보려 만든 눈물겨운 사연이 담긴 기관이었다. 모두가 담배를 피우니 담배 사업을 정부가 독점하면 돈을 못 벌 리 없었다. 그러나 이듬해 김옥균 등이 주도한 갑신정변이 실패하면서 순화국 사업도 중단되었다.

그 후 대한제국으로 바뀐 정부 주도로 담배를 계속해서 만들어는 왔으나, 1898년 영국 총영사가 이 담배를 한 대 피우고선 맛이 없다고 혹평했다는 기록도 남아 있다. 국산 담배에 대해 최초로 기록된 해외 소비자 포커스그룹의 악평이다.

물론 19세기 우리나라 정부에서 해외 소비자 입맛을 분석했을 리는 없다. 다만 국산 담배에 대한 평판은 140년이 지난 지금까지도 이어진다. 대한민국이 GDP 기준 세계 13위 나라가 되고 과자, 아이스크림, 라면이 전 세계로 뻗어나가는 오늘, 우리나라 담배는 해외에서 좀처럼 찾아볼 수가 없다. KT&G는 수출을 한다고는 하는데 신묘하게도 우리나라 관광객이 가지 않는 나라에만 수출하는지, 해외에서 우리나라 담배를 발견했다고 반가워하는 글은 본 적이 없다.

처음 국영으로 시작한 탓에 담배 브랜드명도 계속해서 '구린' 것들뿐이었다. 하나같이 독점이 아니었으면 불가능한, 매우… 고리타분한 이름들뿐이다. 새마을, 새나라, 희망, 자유종, 상록수, 청자, 환희, 한산도, 거북선, 남대문. 교과서에 나온 단어로만 한정했던 걸까? 당시 전매청에 브랜드 마케팅 부서라는 게 있긴 했을까? 아니면 담당 공무원이 오전에 출근해 10분 만에 보고서에 올리는 식이었을까?

1949년 국군 창설을 기념한 '화랑'은 1981년까지 무려 32년 동안 제조, 판매된 기록을 세웠다. 1958년에 나온 '아리랑'이 최초의 필터 담배로 알려져 있다. 1966년 '신탄진', 1980년 '솔'이 출시되었는데 솔은 타르 양만 13.5밀리그램에 달해, 너무 독해서 현재 미국 본토에서 판매된다는 말보로레드(13밀리그램)에 필적할 정도였다.

그리고 1987년부터 생산한 담배가 바로 '88'이다. 한글에서 숫자로 바뀌더니 그 후로는 '디스, 에쎄, 심플' 등 영어 이름이 많아졌다. 2000년 남북 경제 협력을 기념한다며 '한마음'이라는 브랜드가 예외적으로 나왔지만 그때나 지금이나 남북 협력이라는 구호는 담배 연기만큼 가는 것이어서 '한쪽만의 마음'으로 중단되는 바람에 채 2년도 못 가 단종되었다.

담배 이름이 영어로 바뀌었다고 해서 사업이 글로벌화했다는 것은 아니다. 1883년 조선 후기에 국영 연초제조소 순화국을 설치하고 1899년에는 궁내부 내장원 삼정과를 설치하고, 1948년 전매국, 1952년 전매청을 각각 설치했다.

그 후 전매청은 1987년 4월에 한국전매공사로 바뀐다. 우리가 아는 이른바 '공사'가 된 것이다. 1989년에는 '한국담배인삼공사'로 이름을 바꾼다. 직제 개편은 물론, 보수와 인사규정 등 모두 93개 사교를 새로 마련해 총자산 4조 원, 정부 투자기관으로는 무려 네 번째로 큰 규모로 출범한다. 즉 일찍부터 담배인삼공사는 든든한 곳이었다.[9]

솔직히 예전에 국영기업인 담배인삼공사는 안정된 직장을 찾는 이들이 지원해 가는 곳이었다. 별일을 하지 않아도 수입이 따박따박 들어왔다. 요즘에야 KT&G는 경쟁률이 수십 대 일이라는, 그야말로 '신의 직장'이 되었다고 하지만 예전의 담배인삼공사에는 열심히 경쟁을 무릅쓰고 회사를 키우겠다는 생각보다는 '공무원'을 기대하는 사람이 주로 지원했다.

지금의 KT&G가 '신의 직장'이라면 당시 담배인삼공사는 '천국'이었다. 정부 독점 사업에 고민이 있을 리 없었다. 회사 내부 정치는 보통 수준이 아니게 치열했다 한들, 시장에서 경쟁이 없으니 사업 자체는 평화로웠다. 땅 짚고 헤엄치기였다.

담배인삼공사는 1990년대 말 우리나라에 닥친 외환위기에도 끄떡없었다. 그러나 훗날 난데없는 화살을 맞고 설립 이후 최고의 변혁을 겪게 된다.

인삼

인삼은 담배보다도 더 오래되었다. 456년 중국 기록에 나온다고도 하고, 710년 일본 기록에 나온다고도 한다. 삼국 시대에는 백제삼, 고려삼, 신라삼이 각각 난립했다가 후에 고려삼으로 통일되었다. 담배가 수입품이라면 인삼은 일찍이 수출품이었다. 기록에 따르면 한국 인삼은 710년 즈음부터 수출된 것으로 보인다. 1600년대부터는 동인도회사를 거쳐 런던까지 수출되었다는 기록도 있다. 자동차, 반도체 훨씬 전의 수출 효자 상품이었던 셈이다.

인삼을 재배하는 나라는 우리나라만이 아니다. 중국에서도 나오고, 미국에서는 위스콘신주 등에서 대량으로 경작해 홀푸 즈 같은 슈퍼마켓에서 팔기도 한다. 그럼에도 한반도에서 재배한 고려인삼만의 독특한 효능이 있다며 그 차이를 분명 인식했던 것으로 보인다.

예전에는 집집마다 약탕기라는 게 있어 집에서 직접 한약을 달여 먹기도 했고, 오랜 산삼을 발견한 심마니는 9시 뉴스에 나올 정도로 인삼은 전 국민이 섭취하는 주요 약재였다. 몸이 허해도 인삼, 중병에 걸려도 인삼이었다. 점차 한약에 대한 선호도가 떨어지면서 인삼은 약재가 아닌 '건강식품'으로 변모한다. 그리고 상어 지느러미, 알로에, 동충하초, 백수오 등에 밀리지 않는 불변의 넘버원 건강식품의 자리를 지켰다.

우리나라 최대 인삼 브랜드는 '정관장'이다. 이는 '정부가 관할한다'는 뜻이다. 이름만큼 소비자의 신뢰가 두텁다. 담배처럼 정부의 한 부처에서 시작한 인삼 독점 사업은 나중에 담배 사업과 같은 부처에서 운영했고, 지금은 KT&G의 100% 자회사다. 정식 명칭은 인삼공사인데 이름만 그렇지, 100% 민간 회사다.

담배, 인삼, 둘 다 정부 독점으로 시작하는 바람에 어쩌다 한 방을 썼지만, 소비재 브랜드로서 담배와 인삼이 한 회사 안에 있다는 것은 불편한 사실일 수밖에 없다. 불과 몇 년 전까지만 해도 KT&G 본사 건물에는 '담배로 해친 건강, 인삼으로 회복하자'라고 적힌 플래카드가 걸렸었다. 직원들 입장에서 웃자고 만든 표어인지는 몰라도 외부에 떳떳이 할 수 있는 말이라고 보기는 힘들다. 조폭이 병원을 운영하는 것과 비슷하다고나 할까. 양립할 수 없는 모순은 오늘날까지 이어진다.

녹점 사업에서 '브랜드 사업'으로

담배와 인삼 모두 처음에는 국가 독점 사업이었다. 1948년 전매국이라는 재무부의 1개국으로 바뀌며 그렇게 영원히 갈 것 같더니 1990년대 들어 큰 변화를 맞는다. 바로 아시아 금융위기였다.

1997년, 정부는 국제통화기금(IMF)으로부터 550억 달러(당시 환율 기준 68조 원) 자금 지원을 받는다. 삼성전자 시가총액만 수백조 원인 오늘날 생각해보면 무슨 푼돈인가 싶지만, 당시에는 정부가 생사를 걸고 돈을 빌려 와야 하는 절박한 상황이었다. 울며 겨자 먹기로 정부는 몇몇 국영기업의 지분까지 처분해야 했다. KT, 포스코, KT&G다. KT&G는 하루아침에 정부기관에서 민간 회사로 바뀐다.

담배인삼공사는 1999년 상장되었고, 2001년 독점권을 몰수당하고, 2002년에는 회사 이름을 현재와 같은 KT&G로 바꾼다. 독점권이 사라졌기 때문에 담배 사업은 허가를 받지 않아도 신고만 하면 할 수 있는 사업이 되었다. 이제 누구든 담배를 만들 수 있다.

실제로 2006년 '우리담배'라는 신생 브랜드가 만들어졌었다. 그러나 우리담배라는 (이름은 구리지만) 신선한 브랜드는 곧 사업을 접었다. 담배 자체의 품질이 원인이었다기보다는 브랜드, 유통에 실력 차이가 있었다. 이미 KT&G는 한국담배판매인회와 끈끈한 관계였다. 담배 매출과 수익의 대부분을 차지하는 KT&G 눈치를 보지 않을 수가 없으니 우리담배는 매장에서 사고 싶어도 살 수 없는 브랜드가 되었다. 애시당초 이 정도 어려울 줄 알았으면 돈이라도 든든히 준비하고 나왔어야 할 텐데 자금력도 빈약했던 터라 우리담배는 불과 6년 만에 사업을 접었다.

우리나라 담배시장은 아직도 KT&G 점유율이 높다. 시장을 지켜내는 것은 분명 회사의 경쟁력이다. 그런데 회사는 이를 적극적으로 홍보하지 않는다. 이래야 사람들 관심을 덜 받을 수 있기 때문이다. 지금도 KT&G에 대해서 말을 꺼내면 사람들은 '그거 공기업 아니었어?' 하는 반응부터 보인다.

인삼은 다르다. 인삼은 편의점 등에 판매가 집중되어 있지 않다. 그래서 농협과 식품회사뿐 아니라 지자체까지 각각 브랜드를 낸 결과, 알려진 것만 해도 300개가 넘는다. 그럼에도 역시 KT&G의 파워는 막강하다. 오랜 인지도를 바탕으로 브랜드 파워를 구축한 정관장의 시장 점유율은 70%가 넘는다. 소비재 중 점유율 70%는 불가능에 가까운 수준이다. 예를 들어 햇반은 상품밥시장 점유율이 68%이고, 농심은 라면시장 점유율이 56%다.

그런데 최근 들어 인삼은 인기가 시들하다. 젊은 층은 차라리 비타민을 먹는 게 더 낫다고 한다. 건강에 대한 효능이 잘 알려져 있지 않고 먹기도 불편한 데다 비싸기까지 하다. 더 이상 '신토불이'를 강조할 수도 없는 노릇이다. 할아버지 세대가 달여 먹고 부모 세대가 습관적으로 먹던 인삼, 상품 개발과 마케팅에 게을리하고 습관적으로 소비를 강요했던 인삼은 소비자들로부터 점점 잊히고 있다.

연극이 끝나고 난 뒤

하루아침에 민영화된 KT&G는 정부에서 받는 특혜도 사라진 완전한 사기업이 되었다. 정부로부터 세금 지원을 받기는커녕, 매년 담배를 팔아 막대한 지방세, 교육세 등을 국고에 납입한다. 이러한 면으로 보면 KT&G는 필립모리스, BAT, 재팬토바코(JT)와 하나도 다를 바가 없다.

그러나 사람이 하루아침에 바뀌지는 않는 법이다. 수원FC가 유니폼을 바꾸어 입었다고 해서 맨시티가 될 수 없는 것과 마찬가지다. 정부도 사기업도 아닌 독점 브랜드 공기업에 입사한 이들은 엘리트도, 열심히 일하고 싶어 하는 사람도 아니었다.

민영화로 정부 지분이 정리되자 KT&G는 우리나라에 매우 드문, '지배주주가 없는' 회사가 되었다. 미국에서는 비일비재한 일이지만 우리나라는 치킨집에서 대기업까지 창업주가 관리하는 게 당연하다고 여겨져왔기에 주인 없는 회사의 경영이 어떻게 될지 관심이 많았다. 민영화 후에도 정부가 끈을 완전히 놓지는 않을 거라는 전망이 지배적이었다.

그렇게 곁에서 보기에 공기업도 사기업도 아닌 묘한 상태가 20년간 계속되는 동안 전매청 시절의 문화 또한 사라지지 않고 전승되었다. KT&G에서 근무했던 직원은 "출근을 해도 할

일이 없기에 하루 종일 앉아 있는 일이 많았다"라고 말하기도
했다. 하루는 임원이 나와서 '놀고 있는 거 안다. 괜찮다, 나도
노니까. 눈치 보지 말고 맘 편하게 놀자'라고 하며 지나간 적도
있다고 한다.

현재 임원만 무려 67명인 KT&G에 사장실 다음으로 파워가
있다는 조직은 바로 '지속경영본부'다. 이 긴 이름의 조직의 핵
심 업무는 한마디로 대관 업무다. 실적만큼이나, 아니 어쩌면
실적보다도 정치가 더 중요한 회사 문화를 보여주는 대목이다.

복지도 매우 훌륭한 수준이다. 서울 강남에 있는 사옥에서
강북으로 미팅이라도 다녀오면 출장비라며 수만 원을 지급받
는다. 등록주소상 본사가 대전이라, 서울에서 근무하는 수많은
임직원이, 심지어는 운전기사까지도 서울에 사택을 지급받았
다. 이렇게 제공한 사택 중 직원이 적절하게 쓰고 있는 수가 얼
마나 되는지, 내부에서도 정확히 파악되지 않는다.

공기업이었기에 내용보다 형식, 수익보다 외형, 내실보다 정
치에 능한 문화가 계속되었다. 게다가 민영화의 충격은 점차
주인이 없어졌다는 안도감으로, 안도감은 방만한 경영으로 이
어졌다.

영원히 계속될 것만 같던 평화로운 나날은 난데없는 외부자
가 출현하면서 하루아침에 산산조각 난다.

네 번째 이야기

2006년, 서울

2006년 서울

"싫으면 주식을 팔면 될 일이지, 감히 우리한테 이래라 저래라 간섭이야!"

2006년 2월 7일. KT&G 경영진은 이 당돌한 주주가 싫었다. 처음 보는 사람, 그것도 외국인이 감히 본사까지 찾아와서 이것저것 따지고 들었다. 절이 싫으면 중이 떠나야 한다는 속담을 모르나? 감히 어디서 소란을 피우나. 침략자였다. 쫓아내야 했다.

2003년 소위 '소버린 사태'의 충격이 아직 완전히 가시지 않은 때였다. 칼 아이칸(Carl Icahn)이 KT&G 주식을 사들인 데 이어 경영에 직접 참여하겠다고 선언하자 현기증 나는 데자뷔가 피어올랐다. 모나코에 본사가 있다 하는 정도를 제외하고 소버린은 알려진 바가 전혀 없는 완전한 미지수였다. 그에 비하면 아이칸은 이미 미국에서 악명이 자자한 '국대급' 기업 사냥꾼이었다. SK의 간담을 서늘케 했던 소버린조차 아이칸에 비하면 '듣보잡'에 불과했다.

'KT&G같이 역사가 유구한 국민기업에 이런 외국 기업 사냥꾼이 설치다니. 나라의 자존심이 걸린 일이다!' 당시 KT&G는 전 국민의 애국심에 호소했고, 언론은 이에 걸맞게 아이칸의 요구가 얼마나 무리한 것인지 조목조목 설명하는 기사를 쏟아냈다.

어떤 일이 벌어진 것일까? 어떤 일이 더 일어날까? KT&G로 진격한 아이칸의 이야기는 잠시 미뤄두고 그가 누구인지, 왜 그렇게 악명 높은 기업 사냥꾼으로 불리는지 먼저 살펴보자.

행동주의를 발명한 사람

오늘날 미국에서 칼 아이칸이 '행동주의(activism) 투자의 창시자'임을 부정하는 사람은 없다. 그러나 1970년대만 해도 아이칸의 전략은 미국에서도 너무 생소했다. 많은 사람이 이게 도대체 선인지 악인지 헷갈릴 정도였다. 아니, 사실 대부분은 악으로 봤다.

아이칸은 '기업 사냥꾼'이라는 또 다른 이름으로 불렸다. 영어로는 Corporate Raiders라고 쓰는데 raider는 사실 사냥꾼보다 더 부정적인 의미로 쓰인다. 사냥보다는 약탈, 해적에 가까운 느낌이다. 라스베이거스에 본거지를 둔 프로 미식축구팀 레이더스의 마스코트가 바로 칼을 찬 애꾸눈 해적이다.

칼 아이칸은 1936년 미국 뉴욕시 퀸즈에서, 성가대에서 노래를 부르는 (그러나 희한하게도 무신론자였던) 아버지와 평생 학교 교사였던 어머니 사이에서 태어났다. 아이칸은 자신의 집이 가난하다는 것을 깨닫는 데 오래 걸리지 않았다. 그는 어린 시절 행복하다고 느낀 적이 한 번도 없었다고 말한 바 있다.

동네 공립학교에 다니는 아이칸이 가난한 현실에서 벗어날 방법은 공부뿐이었다. 늘 쩨쩨하고 칭찬이라고는 한 번도 한 적 없는 아버지가 어린 아이칸에게 하버드, 예일, 프린스턴, 셋 중 한 대학교에 붙으면 등록금을 내줄 수 있다고 한 것은 사실 공부를 독려하려 했다기보다는 어차피 이 세 군데 학교는 못 갈 테니 돈을 아낄 수 있다는 생각에서였을 것이다.

파라커웨이(Far Rockaway)는 퀸즈의 가난한 유대인들이 가는 공립학교였다. 아이비리그에 합격한 사람도 없었고 가려는 사람도 없었다. 지원서를 쓰는 날까지도 아이칸의 엄마는 그를 말렸다.

"칼, 어차피 그 사람들이 네 원서를 읽겠니?"

아이칸은 이미 돈 내고 산 인지가 아까우니 한번 보내보기라도 하겠다고 고집을 부린다. 그리고 하버드, 예일, 프린스턴, 세 학교 모두에 합격하고 그중 프린스턴에 가기로 한다.

예상하지 못한 출혈이 생겼지만 아이칸의 아버지는 식언하는 사람은 아니었다.

"칼, 어쨌든 아빠가 한 약속은 지키마."

"고마워요, 아빠! 정말 고마워요!"

"그런데 기숙사 비용은 못 낸다."

아이칸은 머릿속이 하얘졌다. 1년 치 기숙사 숙식비는 750달러, 등록금만큼 큰 금액이었다. 계약서에서는 작은 글씨가 중요하다는 것을 처음으로 깨달았다.

입학 전에 돈을 마련해야 했던 아이칸은 애틀랜틱비치의 어느 리조트에서 파라솔을 정리하는 아르바이트를 했다. 부자들이 오는 고급 리조트였다. 이곳에서 일주일에 100달러를 벌 수 있었다. 어느 날 손님 중 한 명이 아이칸을 보고 물었다.

"이봐 학생, 얼마 번다고 이 고생을 하나?"

"100달러요."

"음, 너 한번 100달러를 잃어볼래? 대신 인생을 배우고 싶지 않아?"

아이칸은 리조트 안 카지노로 그를 따라갔다. 아이칸은 그곳에서 처음 본 사람과 포커를 하고 30분도 안 되어, 일주일 동안 땡볕에서 땀 흘리며 번 100달러를 날리고 말았다. 집에 가면서 아이칸은 생각했다.

'이상하다. 내가 그 사람들보다는 훨씬 더 똑똑한데.'

아이칸은 근처 도서관에서 포커에 관한 책 세 권을 빌려 단숨에 읽었다. 포커는 숫자였다. 그리고 숫자는 아이칸이 자신 있는 분야였다. 그다음 주에 리조트 카지노의 같은 손님을 찾아가자 손님은 반가운 듯 아이칸에게 인사를 건넸다.

"이런, 아직 교훈을 얻지 못했구나. 그래. 어서 와라."

그리고 아이칸은 그 주말에 800달러를 벌었다.

1950년대 초반 프린스턴에 아이칸 같은 유대인은 매우 드물었다. '인싸'가 될 상황은 도저히 아니었다. 그때나 지금이나 프린스턴은 아이비리그에서도 패션에 관심이 많은 멋쟁이들로 유명한 귀족스러운 학교였다. 여기서도 아이칸이 자기 존재를 드러낼 방법은 공부밖에 없었다.

아이칸은 1957년 최우등으로 졸업했다. 그는 당시 졸업앨범에 장래희망으로 '의사, 결혼, 아빠가 되는 것'이라고 썼다. 자기 뜻으로 의사를 지망한 것은 아니었다. 그의 어머니는 사실 아버지보다 더 엄격한 사람이었다. 유대인이 무시받지 않는 길은 의사밖에 없다며, 그게 싫으면 군에 입대해서 전쟁터에서 죽는 것뿐이라고 협박하다시피 했다.

그렇게 아이칸은 울며 겨자 먹기로 뉴욕대 메디컬스쿨에 진학했지만 의사가 되고 싶은 생각은 전혀 없었다. 인턴십을 두 번이나 때려치웠지만 그때마다 어머니에게 잡혀 돌아와야 했다.

어느 날은 유난히 깐깐하게 구는 선배에게 대들고 세 번째로 그만둔다. 지금 나가면 영원히 돌아올 수 없을 거라는 선배의 말에 아이칸은 걱정 붙들어 매라고 호언장담했다. "그런데 우리 엄마한테는 네가 가서 말해." 그렇게 한마디를 남기고는 의사 가운을 벗은 그날 바로 뉴욕 34번가에서 42번가까지 곧장 걸어가 입대한다.

군대는 아이칸에게 안전을 제공하는 일종의 '증인 보호 시스템'이었다. 태어나서 처음으로 무서운 어머니로부터 떨어져 독립된 인생을 살 수 있었다. 게다가 군대에서 포커는 질릴 만큼 칠 수 있었다. 아이칸은 자신 같은 사람이 의사가 되지 않은 것이 인류를 위한 자신의 최대의 공헌이라 말한 바 있다.

제대 후 월스트리트에 입성한 전직 의대생 아이칸은 증권회

사에서 몇 년간 일하며 투자에 대한 자신만의 철학을 갖추고
는 작은삼촌에게 돈을 꿔 자립한다. 아이칸보다 겨우 열일곱
살 많은 이 젊은 삼촌은 아이칸을 동생처럼 여기며 평생 멘토
가 되어준 자상한 사람이었다. 아버지가 '가난한 아빠'였다면
이 젊은 삼촌은 '부자 아빠'였던 셈이다.

　자신의 가능성을 일찍 알아보고 믿어준 삼촌에게 아이칸은
자신의 투자 전략의 세 가지 핵심 원칙을 설명했다.

　"저평가, 저평가, 저평가(undervalued, undervalued, undervalued)."

타판

1970년대 타판(Tappan)은 미국에서 매직쉐프 같은 히트 상품
으로 유명한 가전기기, 오븐의 명가였다. 오하이오에 본사를
두고 창업자 가문이 회사 경영에 참가하는 전형적인 가족 회
사였다. 회사 이름도 창업자의 이름에서 따왔다. 창업자의 손
자 리처드 딕 타판이 이사회 의장을 맡고 있었다.

　그런데 이상하게도 딕은 카리스마 충만한 월급쟁이 사장 도
널드 블라시우스(Donald C. Blasius)의 기에 눌려 눈치를 봤다. 회
사 브로셔에도 의장 딕은 웃는 얼굴인데 블라시우스는 눈에서
레이저를 쏘고 있었다.

1978년, 아이칸은 이 회사의 주가가 너무 저평가되어 있다는데 착안해 지분 7%를 매입했다. 경영진은 아이칸에 대한 적개심을 감추지 않았다. '네가 오른을 알아?'라는 투였다. 지금이야 아이칸에게 매우 저돌적이고 사나운 사람이라는 평이 따라붙지만 첫 주주 캠페인을 벌이던 당시 40대였던 아이칸은… 오히려 더 거칠었다.

아이칸은 특히 경영진의 부도덕성에 분노를 느꼈다. 주주를 무시하면서 자신들 배만 불리는 경영진에게 큰 불만이 있었다.

"지난 5년 동안 현 경영진 밑에서 타판은 형편없는 수익성을 보였습니다. 그럼에도 불구하고 대표이사 블라시우스와 이사회 의장 타판은 각각 120만 달러 넘는 보수를 챙겼습니다."

아이칸의 호소는 설득력이 있었다. 경영진의 격렬한 반대에도 불구하고 아이칸은 자신의 첫 주주 캠페인에서 다른 주주들의 도움으로 이사회에 자리를 얻었다.

첫 이사회 전날, 블라시우스가 아이칸을 따로 저녁 식사에 초대했다. 아이칸은 잘 해보자는 식의 화기애애한 대화를 기대하고 그 자리에 갔지만 블라시우스는 기대를 뒤엎는다.

"칼, 넌 굴러온 돌이야. 앞으로 한 가지만 기억해. 입 다물고 있어. 그럼 잘 지낼 수 있을 거야"

황당하긴 했어도 아이칸은 별 대꾸를 하지 않았다.

그리고 다음 날 이사회 회의가 시작되었다. 블라시우스는 뜬금없게도 어느 회사를 인수하겠다는 안을 끄집어냈다. 그러고는 다들 이 안건에 꼭 좀 찬성해주면 좋겠다고, 찬성하는 사람은 손을 들어보라고 압박했다. 그때까지 아무 말도 않던 어느 이사가 손을 들었다. 당시 사외이사 중에서도 타판의 주식을 상당수 보유한, 이사이자 주주인 사람이었다.

"잠깐 잠깐, 이 숫자가…, 우리가 이 가격으로 이 회사를 산다고? 이게 정말…. 이거 설명 좀 해줄 수 있을까?"

그때까지만 해도 공손한 태도를 보이던 블라시우스의 태도가 급변했다. "그래서 지금 내 판단력을 의심하는 거야?" 눈으로 레이저를 쏘며 말을 이어갔다. "자리에 앉아. 자, 거수하자고."

아이칸은 생각했다. '지금 내가 무슨 말을 해도 이사회에서 내 편 들 사람은 없겠군.' 그리고 손을 들고 말했다. "존경하는 이사회 여러분, 제 생각을 말씀드리고 싶습니다."

여기까지는 좋았다. 그러나 아이칸은 그때나 지금이나 '입에 필터가 안 달려 있었다'는 아버지를 닮는 바람에 돌려 말하는 데는 소질이 없었다.

"제가 보기에 이건 인류 경제사를 통틀어 최악의 딜입니다. 제 가치보다 10배나 많은 돈을 주고 사겠다니 이건 딱 하나, 사장 블라시우스의 자리를 위한 딜입니다. 블라시우스는 더 큰 회사의 사장이 되겠고, 주주들은 쪽박을 차겠군요."

말을 마친 아이칸의 시선이 블라시우스를 향했다. 블라시우스는 순식간에 시뻘게진 얼굴로 내뱉었다.

"그래서, 지금, 네가 내 능력을 의심한다는 거야?"

절대적 권위를 가진 사장이 이런 새내기 이사에게 당하고 있을 순 없었다. 아이칸도 물러서지 않고 더 크게 외쳤다.

"그래! 당신은 스스로 좋은 CEO라고 생각하는지 모르겠지만 할 줄 아는 거라곤 이 회사를 죽이는 것뿐이야. 난 이 중에 단 한 명의 이사지만, 내가 할 수 있는 모든 수단을 동원해서라도 이 딜을 막을 거야. 자, 이제 거수해보자고."

"삼깐, 잠깐." 이번엔 사장이 말했다. "이 건은 다음 이사회에서 다시 얘기하지."

순식간에 벌어진 일에 이사들 눈이 휘둥그레졌다. 그리고 불과 몇 달 후 타판은 스웨덴의 일렉트로룩스에 인수된다. 인수 가격은 아이칸이 매입했던 주가 9달러의 2배인 18달러였다. 덕분에 아이칸을 지지했건 지지하지 않았건 주주들 모두 '난데없이 큰돈'을 벌게 되었다. 그리고 주요 주주 중에는 이사회 의장이자 창업자의 손자인 딕도 포함되어 있었다. 아이칸은 딕으로부터 생각지도 못한 연락을 받게 되었다.

"칼, 칼, 뭐 하나 물어볼게. 내 돈을 자네 회사에다 투자할 수 있을까?"

1970년대 미국 vs. 2024년 한국

1970년대 미국의 모습은 아직 이랬다. 경영진은 (물론 모두 백인이고 남자였다) 자신들이야말로 회사의 주인이라고 생각했다. 권위의식으로 주주를 무시하고 이사를 하수인처럼 대했다. 당시에는 미국에서도 이사들이 거수기였다. 사장한테 충성을 다하면 정말 좋은 대접을 받을 수 있었다. 바야흐로 CEO의 시대였다. 주주, 사외이사는 자신의 권리와 의무가 무엇인지, 어떤 역할을 해야 하는지 알지 못했다.

이 권리와 의무, 역할을 깨닫고 주식 투자와 가장 먼저 연관 지은 사람이 바로 아이칸이었다.

"내가 돈을 벌게 된 것은 주주가 주인 노릇을 하지 못하게 된 현재 시스템에 문제가 있기 때문이지, 내가 특별히 똑똑해서가 아니다."

그의 행위가 결국 돈벌이를 위한 것 아니냐는 물음에 아이칸은 이렇게 답한다.

"당연하다. 난 자본주의 사회에서 수익을 창출하는 데서 큰 기쁨을 느낀다. 당신은 화가가 그림을 그린다고 비난할 텐가? 내가 보람을 느끼는 건 돈을 벌면서 그 과정에서 옳은 일을 한다는 것이다. 나는 배관공부터 선생님, 연금에 의존하는 시민들까지 모든 주주에게 돈을 벌어다 준다. 몇몇 경영진이 제 마음대로 회사(주주) 돈을 갖다 쓰고 수백만 주주가 피해를 보는 상황을 무시하는 게 정의란 말인가? 회사는 이제 우리 사회의 근간인데 회사가 망가지도록 나 몰라라 하면서 내버려두는 게 선이란 말인가?"

아이칸은 80대 후반 나이에도 매일 뉴욕의 사무실로 출근하는데 그의 노트북 커버에는 이렇게 쓰여 있다.

'People I want to punch in the face(얼굴을 후려치고 싶은 사람들)'

1980년대 들어 미국 주식시장의 전성기가 왔다. 올리버 스톤 감독의 1987년 영화 '월스트리트'에는 당시 상황이 잘 담겨 있다. 감독 올리버 스톤과 각본가 스탠리 와이저는 당시 가장 유명한 행동주의 투자자인 아이칸을 만나 인터뷰하고, 그의 캐릭터와 발언을 영화에 반영한다.

'Greed is Good(탐욕은 선이다)'이라는 대사로 유명해진 영화의 주총 장면에서 고든 게코(마이클 더글러스 분)가 한 말 대부분은 사실 아이칸이 직접 했던 말이다.

"여러분이 이 회사의 주인입니다. 네, 주주 여러분이요(You own the company, That's right. You the stockholder)."

"여러분들은 지금 저기 보이는 저, 저… 관료들한테 아주 제대로 당하고 있습니다. 저 사람들의 스테이크 점심 식사, 호화 여행, 개인 비행기 그리고 황금 낙하산[10]이요(And you are all being royally screwed over by these… these bureaucrats, with their, their steak lunches, their hunting and fishing trips, their corporate jets, and golden parachutes)."

"텔다제지에는 부사장이 33명 있습니다. 한 사람당 연봉으로 20만 달러(2억 6,000만 원)씩 가져가지요(Teldar paper has different 33 Vice presidents. Each earning over $200,000 a year)."

"제가 지난 두 달 동안 이 사람들이 무슨 일을 하는지 분석해보았습니다. 그런데… 아직까지도 모르겠습니다(Now I have spent the last two months analyzing what all these guys do. And I still can't figure it out)."

"미국 기업에는 요즘 새로운 진화의 법칙이 생긴 것 같습니다. '부적자생존'입니다.(The new law of evolution in corporate America seems to be the "survival of the unfittest")."

"제 사전에는 단 두 가지 원칙이 있을 뿐입니다. 일을 제대로 하거나, 제거되거나(In my book you either do it right, or YOU GET ELIMINATED)."

영화에서 고든 게코는 내부자 거래로 감옥에 가게 된다. 실제 1980년대 미국에서는 비일비재한 일이었다. 혜성같이 등장한 수많은 천재 투자자가 경찰서로 연행되는 모습이 TV로 전달되었다.

아이칸한테는 그런 일이 일어나지 않았다. 시간이 지날수록 점차 사람들은 아이칸이 하는 일에 대한 믿음이 생겼다.

산업을 가리지 않는 대담함

제조업, 항공업을 넘어 이제 아이칸은 소위 테크 주식에도 같은 잣대를 들이댔다. 2015년에는 넷플릭스에 주주 캠페인을 벌이고, 2013년에는 애플에도 도전장을 던졌다.

당시 애플의 시가총액은 4,648억 달러, 현재 환율로 649조 원이었다. 아이칸은 애플이 저평가되어 있다고 판단했고, 그 이유를 회사의 기본적인 사업성이 아니라 현금이 과도하게 쌓여 있다는 데서 찾았다. 적절한 M&A를 위해 현금을 보유할 수는 있다. 그러나 뭐든 정도가 있는 법이다. 당시 애플의 현금성 자산은 1,500억 달러(209조 원)로서 시가총액의 32%에 달했다. 분명 너무 많았다.

2013년 8월 13일 오후 2시 21분, 아이칸은 간단한 메시지를 자신의 트위터 계정에 올렸다.

@Carl_C_Icahn "우린 애플 주식을 많이 샀어. 우리가 보기에 애플은 정말 너무 저평가야. 오늘 팀 쿡이랑 통화했어. 그럼 이만(We currently have a large position in APPLE. We believe the company to be extremely undervalued. Spoke to Tim Cook today. More to come)."

애플 주식은 한 시간에 4% 급등했다. 시가총액으로는 무려 170억 달러가 증가했다. 언론은 이렇게 보도했다. "아이칸의 트윗-공백 포함-한 글자당 6,200만 달러 가치가 올라갔다."[11]

두 달 후 아이칸은 팀 쿡을 뉴욕 자택에 초대한다. 아이칸의 아내는 귀한 손님을 위해 손수 저녁을 차렸고, 디저트로 나온 쿠키에는 특별히 애플의 로고로 장식했다. 그런데 사과 모양이 달랐다. 애플 로고는 오른쪽이 한 입 베어 물린 모양이다. 팀 쿡의 접시에 놓인 쿠키에 장식된 사과는 왼쪽에도 베어 문 자국이 있었다. 주주들 몫을 잊지 말라는 아이칸의 메시지였다.

식사 자리에서 아이칸은 팀 쿡에게 현금을 이용해 자사주를 매입(해서 전량 소각)하라고 제안했다. '그 많은 현금을 쌓아두고 뭐 하는 거야? 지금까지 몇 년간 아무것도 안 했잖아. 그리고 현금흐름이 좋아서 어차피 매년 돈이 더 쌓이잖아. 아무 계획도 없이 돈을 껴안고 있는 게 도대체 누구를 위한 거야?'

이날 저녁 식사 전까지만 해도 아이칸은 큰 기대를 하진 않았다. 35년 전 타판의 블라시우스와 그랬던 것처럼 CEO와의 저녁 식사는 마음 편한 자리가 아니다. 팀 쿡이 전형적인 말 안 듣는 CEO일지도 모른다고 생각했다. 하지만 아이칸의 말을 경청하는 쿡의 얼굴은 명상 중인 승려와도 같았다. 쿡은 이렇다 할 답을 하지 않고 화기애애한 저녁 식사를 마치고 돌아갔다.

애플은 곧 1,300억 달러 규모의 자사주 매입을 발표한다.[12] 실제로 2016년까지 애플은 자사주와 배당을 포함해 1,557억 달러의 주주환원을 실행한다.[13] 애플 주가는 아이칸이 트위터에 글을 올린 2013년 8월 13일 이후 단 1년 만에 16.69달러에서 23.99달러로 44% 상승한다.

칼 아이칸의 회사 아이칸엔터프라이즈는 현재 직원 2만 명, 수탁고 20조 원의 상장회사가 되었다. 이런 아이칸도 2023년에는 다른 행동주의 펀드 힌덴부르크의 공격을 받기도 했다. 행동주의 투자의 아버지가 다른 펀드들로부터 공격을 받는 것이 아이러니하기도 하지만 누구도 예외 없이 투명하게 돌아가는 미국 주식시장의 단면이다.

다시, 2006년 서울

2006년 2월 3일, 아이칸 측이 KT&G 지분 6.59% 보유를 공시했다. 청천벽력 같은 뉴스였다. 아이칸이다! 진짜가 나타났다! 소버린과는 비교도 할 수 없는 진짜가 나타났다! 무엇을 원하는 거야! KT&G 주가는 하루 만에 3.6% 올랐다.

당시 우리나라에서 아이칸에게 선이 닿는 사람은 없었다. 이 거물이 왜 KT&G 주식을 사들였는지, 그리고 왜 아무 발표도 하지 않는지 물어볼 수도 없었다. 사흘 동안 물음표만이 차곡차곡 쌓일 뿐이었다.

2월 6일, 아이칸은 또 다른 공시를 낸다. 이번에는 KT&G에 사외이사 후보 세 명을 추천하는 주주제안서를 발송했다는 내용이었다. 역시 이 기업 사냥꾼이 원한 건 이사회의 자리였다. 그런데 그게 다일까? 결국 원하는 것은 뭘까?

2월 7일, 아이칸 측은 대치동 KT&G 사옥을 직접 찾아가 경영진을 만난다. 그리고 경영진에게 다음과 같이 제안한다.

- ▪ 첫째, 인삼공사 상장(또는 매각)
- ▪ 둘째, 부동산 자산 매각
- ▪ 셋째, 배당금 및 자사주의 주주환원 정책 강화
- ▪ 넷째, 영진제약, 바이더웨이(편의점), YTN 등 비핵심 자산 매각
- ▪ 다섯째, 이사회 자리

무려 다섯 가지나 되는 대담한 요구였다. 사실 수긍이 가는 내용이기는 했다. 회사를 빼앗겠다거나 사장이 물러나라는 요구는 아니었기에 사람들은 안도의 한숨을 내쉬었다. KT&G는 아이칸이 다녀간 다음 날 부랴부랴 공시를 내고,[14] 2월 9일에는 곽영균 사장이 직접 기자회견을 열었다.

강남 GS타워 1층 아모리스홀. 곽영균 KT&G 사장은 회견장을 가득 채운 200명 넘는 사람들 앞에 마이크를 잡고 섰다. 그리고 인삼공사의 상장과 매각을 비롯한 아이칸의 모든 요구를 거절한다는 의사를 분명히 밝혔다. "관계가 좋은 주주들"이 많이 있기 때문에 아이칸은 "큰 위협이 아니다"라는 입장이었다.[15] 한마디로 '별거 아니다', '걱정 말라'라는 메시지였다. 그러나 말과는 달리 그의 얼굴에는 웃음기가 전혀 보이지 않았다.

긴장한 티가 역력했다.

곳곳에서 실소와 함께 불만스러운 목소리가 터져 나왔다. '노 코멘트로 일관하고, 지난번 거래소에서 있었던 기업설명회 내용과 다른 점이 뭐냐'는 것이었다. 곽영균 사장이 설명한 내용에서 특단의 대책이 전혀 엿보이지 않으니 그의 자신감에 정말 근거가 있는지 불안한 눈초리를 던졌다.

2월 10일, KT&G 주가는 이미 59,000원이 되었다. 아이칸이 발표하기 전인 49,800원에 비해 무려 18%나 올랐다.

2월 11일, 한덕수 경제부총리는 다음과 같은 평을 내놓았다. "KT&G가 경영을 잘해서 주가와 기업가치가 올라가면 (최근 아이칸의 주주제안과 관련한) 문제는 자연히 해결될 것."

이어서 2월 13일 강철규 공정거래위원장은 이렇게 덧붙였다. "경영권 시장도 깊이 성찰할 필요가 있다. 국내·해외가 구분이 없다는 인식이 글로벌화된 시장에서 필요하다."

돌아가는 분위기가 경영진 편은 없는 것 같아 보였다. 경영진은 가만히 있을 수 없었다. 부랴부랴 골드만삭스와 법무법인 광장을 자문사로 고용한다. 전쟁의 시작이었다. 결국 중요한 건 주총이다. 주주들을 만나 사정할 수밖에 없었다. 직접 만나 설득해봐야겠다고 판단한 듯했다.

주주설명회를 한다며 경영진이 해외로 떠난 2월 23일, 아이칸은 놀라운 제안을 발표했다. 회사가 그렇게 반대만 할 것이라면 자신이 직접 공개매수를 통해 주식을 인수하겠다는 것이었다. 목표 주가는 주당 6만 원, 당시 주가에 비해 17% 프리미엄을 붙였다.[16]

해외 주주 미팅을 준비하던 곽영균 사장은 난감해졌다. 주주들을 막상 만나면 아이칸의 제안에 대한 회사의 입장을 요구할 텐데 뭐라고 설명할 것인가? 아니, 내놓을 입장이 마련되어 있기는 한가? 가슴이 철렁했다. 아이칸이 대주주로 오면 주가야 오르겠지만, 자신은 해고될 것이 뻔했다.

긴 시간 침묵하던 KT&G는 장고 끝에 2월 27일, 오전 9시 이사회를 거친 후 발표를 내놓았다. 아이칸 측의 공개매수 제안에 반대 의견을 분명히 밝혔다. "주주 전체의 이익 극대화에 부합하지 않고, 아이칸의 구조조정 대안들은 현재 당사가 추진 중인 계획에서 달성 가능한 가치 창출 기회들을 실현하기 힘들며 한국의 규제 체계 및 우리 사업의 중요 부분을 이해하지 못한 것으로 판단"했다는 것이었다.[17]

이상하게도 말이 너무 길었다. 무엇보다 애시당초 이들이 말하는 주주 전체의 이익은 무엇을 가리키는 것일까? 주주에게 주가가 오르는 것보다 더 좋은 게 있을까? 자기 자리를 보전하면 주주 전체에게 이익이 된다는, 억지였다. 아이칸이 제안한

6만 원은 2005년 연말 주가 45,000원보다 33%나 높은 가격이었고, KT&G 역사상 전례가 없는 최고가였다. 이 높은 주가를 경영진이 앞장서서 반대하고 나서는 꼴이었다(곽영균 사장이 언급한 '주주 전체의 이익'이라는 이 오묘한 표현을 KT&G는 2022년 플래쉬라이트 캐피탈 파트너스의 공격을 받자 다시 꺼냈다).

3월 7일, 곽영균 사장은 다시 긴급 기자회견을 연다. 그런데 이번에는 입장이 180도 바뀐 의견을 내놓는다. 아이칸 측 사외이사 한 명이 이사회에 진입하는 것을 막기는 어려울 것 같다는 입장이었다. 그러면서 또 엉뚱한 말을 내뱉었다. "경영권 방어에는 문제없다"는 것이다.[18]

경황이 없어서 나온 실언일까? 주주 중에 곽영균 사장 개인의 안위를 궁금해하는 사람은 한 명도 없었다. 주가 오르는 게 중요하지, 곽영균 사장이 있건 없건 알 바가 아니었다. 게다가 사장이 이렇게 대놓고 할 말도 아니었다. 황급한 마음에 자신들이 계속 월급을 받을 권리가 있다고 호소하는 꼴이었다. 주주의 이익으로 보면 당연히 아이칸의 제안이 옳았다.

이제 기댈 곳은 애국심밖에 없었다. '아이칸은 강자이고 악이다. 경영진은 약자이고 선이다.' '아이칸은 외국인, 경영진은 장구한 역사의 '민족기업'을 이끄는…. 아니, 우리가 남이가?'

KT&G 측은 그 후로도 골드만삭스와 함께 해외 IR을 다니며 해외 주주들을 설득하려 노력했다. 그러나 주주들 반응은 냉담했다. 오히려 아이칸의 말에 일리가 있다고 생각했다. 비핵심 사업을 처분한 돈을 언제 주주들에게 환원할 거냐며 구체적인 대답을 요구했다. 주주들은 서로 긴밀히 연락을 취하는 것 같았다. 주주 한 명을 만나면 또 다른 한 명을 만나보라고 소개를 받았다. 그러나 모두 같은 반응이었다. 몇몇 주주는 그나마 몇 번 본 사이라 설득할 수 있을 것 같다는 희망도 있었지만 실제 그들이 누구 편을 들지는 아무도 모를 일이었다.

이대로는 가망이 없었다. 어차피 경영진은 지분이 없었다. 자기편도 없었다. 곽영균 사장은 남은 IR 일정을 중도에 취소하고 3월 4일 귀국했다.

3월 17일 주총에서 아이칸 측 후보가 사외이사로 선임되며 아이칸과 KT&G의 대결은 싱겁게 아이칸의 승리로 끝났다. 당시 언론에서는 이 상황을 이렇게 보도했다.

"KT&G는 아이칸 측 사외이사가 선임되더라도 12명으로 구성된 전체 이사회의 1명에 불과하므로 큰 역할을 하지 못할 것이라는 판단이지만 실제는 조금 다릅니다. 사외이사는 경영진 해임 건의안 제출은 물론이고 이사회 소집을 수시로 요구할 수 있어 KT&G로서는 신경을 쓰지 않을 수 없을 것입니다. 또 아이칸 측이 기존에 자신들이 요구했던 배당 확대나 부동산 매각, 인삼공사 상장 등을 한층 강력히 주장할 수도 있습니다."

주총이 끝난 후 아이칸 측에서 경영진에게 선물을 보냈다. 경영진은 놀랐다. 박스 안에 담긴 것은 '미식축구 헬멧'이었다. 다음 해 주총에서 한 번 더, 이번에는 더 세게 붙어보자는 뜻일까? 경영진은 이 헬멧의 심오한 의미를 이해할 수 없었다. 아니, 알고 싶지도 않았다. 이 부담스러운 사람들, 이제는 안방까지 들어온 사람들이 껄끄럽기만 했다.

부담을 느낀 곽영균 사장은 주총이 끝난 후 아이칸의 제안을 하나씩 이행한다. 4월 19일, KT&G는 비핵심 자산 중 편의점 바이더웨이를 오리온에 매각한다고 발표했다.[19]

그리고 8월 10일, KT&G는 '주주 이익 환원 중장기 계획(마스터플랜)'을 발표한다. 깜짝 놀랄 만한 내용이었다. 향후 3년 동안 무려 2조 8,000억 원을 배당과 자사주 매입, 소각에 쓰겠다는 계획이었다. 연간 9,000억 원이 넘는 규모는 직전 해의 연간 배당액 2,370억 원에 비하면 무려 4배에 가까운 수치였다. 아이칸의 제안에 경영진이 화답한 순간이었다.

요란했던 이 일련의 사건을 가까이서 지켜본 이들은 어떻게 기억할까?

"당시 KT&G는 사실 고민도 많이 하고 무척 노력하는 회사였어요." 익명을 요구한 당시 한 사외이사는 이렇게 말하며 중요한 단서를 덧붙였다. "한 푼이라도 더 이익을 줄이려고."

사실 주주만 좋은 일이었죠, 뭐

KT&G 전임 사장 K씨는 2006년 당시 아이칸의 주주제안을 가장 가까이서 지켜보며 현장에서 곽영균 사장과 함께 논의한 사람이었다. 그는 2006년을 이렇게 회상했다.

"다른 사람도 아니고 그 유명한 아이칸이 온다고 하니까 정말 회사가 난리가 나는 줄 알았습니다. 그런데 지금 돌아보면 참, 수주들이 돈 벌고 좋은 일만 있었던 셈이지요. 덕분에 만년 4만 원 초반에 머무르던 주가도 순식간에 86,000원까지 올라가고, 주주들에게는 이보다 더 좋은 일이 없었어요. 우리도 그 기회에 '우리가 주주들을 우습게 보면 안 되겠구나'라는 생각을 처음으로 하게 되고, 회사에 참 의미 있는 일이었어요."

초반에 좌충우돌했지만 결과적으로 곽영균 사장은 친주주 정책을 실행한 유일한 '친주주 경영진'이었다. 아이칸이 주식을 모두 처분하고 떠난 2006년 12월 이후에도 3년간 자신의 약속을 충실히 이행했다. 그리고 주가는 계속 상승해 무려

96,500원에 도달했다. 아이칸 발표 전의 4만 원대에 비하면 2배가 넘는 가격이었다. 이 대결의 최종 승자는 모든 주주였다.

이렇게 된 데는 곽영균이라는 개인의 소신과 결정이 컸다. 1951년생으로 경기고와 서울대 무역학과를 졸업한 곽영균은 엘리트였다. 삼미그룹 해외사업부에서 경력을 탄탄히 쌓은 뒤 1997년 담배인삼공사로 스카우트된, KT&G에서 보기 드문 '외부 영입 인사'였다.[20]

2004년에 사장이 된 뒤로는 스스로 KT&G 주식을 샀고, 매년 주식 수를 늘려 2005년 말 보유한 주식은 2만 4,725주였다 (참고로 2022년 공시 자료에 나타난 백복인 사장의 보유 주식은 단 293주였다). 사장 자신이 주주이니 주주의 입장을 자연스럽게 이해했고, 주주와 경영진이 동상이몽하는 이해 충돌의 소지가 적었다.

곽영균 사장은 2007년에 연임해 2010년 3월까지 사장으로 재직했고, 그의 임기 동안 KT&G 주가는 무려 150% 상승했다.

2010년 3월 곽영균 사장이 퇴임하고 민영진이 차기 사장이 되었다. 건국대 농학과 출신으로 1983년 전매청에 입사해 당시 제조총괄부장을 맡으며 KT&G에서 잔뼈가 굵은 인물이었다. 성공적으로 임기를 마친 곽영균이 어떻게 민영진을 후임으로 정했는지 그 이유나 배경은 알려진 바 없다.

이유가 무엇이건, 지금 와서 주주 입장에서 보자면 모처럼 주주환원 정책으로 주주 편에 섰던 곽영균 사장의 최대 악수(惡手)라 부를 만한 오판이었다. 아이칸은 떠났겠다, 아이칸 측 사외이사도 2008년에 사임했겠다, 이제 방해꾼은 모두 사라졌다. 딱 좋았다.

민영진 사장이 온 뒤로 주주들은 다시 찬밥이 되었다. 주주에게 열렸던 수도꼭지는 다시 꽁꽁 잠겼다. 잡은 물고기에게 먹이를 줄 필요는 없었다. 주주들은 '고난의 행군'에 들어선다. 2010년 주주환원 금액은 2008년 대비 34% 감소했다. 주가는 다시 뒷걸음질해 2024년 6월 주가가 2007년 12월 주가와 같은 수준이다. '잃어버린 17년'이다.

최장수 CEO

1965년생 백복인은 경주고등학교, 영남대학교 조경학과를 졸업하고 1993년 공채로 담배인삼공사에 입사했다. 수출팀 부장, 팀장을 거쳐 터키법인장이 되었다. 해외 수출, 특히 중동은 그에게 각별하다. 한동안 중동 지역은 KT&G의 가장 큰 수출 시장이었다. 중동은 인구가 4억 명에 흡연율이 높았다.

수출하는 담배가 정말 터키로 가는지, 아니면 터키에서 제삼국으로 밀수출되는지는 알 수가 없다. 백복인이 2009년 터키법인장을 맡았고 본사에서는 200억 원에 달하는 금액을 추가로 터키법인에 투입했으나 적자가 이어졌다. 수출은 항상 KT&G 사업의 가장 큰 미스터리다.

2009년부터 2010년까지 터키법인장 등을 맡고 귀국한 백복인은 이후 마케팅, 전략본부를 거쳐 2015년, 50세에 갑자기 사장이 된다. 비서실 때부터 모셨던 당시 민영진 사장이 2015년 12월에 구속되었기 때문이다. 배임수재, 뇌물공여 혐의였다. 그리고 이는 KT&G의 수출 사업과 직접 연관이 있었다.

그게 뇌물인 줄 제가 어떻게 알았겠어요

KT&G는 해외 수출에 각 나라의 에이전트, 도매상을 써왔다. 중동 지역은 도매상 알로코자이(Alokozay)와 계약을 맺고 거래했다. 압둘 라만이라는 에이전트가 KT&G를 담당했다.

백복인이 터키법인장을 맡고 있던 2010년 10월 7일, 민영진 사장은 중동 에이전트이자 최대 수입상인 압둘 라만을 러시아 모스크바 롯데호텔 지하 프랑스 식당에서 만났다. 그 자리에서 압둘 라만은 민영진에게 시가가 적어도 4,500만 원에 달한다는 파텍필립 시계를, 동석한 임원 다섯 명에게는 롤렉스 시계를 각각 선물한다.

정상적인 회사라면 상상도 할 수 없는 일이다. 회사 도매상에서 금품을 받는다는 발상 자체도 놀랍거니와, 그렇게 흰히 보이는 자리에서 건네고, 또 이를 모두가 순순히 받아 귀국했다는 사실도 놀랍다. 민영진에게는 이 외에도 협력 업체에서 뇌물을 받은 혐의, 회사 소유 부동산을 매각하는 과정에서 공무원에게 뇌물을 준 혐의, 인사 청탁을 대가로 뇌물을 수령한 혐의가 있었다.

민영진은 구속되면서 후임으로 백복인을 지목했다. 이사회는 일사천리로 백복인을 단독 대표이사 후보로 추대하고 주총에서 승인을 받는다.

놀랍게도 민영진은 후에 무죄로 풀려난다. 구속 후 불과 6개월 만인 2016년 6월 1심 선고가 있었고, 2017년 서울고등법원 2심을 거쳐 4개월 만인 2017년 6월 대법원에서 선고가 내려진 결과다. 당시 1심 판결문에는 "피고인이 AS으로부터 부정한 청탁을 받고 시계를 받았다는 점이 합리적인 의심을 할 여지가 없을 정도로 증명되었다고 보기 어렵고, 달리 이를 인정할 근거가 없다"라고 써 있다. 민영진은 "만찬 자리에서 주는 기념품인 줄 알았다"는 의아한 항변을 늘어놓았다.

판결문을 해석하자면 피고인의 지능으로는 뇌물인 줄 알고 받았을 리 없다는 것이고, 민영진 또한 그런 판결을 반기며 "맞다! 나는 판단력이 없다"고 고백한 것이나 다름없다. 음주운전 사고를 내고는 술인 줄 모르고 마셨다는 말처럼 들렸다.

이 해괴한 판결문이 나오기까지 KT&G 측은 정계, 관계, 법조계에 얼마나 많은 로비를 했을까. 예나 지금이나 KT&G는 우리나라에서 둘째간다면 서러울 현금 부자 회사다.

민영진은 6개월 수감 생활을 마치고 2016년 6월 출소했다. 그리고 2년이 지난 2018년 7월 KT&G복지재단 이사장 자리에 올랐다. 후계자로 밀어준 백복인 사장의 의리였다. KT&G복지재단은 말이 재단이지, 실제로는 KT&G가 관리하는 단체다. 그리고 그저 민영진의 노후를 보장하는 자리 정도가 아니었다.

웹사이트에 의하면 '다함께 행복을 나누는 선진복지의 실현'을 위한 재단이다. KT&G로부터 독립적으로 운영하는 곳이라고 보이지 않는다. 원래대로라면 재단의 결정은 재단 이사들이 내려야 한다. 이사가 누구인지는 알려지지 않았다. 예전에 민영진 사장을 인터뷰하며 '최적의 CEO'라며 추켜올렸던 한 기자를 제외하곤 이사진에 대해서 알려진 바가 없다.

주소도 KT&G 소유 건물이고 KT&G 조직도에도 포함될 정도로 재단은 KT&G와 한 몸이다. KT&G에서 직원을 파견한다. 자료에 의하면 직원은 단 몇 명뿐이다. 그러나 회사에서 다른 비용 지원이 있는지, 여타 혜택이 있는지, 연봉이 얼마인지는 확인할 수 없다.

민영진은 2024년까지도 재단 이사장 자리에 있다. 2023년 언론 보도에 따르면 KT&G복지재단은 우리나라에서 총자산가액이 삼성생명공익재단 다음으로 두 번째로 큰 재단이다. 재단

인건비, 인력 비용 등이 국세청 공시와 달라 맞는 것이 없다.

비영리법인의 투명성과 재무안정성을 공개해 투명한 기부 문화를 권장하는 공익법인 평가기관 한국가이드스타는 KT&G 복지재단의 투명성, 재무효율성 항목에 '평가 제한' 의견을 냈다. 국세청 공시 자료에 의하면 직원 한 명당 연봉이 550만 원이다. 즉 최저생계비를 받지 못하고 있다는 것이다. 과연 민영진이 재단에서 얼마를 받아 가는지, 재단 자산이 투명하게 쓰이는지 알 수가 없다. 그런데도 아무 문제가 생기지 않는다.

기업은행을 저지하라

2015년, 민영진의 뒤를 이어 백복인이 사장이 되고서 얼마 못 가 비슷한 사건이 또 터진다. 일명 '골프장 뇌물 사건'이다. 2010~2011년 백복인이 마케팅본부 실장, 본부장으로 재직할 때 함께 골프를 치며 알고 지낸 인물이 외국계 광고회사의 광고료를 과다 청구하고, 이렇게 조성한 비자금을 백복인을 비롯한 광고주에게 상납했다는 내용이다.[21] 하지만 무슨 이유에선가 이 역시 2017년 2월에 무죄 처리가 된다.[22]

2015년에 사장 자리에 오른 백복인은 첫 임기 3년이 끝나는 2018년 3월 주총에서 당연하다는 듯 연임을 시도했다. 이때

KT&G뿐 아니라 우리나라 역사에 전무후무한 일이 생긴다. 바로 기업은행, 즉 국책은행이 사장 연임에 반대하고 나선 것이다. 기업은행은 당시 국민연금에 이은 KT&G의 무려 2대 주주였다. 우리나라 최초의 '정부 주도 행동주의 캠페인'이라 봐도 무방한 일이었다.

2018년 2월, 기업은행은 KT&G 주식 보유 목적을 '단순 투자'에서 '경영 참여'로 변경하며 이를 공시했다. 즉 앞으로 KT&G 경영에 적극적으로 의견을 내겠다는 신호탄이었다. 대주주가 경영진에게 반대 목소리를 내는 것은 매우 기이하고 드문 일이다. 2006년 칼 아이칸에 이어 KT&G의 두 번째 도전자는 대주주 그리고 대한민국 정부였다.

기업은행이 시작한 이 '국가 주도 행동주의'를 지켜보는 해외 주주들은 심경이 복잡했다. 백복인이 딱히 이쁜 것은 아니었다. 하지만 사장을 바꿔야 한다는 기업은행의 주장이 '백복인이 부패했대요'라는 것 외에 딱히 논리적이지 않았다. 더 중요한 것은 대안이 없다는 점이었다. 준비가 부족한, 등 떠밀려 하는 설익은 비방 캠페인처럼 보였다. 역사를 거꾸로 돌려 국영기업으로 돌아가려는 것인지 의심스러웠다. 분명 민간 회사 주식을 산 주주로서는 상상하고 싶지 않은 시나리오였다.

2018년 3월, 당시 50%가 넘던 해외 주주를 비롯한 대다수는 기업은행 안에 반대했다. 그 결과 백복인은 무려 76.3%의 압도적 찬성률로 연임에 성공한다. 연임이 확정된 3월 16일, 백복인은 언론 인터뷰에서 "명실상부한 국민기업으로 거듭날 수 있도록 회사를 이끌어 가겠다"라고 천명한다. '우리는 공기업이 아니다. 정부 너희는 가만히 있어라.' 정부를 향해 가운뎃손가락을 든 셈이다. 이렇게 주주 덕에 재직 기간 연장에 성공한 백복인이었으나 이후 3년간 주가를 21% 하락시키고 만다.

주총에서 공개적으로 왼뺨을 맞아 체면을 구긴 정부는 몇 걸음 가지 않아 이번엔 오른쪽 뺨을 맞는다. 2018년 12월, 이번에는 더 큰 뉴스가 터졌다.

신세대 공무원

2018년 12월 30일, 12분짜리 유튜브 동영상 하나가 올라왔다. 한 청년이 담담한 표정으로 앉아 있었다. 서른두 살의 젊은 기획재정부 사무관 신재민이었다. 그는 정부가 민간 기업 KT&G 사장을 바꾸려 인사에 개입했다고 폭로했다. 2018년 2월, 즉 기업은행이 경영 참여로 보유 목적 변경을 공시하기 전에 문재인 정부가 기업은행을 통해 사기업인 KT&G의 사장 인선에 개입했다는 내용이었다.[23]

신재민은 1986년생으로 고려대학교 행정학과를 졸업하고 2012년에 행정고시에 패스해 2014년부터 공무원으로 근무했다. 이제 4년 차인 전형적인 엘리트였다. 그가 당시 세상에 던진 충격은 요즘 하이브와 갈등을 빚는 민희진 어도어 전 대표를 보며 느낀 것보다 훨씬 더 컸다. 행시 출신 기획재정부 사무관이 정부를 상대로 폭로를? 그것도 유튜브로?

신재민은 국가고시를 패스하고 공직에 있는 신분이었고, '이제 공무원을 그만두고 앞으로는 학원 강사를 하겠다'며 자리를 걸고 폭로를 결심했다. 불의를 보고 참지 못하겠다는 이유였다. 자신은 문재인 대통령을 믿고 투표했는데 이번에 민낯을 보고 크게 실망했다고도 했다. 문재인 정부로서는 난데없는 날벼락이었다.

정부와 당시 여당이던 더불어민주당은 맹렬히 '신재민 죽이기'에 들어갔다. 기재부는 사실이 아니라면서도 공무원의 공무상 비밀 누설죄로 신재민을 고발했다. 12월 31일, 당시 홍익표 민주당 수석대변인은 "불법행위, 가짜뉴스와 거짓 정보 유포 행위에는 응분의 책임이 따를 것", "꼴뚜기가 뛰니 망둥이도 뛰는 것일까", "문건 무단 유출과 국가공무원상 비밀유지 의무 위반만큼은 명백한 불법이다"라며 맹렬히 비난했다.

민주당 박범계 의원은 12월 31일 국회운영위원회에서 "스타

강사가 되어서 돈을 벌기 위해 기재부를 그만두고 메가스터디에 들어간다는 이 사람 말은 '누구에게 들었는지 기억나지 않는다', '지나간 말을 들은 것 같기도 하다' 이런 것"이라고 폄하했다. 박지원 민주평화당 의원은 "신 전 사무관이 학원 강사로서 노이즈 마케팅 한번 해봤는데, 아무튼 유명은 해졌다"고 말했다.

대통령 비서실도 직접 진화에 나섰다. 임종석 당시 청와대 비서실장은 인사에 개입한 바 없다며 "국민 세금이 들어간 담배회사에 정부가 아무 감시 기능을 못 하고 있다"고 반박했다. 무지를 드러내는 말이었다. KT&G는 보조금을 받기는커녕 정부에 대량으로 세금을 갖다 바치는 회사다. 담배의 소비자 가격에는 담배소비세, 지방교육세, 개별소비세 등이 포함되어 있다. 4,500원 중에 각종 세금 등 제세공과금이 무려 3,323원, 즉 74%에 달한다.

이는 비단 KT&G뿐 아니라 우리나라에서 판매되는 필립모리스, JT 등 모든 담배회사의 제품에 공평하게 적용된다. 이렇게 담배 판매로 걷히는 세금이 2023년에 11조 8,000억 원이었다.[24] 2023년 대한민국 전체 세수가 344조 원임을 고려하면 엄청난 금액이다.[25] '담배 피우는 사람이 애국자'라는 말은 헛말이 아니다. 이에 더해 KT&G는 법인세로 2023년 3,190억 원을 냈다. 어떻게 보더라도 정부에서 세금 보조금을 받는 게 아니라 정부에 세금을 대량으로 내는 회사다.

임종석 비서실장은 "외국인 주주에게 배당을 퍼주는 KT&G에 견제 장치가 필요하다"라고도 발언했다. 깜짝 놀랄 말이다. 배당은 나쁘다는 것인가? 아니면 배당을 하긴 하되, 국내 주주에게만 하라는 뜻이었을까? 대통령 비서실장의 말을 곧이곧대로 믿는 사람은 없었다. 힘들게 행정고시를 통과하고 얻은 전도유망한 기재부 사무관 자리를 박차고 나오면서까지 근거 없는 루머를 퍼뜨릴 사람이 있을까? 게다가 신재민 사무관의 증언은 아주 구체적이었다. 반대로 전 국영기업에 정부가 개입했다는 건 너무나도 있음 직한 이야기였다.

'넌 거짓말쟁이고, 일단 감옥에 좀 가자.' 정부가 이런 태도로 달려드니 신재민은 당혹스러웠다. 같이 식사하고 같이 웃던 동료들이 자신을 부정했다. 의인이 아니라 배신자가 되었고 도망 다니는 신세가 되었다. 옳은 일이라 생각해 양심선언을 했는데, 믿었던 정부가 자신을 잡으려 달려오고 있었다. 동네에서 유명한 수재, 효자, 국가 엘리트이던 신재민은 하루아침에 도망자가 되었다. 수천만 원 시계를 받은 사장은 무죄로 풀려나도 나라를 위해 진실을 알린 사람은 범죄인이 되는 세상이었다.

이후 그는 언론은 물론이고 모든 사람과 접촉을 끊고 잠적했다. 친구에게 자살을 암시하는 문자 메시지를 남기고, 자택에서 유서를 쓰고, 모텔에서 인터넷 커뮤니티에 '지금 모텔에 있다', '그냥 나라가 좀 더 좋아지길 바랐을 뿐'이라는 글을 올린 후 자살을 기도했다. 다행히 1월 3일 경찰이 IP를 추적해 서울 봉천동 모텔을 급습했고, 신재민의 자살 시도는 실패로 끝났다.[26]

심했다고 느꼈는지, 걷잡을 수 없이 돌아가는 형국을 타개하기 위한 묘수였는지, 기재부는 '자성 의사를 전달받았다'며 고발을 취소했고, 신재민은 비로소 도망자 신분을 벗고 일반 시민이 될 수 있었다.

내가 만난 신재민은 2018년에 유튜브에서 밝힌 대로 학원 강사로 일하는 중이었다. 전공은 행정학, 즉 젊은 예비 공무원을 상대로 하는 강의였다. 일주일 내내 강의의 연속, 강의실은 항상 꽉 차 있었다. 내 앞에 보이는 이 해맑은 젊은이는 이제 자타가 공인하는 일타 강사였다.

"막연히, KT&G가 깨끗한 회사가 되는 데 도움이 되면 좋겠다, 좋은 국민기업이 되면 좋겠다는 마음에 용기를 낸 건데 결과적으로 거꾸로 된 것 같기도 해요. 누가 그러는데 백복인 사장 딸이, 아빠가 연임하는 데 일등공신이 저라고 하면서 다닌다더라고요. 참…"

수줍은 웃음은 어느새 실소로 변했다.

정치적 부담이 되어버린 KT&G

이 한바탕 난리가 사그라든 뒤 여야 할 것 없이 'KT&G 쪽은 쳐다보지도 말라'라는 말이 돈다. KT&G는 섣불리 건드렸다간 정치적 부채가 될 수도 있는, 살아 있는 폭탄이었다. 결과적으로 신재민 사무관 덕에 무주공산에 입성한 백복인에게 2018년은 공기업의 잔재를 명실상부하게 끊어낸 해, 즉 정부에서 자유로워질 수 있는 결정적 쐐기를 박은 해였다.

그러나 공기업이 아니라고 해서 민영 회사가 되었다고 할 수는 없었다. 이젠 뭐라고 할 사람이 없었다. 문재인 정권은 이미 4년 차였다. 모두가 '쟤는 건들지 마'라는 듯한 분위기에서 절대 권력, 새로운 일진으로 떠오른 백복인은 기업은행을 노려보았다. 3년 전까지만 해도 호기롭던 대주주 기업은행은 2021년에는 백복인의 시선을 피하며 조용히 뒷문으로 나간다.

이것으로 백복인의 주도권 기반은 시멘트를 부은 바닥처럼 단단해졌다. 이대로라면 다가올 2024년에 4연임, 5연임… 계속해도 전혀 문제없어 보이는 상황이었다.

이렇게 해서 1883년 국가기관으로 출발해 2002년 민영화를 거친 KT&G는 2021년 새로운 사익화 시대에 접어든다.

두 개의 대한민국

"홈플러스, 7조 2,000억 원에 매각된다."

2015년 국내 언론에서는 연일 아시아 최대 규모의 사모펀드 (PE) 딜을 대서특필로 보도했다. 그리고 한국에서 철수를 결정한 영국 회사 테스코가 자회사 홈플러스를 매각한다고 발표한 지 4개월 만에 결국 승자는 MBK로 정해졌다.[27] 워낙 큰 딜이라 애초에 아무나 참여할 수도 없었다. 조 단위 딜을 성사시킬 수 있는 업력을 가진 대형 펀드는 당시 우리나라에 MBK, 콜버그 크래비스로버츠(KKR), 칼라일(Carlyle), 세 군데였고, 이들 모두 입찰에 응한 결과였다.

사실 여부는 알 수 없지만 업계에 영화 '007' 시리즈 같은 비화가 전해진다. 최종 서명을 하기 전날 저녁, 홍콩의 로펌 사무실에서 승리의 미소를 먼저 지은 것은 KKR이었다. 마라톤 회의 끝에 모든 상세 조건을 조율하고, 인수계약서를 서명 가능한 상태로 합의해두었다. 자정이 가까워져서야 드디어 테스코 측과 악수하고 다음 날 만나 서명하자며 화기애애하게 헤어졌다. 이제 다음 날 단 몇 장의 서명 페이지만 가지고 나와 교환하면 끝나는 일이었다. KKR팀이 타고 내려갈 엘리베이터의 문이 닫히는 그 틈으로, 건너편 엘리베이터에서 내리는 사람이 보였다. MBK 김병주 회장? 그가 맞다면, 이 시간에 왜 여기에 그가 있을까? KKR로서는 좋지 않은 징조였다.

결국 7조 2,000억 원, 아시아 역대 최대 사이즈의 차입매수(LBO) 딜로 MBK가 홈플러스를 품에 안았다. MBK는 마지막까지 포기하지 않고 의사결정에 빠르게 대응하며 경쟁력을 입증했다. 아시아의 맹주임을 재확인시킨 이벤트였다. MBK가 최종 승자가 된 것은 가격 때문만은 아니라는 소문이 돌았다. 다른 비가격 조건들에 유연하게 대처한 결과 최종 승자가 되었다는 뜻이었다. 말도 많고 전설도 많은 사모펀드업계의 소문 중 하나다. 사실인지 아닌지 확인하기도 어렵다.

미국계 펀드 칼라일의 한국 대표 이상현은 화가 나지도, 슬프지도 않았다. 그저 어안이 벙벙했다. 3등. 한밤이 되어서야 텅 빈 스타디움에 혼자 도착한 꼴찌 마라토너의 모습이 떠올랐다. 언론 보도로 접한 MBK의 제시 금액은 칼라일의 입찰가보다 높았다. 좀 높은 것이 아니라 매우, 매우 높았다. 그 가격에 인수하는 게 맞는지조차 의아했다.

홈플러스는 우리나라에서는 모르는 사람이 없는, 이마트에 이어 두 번째로 큰 유통회사다. 그러나 이제 2015년이었다. 온라인 쇼핑 이용률이 이미 폭증했다. 인구는 고령화에 들어섰고, 동시에 1~2인 가구가 전체 가구의 53%를 넘겼다.[28] 그러니까 자동차로 마트에 가서 뱅글뱅글 내리막길을 내려가, 겨우겨우 주차할 곳을 발견하고는 차를 대고, 매장 입구의 카트에 동전을 넣고 가지고 나와서, 수백 미터를 돌고 돌면서 필요한 물건을 카트에 담아 계산하고, 다시 주차장으로 돌아와 트렁크에 꾹꾹 쟁여 집으로 향하는 그런 시대가 이미 아니라는 뜻이다.

더군다나 홈플러스를 비롯한 대다수 대형 마트는 사업모델상 종업원의 최저임금 이슈에 걸려 있었다. 법규가 바뀌어 최저임금이 인상되면 회사는 수익에 큰 타격을 입을 게 뻔했다. 이렇게 매출은 떨어지고 비용은 올라가는 유통업체를 그 가격에 사는 것은 무엇을 의미하는가?

2015년 한국 사모펀드업계는 분명 공급 과잉 상태였다. 전 세계의 모든 큰손 펀드가 한국에 이미 진출했다. 그만큼 한국은 매력적인 시장이었다. 과거에 큰 수익을 가져다준 투자, 이른바 대박 투자 중 상당수가 한국에서 나왔다. 아시아 지역에서 이렇게 좋은 딜, 이렇게 사이즈가 큰 딜이 나오는 곳은 한국밖에 없었다. 그러다 보니 사이즈가 크면 클수록 높은 가격표가 붙었다. 누구나 월척을 원했다. 그렇게 다섯 번에 한 번은 월척을 건질 수 있었다. 그러다 낚시를 던질 기회가 네 번, 세 번으로 줄고, 그마저도 월척이 아니라 깡통도 나오고 타이어도 걸려 올라오는 때로 접어들었다.

칼라일 한국 대표 이상현은 2001년부터 사모펀드업계에서 일했다. 한국 M&A시장은 1997년 금융위기 상황에서 이른바 '파이어세일(fire sale)'에 가까운 거래로 태동했다. 2001년 당시에도 모든 게 헐값이었다. 가격도 쌌고 원화도 쌌다. 영업이익에 감가상각 등을 더한 EBITDA(Earnings before interest, taxes, depreciation and amortization)의 5배면 어떤 회사든 살 수 있었다. 사고 싶어 하는 사람도 없었으니 무리해도 6배, 7배면 충분했다.

이상현은 2014년에 칼라일에서 일하며 우리나라 보안회사 ADT캡스를 인수한다. 당시 가격은 EBITDA의 11배였다. 11배라니. 모두가 미쳤다고 했다. '승자의 저주'라는 말이 이미 상식처럼 통용되었다. 그러나 칼라일은 2018년 SK텔레콤에 ADT캡스 지분 100%를 넘기면서 4년 만에 1조 원을 벌었다. 그러나 더 이상은 무리로 보였다. 이제 EBITDA의 13배, 15배를 줘야 거래가 되었다. 한국은 더 이상 눈물의 폭탄 세일 매장이 아니라 아시아에서 가장 핫한 M&A시장이었다.

좋은 회사를 싸게 사야 한다. 이 모순을 풀어야 하는 이상현은 우연한 기회에 상장회사를 인수해보자는 아이디어를 낸다. 더 이상 경쟁 입찰에 줄 서지 않아도 될 일이었다. 주식시장에는 널린 게 회사였다. 그리고 모두가 믿을 수 없을 정도로 쌌다. EBITDA의 10배도, 5배도 아니었다. 2배, 3배로 거래되는 회사가 수두룩했다.

아시아에서 가장 비싼 비상장회사,
아시아에서 가장 싼 상장회사

한국의 상장회사는 세계에서 가장 헐값에 거래되고 있었다. 오죽하면 '코리아 디스카운트'라는 말도 있다. 재무제표에 나온 장부가 대비 시가총액을 비교하면 한국은 명확히 꼴찌였다. 중국보다 낮고 홍콩보다 낮았다. 인도보다 낮고 신흥 개발도상국이라는 베트남보다도 낮았다.

"PE비율(주가수익률)을 보시지요. 한국은 7배, 8배입니다. 이에 비해 대만은 18배, 말레이시아는 21배, 인도는 16배입니다. 이렇게 저평가된 것은 경영진과 기업 거버넌스가 작동하지 않기 때문입니다."[29]

1998년 장하성 교수의 말과 달라진 것이 전혀 없었다. 심지어 정치인 중에는 '한국 주가가 낮은 것은 지정학적 리스크 때문'이라고 하는 사람도 있었다. 그렇다면 왜 지정학적 리스크의 끝판왕 대만보다도 쌀까? 그리고 필리핀? 필리핀보다 싸다니.

그러니 대한민국에는 두 개의 다른 나라가 존재하는 것과도 같았다. 비상장회사는 아시아에서 가장 비싼 값에 거래되었다. 그러나 좋은 회사도 주식 공개가 되고 성장하면 밸류에이션이 마구 떨어졌다.

대세는 '무뇌'

사모펀드와 헤지펀드는 모두 주식이라는 수익증권에 투자하는 업이다. 그러나 둘 사이에는 깊은 골이 있다. 그리고 아무도 이 골짜기를 건너려 하지 않았다. 사모펀드에서 일하다 헤지펀드로 옮기는 사람도 없었고, 헤지펀드에서 사모펀드로 건너오는 사람도 없었다. 비슷하긴 한데 전혀 다른, 개와 원숭이 같은 사이였다.

헤지펀드는 수십, 수백 개 기업에 투자하고 샀다 팔았다를 반복한다. 빠른 판단력이 생명이다. 정보는 대부분 리서치 리포트로부터 얻을 뿐, 주식을 사고 나면 그 회사에 갈 일도 없다. 투자한 회사에 안 좋은 일이 생기면 누구보다 빨리 팔아치운다.

이런 방식은 1952년에 나온 모던 포트폴리오 이론(MPT)에서 비롯한다. 이 논문으로 저자 해리 마코위츠(Harry Markowitz)는 1990년 노벨경제학상을 받았다. 간단히 요약하면 가능한 한 여러 곳에 분산해 투자하면 투자의 리스크를 낮출 수 있다는 말이다. 이 간단명료한 이론이 출현한 뒤 주식 투자의 거의 모든 것이 바뀌었다고 해도 과언이 아니다.

그러나 이 이론에서 간과한 것이 있다. 모던 포트폴리오 이론에서는 주식을 가격이 등락을 반복하는 원자재와 같이 본다는 점이다. 그러나 주식은 원자재와 분명히 다르다. 주주에게는 첫째, 배당청구권, 신주인수권, 재산분배청구권 등이 있다. 둘째, 회사 경영에 영향을 미칠 의결권을 가진다. 이 큰 권리들을 무시한다는 건 그만큼 큰 가치를 스스로 포기하는 것이나 다름없다.

자녀 양육을 예로 들어보자. 아이가 100명 있으면 어떨까? 그럼 분명 그중 한두 명에게 의존하지 않고 더 너그럽게 아이들을 돌보는 부모가 될 수 있을지 모른다. 그중 몇은 성공할 수도 있고 그중 몇은 또 실패할 수 있다.

그런데 100명의 이름이나 다 외울 수 있을까? 그나마 이름은 외운들, 한 명 한 명 도무지 시간을 같이 보낼 수는 없을 것이다. 생일을 챙기며 축하해줄 수는 있을까? 주말에 같이 놀아줄 수는 있을까? 아이들 각각의 학부모 회의에 나갈 시간이 있을까? 거기다 아이 100명을 매년 한 번씩 바꾼다고? 과연 그걸 부모 노릇이라고 할 수나 있을까?

1952년에 등장한 모던 포트폴리오 이론은 이제 더 이상 '모던'하지 않다. 굳이 따지자면 제임스 딘, 신성일만큼 모던하다. 그럼에도 전 세계 주식시장은 아직도 모던 포트폴리오 이론을 종교처럼 떠받들고 이 이론을 중심으로 돌아간다. 주식 투자에서 가장 중요한 게 무엇이라고 생각하는지 물을 때 '달걀을 한 바구니에 담지 말라', '분산투자'라고 답하는 사람은 다 같은 부류라고 할 수 있다. 투자의 본질이 분산(risk diversification)이라는 말은 생각해보면 말 앞에 마차가 세워진 것과 같다.

모던 포트폴리오 이론이 가장 큰 영향을 끼친 것은 전 세계적으로 대두된 패시브 펀드의 출현이다. 패시브 펀드라 함은 포트폴리오에 수백 수천 종목까지 가능한 한 많은 종목을 담아 리스크를 최대한 분산해서, 전체 주식시장 지수와 같은 효과가 나도록 만든 펀드다. 아이러니하게도 정작 각각 종목의 주가가 오르는지 내리는지는 상관하지 않는다. 주식 매매의 거래비용을 최소화하는 것, 비용 절감이 가장 중요한 이 모델에서 리서치는커녕 전략이라는 것이 존재하지 않는다.

'건초 더미에서 바늘을 찾으려고 애쓰지 말고 건초 더미를 통째로 사라!(Don't look for the needle in the haystack. Just buy the haystack!)' 패시브 펀드를 처음 만들었다는 뱅가드의 창업자 존 보글(John Bogle)의 유명한 말이다. 현재 패시브 펀드는 블랙록, 뱅가드 등은 물론이고 우리나라 대부분 증권사에서 인덱스, ETF라는 이름으로 판매한다. 이들 패시브 펀드는 주식 투자에 드는 수수료를 대폭 삭감해서 전 세계 투자자들의 주머니 부담을 지난 50년간 1조 달러 이상 절감해줬다는 말이 있다.

장기적으로 주식시장 전체는 우상향하니 비용을 극도로 낮추고 지수를 사면 부의 축적을 이룰 수 있다는 생각은 분명 혁신적이었다. 그러나 문제는 패시브 펀드가 사실 주식 투자에 대한 위험 부담을 경시하고 불로소득을 꾀한다는 점이다. 투자자들은 주식 개별 종목에 아이디어가 전혀 없다. 그냥 다 산다. 주가가 떨어져도 주식시장 전체가 떨어지니 문제없다고 생각한다. 이런 특징 때문에 패시브 펀드는 세계적으로 '무뇌 투자(unthinking money)'라고 불리기도 한다. 조별 과제에서 일은 하지 않고 농땡이 치는 친구 같은 존재다.

그럼에도 불구하고 패시브 펀드는 선풍적 인기를 끌며 수탁고가 점점 커져만 갔다. 보글조차도 패시브 펀드가 보유한 그 수많은 주식에 모두 의결권을 제대로 행사할 수 있을지 우려할 정도였다. 2024년에 패시브 펀드가 전체 주식시장의 절반을 넘는다는 예상이 많다.[30]

실제 인덱스 펀드를 운용하는 뱅가드, 블랙록은 각 기업의 펀더멘털과 거버넌스를 신경 쓰지 않는다. 고객들에게 대놓고 '저희는 아무 생각이 없습니다' 말할 리는 만무하지만 이 투자 전략에 내포한 '생각 없음(unthinking)'이라는 리스크를 크게 신경 쓰지 않는다. 그것이야말로 핵심 비즈니스 모델이기 때문이다. 비용 절감이 존재의 이유인 회사가 비싼 돈을 주고 우수한 인재를 영입할 이유가 있을까?'

이런 영향으로 주식 투자에 대한 일반인의 시각도 많이 바뀌었다. 주식의 생명은 '거래'라고 여긴다. 의결권? 이런 건 고민하는 게 아니다. 주식에 투자한 사람 중에서 주주총회에 가본 사람이 몇 퍼센트나 될까? 설령 내가 투자한 기업에 나쁜 소식이 있다 한들 남들보다 먼저 팔면 그만이다. 주주로서 목소리를 낼 필요가 있다고 생각하지 않는다. 주식을 산 회사를 자신의 회사로 여기거나 주주를 회사의 주인으로 보는 시각은 점점 옅어진다. 사실 내가 어느 기업의 주인이라고 생각하면 골치부터 아프다. 인생에 다른 고민이 없고 너무 무료해서 주식에 투자하는 게 아니지 않은가. 그런데 '생각 없음'도 환영이라니 이보다 더 고마울 순 없다.

비상장회사에 투자하는 사모펀드는 이와 정반대다. 경영진에게 영향을 끼칠 수 있다는 이유 하나 때문에 회사를 비싼 값에 산다. 웬만큼 힘들어도 주주와 경영진이 같이 일하면 좋은 성과를 거둘 수 있다는 묘한 낙천적인 태도가 바닥에 깔려 있다. 특정 산업을 이해하려고 몇 달이고 몇 년이고 시간을 들여 조사한다. 몇 년간 딜을 쫓아다닌다. 공장을 견학하고, 전문가와 상담하고, 대표이사를 만나 월별 보고를 받는다. 회사를 인수한 후에는 아예 그곳으로 출근하는 경우도 수두룩하다.

이상현 대표는 맥도날드 한국 지사가 매물로 나오자 자기 직원에게 맥도날드 매장 아르바이트까지 시켰다는 일화가 있다. 키친 오퍼레이션과 직원들 사이의 문화를 알아보기 위함이었다(그러나 명문대를 나와 졸지에 맥도날드 매장에서 물걸레질을 하게 된 그 직원은 칼라일을 그만두었다).

사모펀드는 회사를 인수한 다음에는 경영진에게 스톡옵션을 준다. 그래야 열심히 일하기 때문이다. 스톡옵션을 받은 경영진은 고정적으로 월급을 받는 사람과는 확연히 다르게 행동한다. 그렇다고 직원들 처우를 무시하고 주가만 신경 쓸 수는 없다. 그래서는 회사 운영이 되지 않는다. 대신 불필요한 비용은 아끼려고 노력한다. 임원이 한 명만 있으면 될 곳에 다섯 명을 두는 일은 하지 않는다. 우매한 주주를 현혹할 수 있다는 생각은 하지 못한다.

사모펀드가 인수한 회사의 사장은 실적 관리도 그만큼 신경 써서 한다. 월별로 그달의 매출과 이익만이 아니라 그 매출과 이익에 영향을 주는 앞 단계의 모든 항목을 꼼꼼히 분석한다. 볼륨, 단가, 고객 이탈률, 지역별 판매량, 가격대별 제품군의 믹스 변화, 주요 비용, 원재료 단가…. 이 모든 것을 제품별, 지역별로 나누어 살피고 이를 또 전월, 전 분기, 전년과 비교한다. 한두 페이지 자료 안에 숫자가 1,000개가 넘는다. 이 빽빽한 자료를 주주와 경영진이 같이 돋보기를 들이대고 보듯이 함께 보고 토론한다.

이상현이 사외이사로 영입하려고 했던 어느 대기업 고위 임원 출신 전문 경영인이 이렇게 물은 적이 있다.

"당신은 어떤 사장을 찾습니까? 오래 외국 사모펀드에서 일하면서 보기에 우리나라 사장들에게 아쉬운 게 무엇인가요?"

"숫자를 잘 아는 사람이 없습니다."

"에이, 숫자를 안 보는 CEO라니… 그런 사람이 어딨어요?"

나중에 이사회에 합류한 그는 이상현과 함께 매달 숫자를 들여다보면서 깜짝 놀랐다. 수십 년 동안 재벌 기업에서 우리나라에서 가장 우수하다는 인재들과 일해왔지만 이렇게까지 숫자에 대해 심층적으로 토론한 적이 없었기 때문이다.

이에 비해 헤지펀드는 한 회사에 할애할 수 있는 시간이 매우 제한적이다.

"경기나 시장의 변화를 알려면 재무제표의 어느 부분을 봐야 하나요?"

이상현은 어느 헤지펀드로부터 이런 질문을 받고 깜짝 놀랐다. 재무제표의 어느 부분? 재무제표는 분기마다 한 번씩 나오고 공시되기까지는 적어도 3개월은 걸린다. 재무제표 어디를 봐도 선행지표(leading indicator)는 없다. 모든 숫자는 이미 확정된, 후행지표(lagging indicator)일 뿐이다. 예컨대 재고순환지표에 경기의 변화가 반영될 즈음엔 주가는 이미 다른 영역에 가 있을 것이다. 그런데 그나마 재무제표를 꼼꼼히 보는 헤지펀드조차도 드물다. 리서치 리포트를 보고 맡기는 곳이 수두룩했다.

이상현과 백복인의 첫 만남

1973년생 이상현의 첫 직장은 맥킨지라는 컨설팅회사였다. 1990년대 후반 우리나라 컨설팅회사들은 대기업의 구조조정을 돕는 프로젝트로 호황을 누렸다. 지난달까지 학생식당 앞에서 커피우유 곽으로 제기차기나 하던 학생이 정장을 입고 재벌 회장 앞에 서서는 어느 회사를 살리고 어느 회사를 청산할지 살생부를 발표하는 일도 허다했다.

갓 졸업한 학생들은 '비즈니스 애널리스트'라고 불리면서 엑셀, 파워포인트의 숫자가 맞는지 체크하는 일도 했지만 말 그대로 고참 컨설턴트의 밑을 닦아주는 허드렛일이 주 업무였다. 이상현도 그런 일을 하며 초근접 거리에서 대기업의 24시간을 지켜볼 수 있었다. 각 재벌의 최고 엘리트들이 모인 전략기획실에 파견되어 몇 달 동안 클라이언트와 동고동락했다.

그러면서 그곳을 지배하는 절대 원칙이 있다는 사실을 깨달았다. 바로 '오너의 지시'였다. 여기서 말하는 오너는 물론 주주가 아니라 창업자와 그 후손들이다. 법도, 상식도, 심지어 중력마저도 총수와 그 일가 근처에서는 굴절되는 듯했다.

1997년, 전대미문의 외환위기를 극복하려면 젖 먹던 힘까지 끌어올려야 하는 때, 어느 대기업 임원 회의 자리에서 긴 테이블 끝에 앉은 회장이 계열사 사장들에게 훈시했다. "우리 모두 주인의식을 가져야 합니다. 전사적으로 힘을 합쳐 위기를 극복합시다." 한 임원이 손을 들고 조심스레 말했다. "저, 회장님, 그런데 주인이 아닌데 어떻게 주인의식을 가지나요?" 그날 이후 그 임원은 보이지 않았다. 예나 지금이나 눈치 없는 임원에게 자비는 없는 법이다.

이상현은 운 좋게 싱가포르투자청(GIC)이라는 싱가포르 국부펀드의 사모펀드 부문 한국 담당으로 이직했다. 2001년, 우리나라 M&A시장의 태동기였다. 앞서 말했듯 이상현도 사모펀드업계에 일찍 들어온 덕분에 이 시기에 하는 딜마다 돈을 벌었다. 화장품회사를 인수해 4배를 벌고, 보안회사를 인수해 차익으로 1조 원을 벌었다. EBITDA로 치면 5배, 6배, 높아봤자 8배를 지불하면 국내 업계 1~2위 회사를 인수할 수 있었다. 그러다 2005년께 접어들어 시장에서 통하는 EBITDA 배수가 두 자리로 올라가고 가격이 높아진 때가 왔다.

이상현은 여러 회사를 거쳐 2011년 세계 3대 사모펀드 칼라일에서 최연소 컨트리헤드로 한국 대표가 되었다. 말이 좋아 한국 대표지, 월급쟁이였다. 그리고 조 단위 돈을 쓴다는 것은, 잘되면 조 단위로 벌고 망하면 조 단위를 날리는 일이다.

이 대표는 부하 직원은 물론이고 고용된 자문단에게도 잔혹하기로 유명했다. 미팅 전에 자료를 읽어보고 사람을 보자마자 질문부터 퍼부었다. 처음 보는 자료면 프레젠테이션을 생략하고 먼저 속독으로 읽은 다음 역시 질문으로 미팅을 시작했다. 버벅거렸다간 더 센 질문을 받아야 했다. 날선 질문은 훨씬 손아래인 인베스트먼트 뱅커에게도, 60대 중반 변호사에게도 공평했다. 인성으로 한국 대표가 되지 않았음은 분명했다.

이상현은 점점 경쟁이 치열해지는 한국 시장에서 좋은 투자 기회를 찾았다. 그에게 '코리아 디스카운트'라는 말은 절망이 아닌 기회를 의미했다. '같은 나라 주식이 그렇게 차이가 난다는 것은 말이 안 된다. 상장회사에 투자해서 비상장회사처럼 주주와 경영진이 한 방향을 보게 할 수만 있다면? 주식을 EBITDA 3배를 주고 사서 10배에 팔게 되는 건데…'

그는 투자 기회를 모아 리스트로 만들어보았다. 먼저 상장회사 중 '주인 없는 회사'가 있는지 들여다봤다. 그의 눈에 '민영화 삼총사'라 불리는 세 회사가 먼저 눈에 들어왔다. KT, KT&G, 포스코. 그리고 그중에서도 먼저 눈에 들어온 회사가 KT&G였다. 재무제표를 보면 볼수록 놀라웠다. 실적에 비해 주가가 너무 낮았다. 현금 등 자산만 해도 시총에 육박할 정도였다. 도무지 이렇게 쌀 이유가 없는 회사였다. 이유가 있다면 재무제표로는 기록되지 않은 무언가가 있겠다고 판단했다. 이상현은 곧바로 KT&G 사장에게 연락해 저녁 식사에 초대했다.

2017년 당시 KT&G 백복인 사장은 인생의 어두운 터널 속을 걷고 있었다. 검찰, 금융감독원, 국세청, 감사원 각각에서 그에 대한 조사가 진행 중이었다.

- 검찰: 백복인 뇌물수수 사건 조사
- 금감원: 트리삭티 관련 분식회계 의혹[31]
- 국세청: 담뱃세 인상 전후 재고 사재기로 이익을 챙긴 혐의[32]
- 감사원: 재고차익 사건 징계 방안 검토(2017년 1월)[33]

　이상현이 백복인을 만나 가장 먼저 묻고 싶은 것은 분명했다. 단 한 가지였다. 왜 이렇게 주가가 싼가? 그리고 그는 백복인과 여러 차례 식사 자리를 갖고서 깨달았다. '사장이 주가를 신경 써야 할 이유가 없다.' 2016년 공시된 백복인 사장의 연봉은 14억 원이었다. 사택도 제공한다. 사장으로서 누리는 혜택은 훨씬 더 많을 터였다. 주가가 떨어지건 이익이 줄어들건 사장 연봉이 깎일 리 없고 혜택을 빼앗길 리도 없다. 더 늘려도 뭐라 할 사람도 없어 보였다.

　배당액이 같다면 주가가 떨어지면 떨어질수록 주가 대비 배당액 비율이 올라간다. KT&G는 이를 두고 배당수익률이 높아졌다고 자랑했다. 한마디로 이 주인 없는 회사는 주주들로부터 철저히 외면받고 있었고, 경영진은 그 상태를 즐겼다. 주인을 찾아주기만 하면 주가는 수직 상승할 수밖에 없다.

　백복인은 KT&G의 사업과 자신의 실적을 이야기하며 '몇십 몇억 몇천만 개비'라며 구체적인 숫자로 설명했다. 이상현에게는 그 점이 매우 인상 깊었다. 담배 개비 수는 세면서 영업이익은 절대 말하지 않는다니 희한했다. 이상현이 만난 잘나가는 회사 사장들은 주가나 영업이익을 자랑했으니 더욱 의아했다.

의아한 점은 또 있었다. 백복인은 여러 차례 'KT&G는 주주들의 회사'라는 말도 했는데, 그가 말하는 주주는 이상현이 생각하는 주주와는 뉘앙스가 다른 듯했다. 백복인의 인간적인 고민도 듣게 되었다. 백복인은 자신이 옳은 일을 한다는 확신은 있지만 마음 깊은 곳에서는 당연히 불안해했다. 밤에 잠이 안 온다고 토로했다. 이상현은 그런 말을 들으며 그의 용기가 대단하다고 생각했다.

결론을 내리고 이상현은 칼라일의 투자 유치를 추진했다. 담배라는 업종이 걸리기는 해도 한번 본사를 설득하고자 했다. 백복인 사장이 추진하는 신세대 담배 HNB(heat-not-burn, 궐련형 전자담배)는 분명 기존 담배의 대안이었다. 앞으로 성장성이 엄청나기에 차라리 HNB로 전환을 가속화하면 건강과 환경에 기여하는 길이라 믿었다. 그리고 KT&G의 자회사 인삼공사는 정말이지 잠재력이 너무나도 커 보였다. KT&G가 아니라 KG&T라고 불러도 될 만큼 엄청난 저력이 있다고 판단했다.

그러나 칼라일 본사의 결론은 싱거울 만큼 빨리 전해졌다. 투자 불가. 담배는 ESG[34] 열풍에 맞지 않는다는 이유에서였다.

2018년 당시는 ESG가 전 세계에서 투자 원칙 수준을 넘어 거스를 수 없는 시대의 대세였다. 여기에 반대는커녕 물음표 하나만 달아도 낙인이 찍힐 정도였다. 그런 상황에서 담배회사에 투자하라니.

최근 들어서는 블랙록과 버크셔 해서웨이 같은 투자회사에서 ESG의 원칙을 재정립하려는 시도가 있다. 그러나 2018년만 해도 ESG 원칙에 어긋난다는 이유로 특정 산업 자체가 투자 세계에서 외면당하는 일이 많았다. 담배 제조업과 판매업 자체는 물론이고 담배 포장에 쓰이는 특수종이를 만드는 제지회사에 투자할 기회가 있었음에도 ESG 원칙에 따라 투자하지 않았다며, '투자하지 않았음'을 자랑스럽게 홍보하는 펀드도 있었다. 그런 분위기에서 술은 또 예외였으니 이유는 딱히 없었다.

혼자서 삐뚤어지고 싶었던 회사들에는 오히려 반가운 일이었다. 사람들의 관심이 없는 음지에서 오히려 더 자유롭게 제 마음대로 할 수 있었기 때문이다.

이런 이유 저런 이유로 절묘하게 천운이 돕기라도 한듯 2018년 3월 주총에서 백복인이 연임에 성공하자 이상현은 백복인에게 축하 문자를 보냈다. 어쨌건 수많은 고초를 극복한 한 남자에게 보내는 리스펙트였다. 성원에 감사하다는 답장이 곧바로 돌아왔다.

　백복인 사장은 이 문자가 이상현과 마지막으로 주고받는 연락이라고 생각했을 것이다.

일곱 번째 이야기

2020년, 도쿄

'일본은 어쩌다 행동주의 펀드의 타깃이 되었나: 변화를 꺼리는 일본 기업은 '주주자본주의'를 재고해야(How Japan Inc became a target for activist investors: The country's risk-averse corporate world is having to rethink shareholder capitalism)'

2020년 2월 3일 파이낸셜타임스 전면에 실린 특집 기사 제목이다. 제목만 봐서는 일본이 망하기라도 한 것 같다. 내용은 정반대였다. 기린맥주, 도시바, TBS, 도쿄돔…. 한국인들도 익히 아는 블루칩 회사들이 행동주의 펀드의 공격을 받고 있고, 그것은 모든 주주에게 이익을 돌려주는 좋은 일이라는 내용이었다.

일본은 전 세계에서 둘째가라면 서러울 정도로 보수적인 사회다. 아직도 엄격한 연공서열이 존재하고, 아직도 샐러리맨은 검은 정장에 넥타이가 유니폼과도 같다. 1853년 서양에서 도래한 흑선(黑船)의 무력시위에 강제 개항을 당했기에 우리나라 못지않게 외국인에 대한 저항감이 강하다.

그렇게 한동안 일본 주식시장은 '버려진 시장'이었다. 정말 아무 일도 일어나지 않았다. 1980년대 버블 경제 시절에는 주식시장이 활활 타오른 적도 있다. 아시아 다른 어느 나라와 비교할 수 없는 수준이었다. 그래서 금융계에서는 아시아를 논할 때 '일본'과 '나머지(Asia ex-Japan)'로 불렀다.

1989년 39,000포인트로 정점을 찍은 일본 니케이지수는 1992년 16,924포인트, 2003년에는 7,972포인트까지 떨어졌다. 무려 14년 동안 추락을 이어갔다. 일본 주식시장은 모든 신념을 저버리게 하는 죽은 시장이었다. 수익률도, 밸류에이션도 아시아에서 발군의 꼴찌였다. 그러려고 만든 표현은 아니었지만 또 다른 의미로 일본과 나머지(ex-Japan)라고 불릴 만했다.

2013년, 일본 총리 아베 신조는 '세 가지 화살'이라는 화두로 아베노믹스를 발표한다. 첫 번째는 통화정책, 두 번째는 재정정책, 그리고 세 번째는 구조개혁(structural reform)이었다. 이 중 세 번째 구조개혁이 가장 어려운 단계였다. 사람들이 '뭐야, 제일 힘든 걸 마지막으로 몰아놨네' 할 정도였다.

규제를 완화해 성장하겠다는 전략은 그만큼 난제였다. 책임자가 발표하면 끝나는 통화정책, 재정정책과 달리 구조개혁은 오랜 기간 익숙해진 사람들의 마인드세트, 습관, 행동을 바꾸는 일이었기 때문이다. 일본 정부도 '하루아침에 되는 게 아니다. 시간이 걸릴 것이다'라며 참을성을 가지도록 독려했다. 그리고 '기업 거버넌스의 개혁'을 추진했다. '일본 샐러리맨 문화를 바꾼다고? 총리 한 명이?'라는 반응이 나오는 게 당연했다.

불신이 가득했지만 내심 기대했다. '참을 만큼 참았으니 이제 한번 바꿔보자'라는 공감대가 있었다. 기대감 때문인지 일본 주식시장은 상승세를 이어갔다.

아베 신조가 총리로 취임한 2012년 12월 26일, 니케이지수는 10,230포인트를 찍었다. 2011년 12월 말의 8,455포인트보다 20%나 상승했다. 더 오를 수 있을까 하는 걱정 반 기대 반 심리가 무색하게 2014년 12월 말에는 17,450포인트에 다다랐다. 우려는 열광으로 바뀌었다. 무려 2000년 이후 최고점이었다. 니케이가 다시 살아날 수 있을까?

일본 정부 주도의 주주 정책이 2014년 가시화되었다면 민간 펀드업계에서는 그보다 훨씬 더 먼저 시작했다. 오늘날 일본인에게 일본의 수많은 행동주의 펀드 중 (좋은 쪽으로건 나쁜 쪽으로건) 가장 유명한 펀드가 무엇인지 묻는다면 대부분 주저하지 않고 무라카미펀드를 꼽을 것이다.

주식 투자자가 된 전직 공무원

일본 최초의 위임장 대결, 최초의 적대적 공개매수, 펀드 최초의 주주대표소송…. 무라카미펀드에는 일본 최초라는 수식어가 따라붙는다.

무라카미 요시아키는 도쿄대를 졸업하고 우리나라 기재부에 해당하는 일본 통산성에서 16년간 재직했다. 공무원으로 일하며 각종 기업을 접한 그의 눈에 사장들의 자세는 하나같이 답답할 뿐이었다. 무라카미는 자신의 책 《生涯投資家(생애 투자가)》(2019)에서 '비상장기업인 척하는 상장기업'을 숱하게 접하고 겪은 분노와 의문을 기록한다. '왜 이들은 회사 주식을 공개해놓고 주주들을 투명인간 취급하는 걸까?'

1999년 마흔 살이 된 무라카미는 투자자로 전업한다. 그리고 2000년 부동산회사 쇼에이, 2001년 여성복 제조사 도쿄스타일 등을 상대로 일본에서 처음으로 주주 캠페인을 펼친다. 일본이 지금은 그야말로 상전벽해가 되어 주주 말을 들을 수밖에 없는 사회가 되었다고는 하지만, 2000년대 초만 해도 경영진이 주주를 대하는 자세는 안하무인 그 자체였다고 한다.

무라카미는 2001년 도쿄스타일 주식을 매집한 후 사장과 면담하고 싶다고 IR팀에 전화했다가 이런 대답을 듣는다. '사장님은 지금까지 주주를 만난 적이 없고 앞으로 만날 일도 없습니다. 정 만나고 싶으면 주총으로 오시오.'

그는 주총일을 기다린다. 그런데 주총장에서는 도쿄스타일 직원들이 장내에서 사장이 발표하는 안건마다 찬성 분위기를 만들며 우렁찬 목소리로 제창했다. '이의 없습니다!' 얼마나 속전속결이었는지 주총이 15분 만에 끝났다. 사장과 면담을 시도할 엄두가 나지 않을 만큼 살벌한 분위기였다.

IR팀에 주주명부를 요청했으나, 법적으로 보장된 당연한 주주의 권리임에도 불구하고 거절당하고 만다. 결국 무라카미는 주주명부를 열람하기 위해 소송까지 걸어 자료를 받는다. 그리고 주주명부를 검토하다 지인이 도쿄스타일 대주주임을 알게 되고 그에게 부탁해 겨우 사장과 미팅을 잡는다.

지인의 부탁으로 미팅 자리에 나오긴 했어도 사장이 무라카미에게 호의가 있는 건 아니었다. 호의는커녕 거만 그 자체였다. 무라카미에게 건넨 첫마디부터 그랬다. "내가 은행은 만나도 주주는 안 만난다. 주주면 주총에나 나올 일이지, 무슨 용건으로 따로 만나자고까지 하는가?"

그런 그에게 무라카미가 묻는다. "저, 귀사 매출이 600억 엔인데 지금까지 투자에 실패해 발생한 손실만 40억 엔입니다. 이번에는 무려 500억 엔을 투자하신다고 하는데 이 투자가 앞으로 돈을 벌게 될지 어떨지 설명이 전혀 없어서…"

말을 끊으며 사장이 물었다. "내가 왜 당신한테 그런 말을 들어야 하지?"

상상도 하지 못한 이 말에 무라카미는 뭐라 반응해야 할지 얼른 생각이 나지 않았다. 생각을 가다듬고 말을 이어갔다. "아, 제가 보기엔 잉여 현금을 주주에게 환원하면…"

무라카미가 말을 끝내기도 전에 사장은 이번엔 버럭 고함을 쳤다. "아니, 그러니까 내가 왜! 너 같은 놈한테 그런 말을 들어야 하느냐고!"

주총 때 먼발치에서만 봐도 충분히 무서웠는데 면전에서 소리를 지르는 것에 비할 바는 아니었다. 고작 주주가 사장을 만나겠다고 한 것이 역시 잘못이었을까. 주주인 자신을 무시하면서 이렇게도 떳떳한 사장이라니. 30분을 잡고 시작한 회의는 단 몇 분 만에 끝났다. 다카노 사장이 나가버린 회의실에 무라카미는 혼자 남았다.

불과 2001년까지만 해도 일본은 이랬다. 그리고 그로부터 단 20년 만에 변한 모습은 경이롭기까지 할 정도다. 도쿄스타일을 포함한 무라카미의 초창기 딜은 위임장 대결에서 패배한 경우가 많았다. 그러나 포기하지 않고 수년간 노력한 무라카미는 몇 년 가지 않아 어느새 연전연승하는 펀드로 탈바꿈했다. 대중의 호응도 상당했다. 외국인이라면 색안경부터 쓰고 보는 일본이지만 같은 일본인, 그것도 전직 엘리트 관료의 말은 묘하게 울림이 있었다.

무라카미는 2003년 니혼방송(NBS), 2006년 한신전철 등 왕성하게 투자 활동을 이어가다가 2007년 NBS 투자와 관련해서 내부자 정보로 거래했다는 혐의로 유죄 판결을 받았다. 벌금과 추징금을 합하면 12억 엔, 일본 사상 최대 금액이었다. 떠오를 때만큼이나 요란하게 추락한 셈이다. 영화 '월스트리트'의 주인공 같았다.

유죄 판결을 받은 후 무라카미는 한동안 펀드를 접고 칩거한다. 그리고 2021년에 투자업계에 복귀해 재팬아시아그룹(JAG), 신세이은행 등을 거래했는데 외부 자금은 받지 않고 개인 자산 수조 원만 굴린다고 한다.

일본 정부는 이렇게 당시 가장 유명했던 행동주의 펀드를 엄벌에 처했지만 소액주주를 보호하고 주가를 정상화하는 행동주의는 결국 국익에 도움이 된다고 판단한 뒤로는 오히려 장려하게 된다.

아베의 '메기론'

아베노믹스의 세 번째 화살, 구조개혁의 첫 스텝은 2014년 스튜어드십 코드(stewardship code) 제정이었다. 즉 기관투자가들이 소극적, 형식적으로 표를 던지는 대신 실제 회사의 가치를 올릴 수 있도록 '적극적'으로 행동하라는 것이었다.

스튜어드십 코드가 '투자가의 코드'라면 이듬해인 2015년에는 '회사의 코드'로서 기업 거버넌스 코드(corporate governance code)를 제정한다. 기업의 이사회는 주주를 위해 일해야 하는 의무가 있음을 명확히 인지하라는 요지였다. 2024년 현재 우리나라에서 논의 중인 '이사의 주주에 대한 충실의무'가 일본에서는 10년 전에 이미 시작된 셈이다. 이후 기업 거버넌스 코드에는 이사회에 일정 비율 이상으로 사외이사를 뽑는다는 내용의 개정안도 추가되었다. 그전까지 일본에서 이사회에 '외부인'을 들이는 것은 모두가 꺼리는 예외적 상황에 불과했다.

스튜어드십 코드, 기업 거버넌스 코드는 구호로 그치지 않았다. 2017년, 2018년, 2020년, 2021년…, 개정과 보강을 거듭했다. 잊을 만하면 더 강한 모습으로, 사회가 변해야 할 대세로 다가왔다.

법 제정보다 더 중요한 것은 아베 내각의 진정성이었다. 거버넌스 개혁을 10년 넘도록 뚝심 있게 추진했다. 총리뿐 아니라 정부 거의 모든 부처 관계자, 주식 거래소, 일본공적연금(GPIF)까지 합심해 개혁 의지를 국민에게 알렸다.

아베는 경제와 사회의 근간이 바로 기업이기에 기업의 문화가 바뀌지 않고서는 나라의 미래가 바뀔 수 없다고 생각했다. 그리고 일본의 낡은 기업 문화를 바꿀 수 있는 힘은 바로 주주의 적극적인 움직임이라고 믿었다. 그래서 그는 2015년 소니, 세븐일레븐 등 일본을 대표하는 국민기업을 공격했던 미국계 행동주의 펀드 서드포인트(Third Point) 대표 댄 로브(Dan Loeb)를 친히 총리실로 불러 만난다.

총리뿐이 아니었다. 아소 다로 재무상, 구로다 하루히코 일본은행 총재까지 로브를 초대해 일본 시장이 밸류업되려면 무엇이 필요한지 묻고 겸허히 경청했다. 보수적인 일본에서 실로 파격적인 일이었다. 우리나라로 치면 대통령이 엘리엇 혹은 아이칸을 용산으로 초청한 격이었다.

이러한 내용을 정부가 공식 브리핑하지는 않았다. 다만 모두가 알 수 있도록 소문을 냈다. 말은 하지 않으면서 넌지시, 그러나 분명히 의중을 알리기. 전형적인 일본 스타일이었다. '공기를 읽는 능력', 분위기를 읽는 능력이 필수인 일본 사회에서 이는 조용하면서도 날카로운 '넛지'였다.

이러한 분위기에 일본 대기업이 가만히 있을 리 없었다. 우리나라 전경련에 해당하는 게이단렌(경단련, 일본경제단체연합회)은 저항을 꾀했다. 언론 등을 이용해 물타기를 시도했다. 게이단렌은 자민당의 오랜 자금줄이었다. 그만큼 가까웠기에 솔직하게 볼멘소리를 할 수 있었다. 어느 모임에서 요네쿠라 히로마사 게이단렌 회장이 아베 총리에게 '무데뽀'라고 지적하자 아베가 그에게 거꾸로 '제발 공부 좀 하라'라며 정면 충돌한 일화는 유명하다.[35]

2014년 일본거래소는 'JPX-니케이인덱스400'을 발표한다. '굴욕 인덱스'라 불리는 이 지수는 정확히 말하면 굴욕보다는 칭찬 리스트였다. 수익성, ROE, 거버넌스 등을 기준으로 한 상위 400종목의 지수였다. 여기 포함되는 종목은 일본공적연금에서 따뜻한 시선을 받는 것은 물론이고 주식시장에서 가장 영예로운 자리를 얻는 셈이었다. 1년에 한 번씩 발표되는 이 인덱스에 포함되는 회사들은 '아베가 '최애'하는 가장 반짝이는 장난감들'이라 불렸다. 반대로 여기 들지 못한 회사들은 열등생이라는 수치를 감당해야 했다.

이제까지는 상장 자체가 사회에서 큰 명예의 상징이었다. 이제는 상장했다는 사실만으로는 영예가 아니라 수치의 상징이 될 수도 있었다. 상장기업에 걸맞은 성적을 내야 했다. 그러지 않으면 밖에서 얼굴도 못 들고 다닐 수 있다는 이 공포는 일본 경영인들에게 충격으로 다가왔다. 서둘러 기업들은 주주환원 정책을 발표하기 시작했다. 이미 2014년 일본 기업의 자사주 매입 금액은 2008년 이후 최고치를 경신했다.

나아가 도쿄거래소는 2023년 '굴욕 리스트'를 발표한다. 표면상으로는 잘하는 회사를 격려하려는 목적이었다. 자본 효율성(ROE)과 주가를 개선하겠다는 계획을 제출한 기업 목록을 매월 발표했다. 반대로 말하면 아직 자본 효율성이나 주가가 시원치 않다는 뜻이었으니 굴욕이라 할 만했고, 이런 기업들을 공개해 은근히 압박을 가하자는 계획이었다. 1년에 한 번 바뀌는 '굴욕 인덱스'에 비해 훨씬 더 밧줄을 옭아맨 느낌이다. 예를 들어 주가순자산배수(PBR) 1배 이하 등 주로 저평가된 회사가 타깃이다.

일본 정부의 여러 아이디어 중에 무엇이 성공했고 무엇이 효과가 미미했는지 일일이 알 수는 없다. 그러나 꾸준히 주가 부양에 힘쓰는 정부에 일본 국민이 지속적으로 지지를 보낸 것만은 분명하다. 2014년 80%를 넘어선 자민당 지지율은 그 후 70% 이하로 떨어진 적이 없다. 아베는 2012년부터 2020년까지 무려 8년, 일본 헌정상 최장수 총리를 지냈다.

일본인들의 의식 변화

2014년 미국 행동주의 펀드 서드포인트는 일본 로봇 제조회사 화낙(Fanuc)에 주주환원을 요구하는 캠페인을 진행한다. 주주를 만나지도 않고 배당도 하지 않기로 유명했던 화낙에 도전장을 낸 건 서드포인트가 처음은 아니었다. 그들 모두 번번이 실패했었다. 그런데 그런 화낙이 2015년 3월 주주와 직접 소통하고 주주환원을 실시하겠다고 발표했다. 가장 놀란 것은 역시 일본 사람들이었다.

일본 행동주의 펀드들은 가든파티에 등장한 스컹크 취급을 받아왔다. 그러나 1999년 무라카미에서 시작된 주주의 적극적인 참여, 주주제안 등은 본격적으로 확장 일로였다. 분위기가 달라졌다. 적대적 행동주의 전략으로 악명 높아 미국에서도 좀처럼 환대받지 못하는 서드포인트의 댄 로브, 배우 조지 클루니로부터 '뜨내기 협잡꾼(carpetbagger)' 소리를 듣던 댄 로브가 일본 고위 관리들과 웃는 얼굴로 만나 환담했다는 사실이 이를 여실히 보여준다.

'외국인의 목소리를 적극적으로 경청하기.' 이는 일본으로서는 새삼스러운 것은 아니었다. 우리도 익히 아는 역사의 패턴이다. 1853년 매튜 페리 제독이 이끈 미국 군선 네 척의 위협으로 개항한 후, 일본은 자존심이 상할 수밖에 없었다. 그러나 이를 한으로 삭인다거나 정치적으로 이용하지 않았다. 15년 후 메이지유신이 발표되고 입헌군주제를 도입했다. 전 국민 대상의 근대적 공립학교 시스템과 더불어 제조업 위주의 산업화 정책을 펼쳤다.

일본이 여느 아시아 국가보다 먼저 근대식 군대를 창설한 것 또한 도쿠가와 요시노부 쇼군 시절부터 일찍이 독일 출신 외교 고문, 네덜란드 출신 군함 엔지니어(나가사키 해군 훈련소로 배치), 프랑스 출신 군함 엔지니어(요코스카 조선소로 배치), 영국 토목 기술자 등을 직접 채용했기에 가능한 일이었다.

국가대표 축구팀도 아니고 지방 소도시의 행정도 아니고, 한 나라의 안보를 맡은 '국방부'에서 외국인 기술자를 대거 영입할 정도로 일본은 대담한 면이 있었다. 국익에 도움이 된다고 판단이 들면 필요한 지식을 빠르게 그리고 철저하게 받아들였다. 뿌리 깊이 썩은 기업 문화를 바꾸고 싶었던 일본 정부에 서드포인트는 궁합이 잘 맞는 대형 메기였다.

일반 국민에게도 주주 행동주의는 더 이상 소수의 목소리가 아니었다. 'ROE 최빈국 일본을 바꿔라' 같은 제목의 책들이 베스트셀러가 되는 시대였다. 수탁고가 2조 달러[36]에 이르는 일본공적연금은 일본 상장기업을 목표로 삼는 타이요퍼시픽

(Taiyo Pacific Partners) 같은 미국 행동주의 펀드에 투자하기도 한다. 계속 더 하라는 정부의 강력한 신호와도 같은 셈이다.

변화는 점점 더 빨라졌다. 일본의 주주행동주의 캠페인은 2014년 11건에서 2023년 무려 90건으로 급증한다. 파이낸셜 타임스의 표현처럼 일본은 실로 전 세계 주주행동주의의 핫스팟이 되었다. 그리고 2024년 니케이지수는 일본 역사상 최고점에 도달한다. 10년을 누워만 있던 만성 빈혈 환자가 언젠가부터 병상에서 안 보이나 싶더니 이젠 펄펄 뛰어다니는 것과도 같았다. 일본뿐 아니라 전 세계를 놀라게 한 뉴스였다.

아베 신조가 두 번째로 총리에 취임한 2012년 12월 26일의 니케이지수는 10,230포인트였다. 2013년 말 16,000포인트를 찍고 2014년 말 17,450포인트로 단 2년 만에 70% 상승했다. 아베는 2020년 9월에 총리직에서 사임했고 그의 임기 동안 니케이지수는 무려 129% 올라서 2.3배가 되었다. 일본 정치인 역사에 남을 확실한 업적이었다.

한번 궤도에 오른 구조개혁의 속도는 줄어들 줄 몰랐다. 2023년 5월, 니케이지수는 3만을 돌파했다. 1990년 이후 최고점, 즉 30년 만에 환생한 일본 주식시장의 신고가였다. 전 세계 언론은 아베가 뿌린 10년 노력의 결실을 앞다퉈 보도했다. 그리고 2024년 3월, 니케이지수는 4만을 돌파했다.

최소 10년 뒤처진 한국

2023년 말 기준으로 우리나라 주식 투자 인구는 1,400만 명이다. 전체 국민 대비 비율로 보면 일본보다 높다. 그런 우리나라에서 '국장은 포기하라'라는 것이 투자의 정설이다. 주식으로 돈을 번다는 사람은 다들 아마존, 테슬라, 엔비디아 등이 있는 미국 시장을 기웃거린다. 국내 주식은 가깝지만 절대 들어가서는 안 되는 '개미지옥'처럼 여겨진다. 한국인부터가 포기한 시장처럼 보인다.

아시아 국가별 주식시장 밸류에이션 랭킹에서 한때 일본은 가장 뒷줄, 우리나라 바로 옆에 나란히 앉은 열등생 짝꿍이었다. 그랬던 일본이 한 칸씩 앞으로 자리를 옮기는 모습을, 한국은 맨 뒷자리를 지킨 채 태평히 지켜보았다. 시가총액 대비 장부가 비율 기준으로 한국은 미국, 인도, 영국, 프랑스, 독일, 이탈리아보다도 한참 아래, 대만, 필리핀보다도 아래다. 이젠 아시아의 병자라고 불렸던 일본보다도 아래다. 코스피 상장 주식의 3분의 2가 청산가치(PBR 1배)에 못 미친다.

늦은 밤에 잠도 못 자면서 미국 주식을 거래하다 보면 의문이 생긴다. '내가 왜 이 시간에 이러고 있지?' 다음 날 벌건 눈으로 출근하는 길에는 회의가 든다. '우리나라에 주식시장이 없

는 것도 아니고.' 피곤한 몸으로 겨우 일을 마치고 퇴근하면서
는 결국 불만이 인다. '만약 우리나라 주식시장이 주주를 위한
것이 아니라고 한다면 누구를 위한 걸까?' 한국 주식의 만성적
저평가는 전 국민에게 의문으로 시작해 불만으로 끝난다.

2021년 12월, 이듬해 대통령 선거를 앞두고 유력 후보자들
이 차례로 유튜브 채널 '삼프로TV'에 출연해 질문을 받는다.
"코리아 디스카운트'를 해소할 계획을 말해달라.' 주식시장의
저평가는 정치권에서도 더 이상 무시할 수 없는 문제였다. 민
생 문제였고, 표심에 직결되는 주요 어젠다였다.

한국 주식이 오르지 않는 이유는 간단하다. 주주가 경영진을
믿을 수 없기 때문이다. 주가가 떨어질수록 경영진은 좋다. 주
가가 오르건 내리건 어차피 연봉은 그대로다. 주주들의 관심이
생기면 점점 기대 수준이 높아진다. 주가가 떨어지면 주주들은
포기하고 길들여진다. 배당을 조금만 줘도 낮은 주가에 비하면
큰 금액이다. 배당수익률이 높다고 고마워한다. 삼프로TV에
출연한 윤석열 당시 대통령 후보도 우리나라 주식시장 저평가
의 원인을 '1주 1의결권 원칙'이 훼손되고 '거버넌스'가 왜곡된
현실이라고 지적했다.

그중 KT&G는 거버넌스 후진국 대한민국의 2,300개 상장사
중에서도 가히 국가대표라 부를 만한 케이스였다.

▲ 삼성전자 주주총회장에서 발언하는 장하성 당시 고려대학교 교수. 한번 마이크를 잡으면 몇 시간이 지나도록 놓지 않았다.

▼ 2024년 1월 24일, JTBC 뉴스는 KT&G 사외이사들의 호화 출장을 고발했다.

출처: 한국저작권위원회

▲ 초기 담배 제품들. '새마을'은 1966년부터 1988년까지 판매되었고 발매 당시 가격은 10원이었다. 타르 함유량은 20mg이어서 최근 담배들의 1mg보다 매우 높았다. '비둘기'는 1973년부터 1975년까지, '개나리'는 1974년부터 1979년까지 판매되었다. 최초의 필터 담배인 '아리랑'은 1958~1976년, 1984~1988년, 2006~2011년 판매되었다.

▼ 서울 종로5가에 있었던 전매청 청사. 전매청은 당시 총자산이 4조 원이어서 정부 투자 기관으로는 손꼽히는 규모였다.

출처: 경향신문

▲《신농본초경》은 중국 양나라(600년경) 때 도홍경이 쓴 의학서로서 고려인삼에 대한 내용이 나와 있다.

▼ 1997년, 한국 정부가 IMF에 구제금융을 요청했음을 알리는 신문 기사. 이후 정부는 부채 상환을 위해, 국영기업 KT&G, KT, 포스코('민영화 삼총사')를 민영화한다.

출처: HBO

▲ 칼 아이칸이 처음으로 주주행동주의 캠페인을 벌인 회사 타판의 도널드 블라시우스 사장(왼쪽)과 W. R. 타판 의장(오른쪽).

▼ 1980년대에 기자회견을 하는 칼 아이칸. 그는 자신의 투자 원칙이 '첫째도 저평가, 둘째도 저평가, 셋째도 저평가'라고 했다. "당신은 화가가 그림 그린다고 비난할 것인가?"

출처: Wikipedia_AviateHistory

출처: 20th Century-Fox Film Corp.

▲ 영화 '월스트리트'(1987)에서 주인공인 고든 게코가 주총에서 주주들을 설득하려고 연설하는 장면. "텔다제지에는 부사장이 33명 있습니다. 한 사람당 연봉으로 20만 달러(2억 6,000만 원)씩 가져가지요 제가 지난 두 달 동안 이 사람들이 무슨 일을 하는지 분석해보았습니다. 그런데… 아직까지도 모르겠습니다."

▼ 2006년 칼 아이칸의 주주제안에 관하여 KT&G의 입장을 기자회견에서 설명하기 전에 인사하는 곽영균 KT&G 사장. 스스로 KT&G 주식 2만 4,725주를 보유하며 주주의 입장을 이해했던 그는 이후 파격적인 주주환원 정책을 발표, 임기 동안 150% 주가 상승을 견인한다.

출처: 조선일보

▲ 2015년 서울중앙지법의 영장 실질심사를 마치고 나오며 기자들의 질문에 답하고 있는 민영진 사장. 곽영균에 이어 2010년에 사장이 되었으나 2015년에 배임수재, 뇌물공여 혐의로 구속된다.

▼ 구속된 민영진을 대신해 급히 사장으로 추대된 백복인. 이후 KT&G 역사상 최초로 3연임에 성공하며 무려 9년간 사장으로 재직했으나 FCP가 그동안 사장 후보 선정 절차가 불투명, 불공정했다고 공개적으로 비난하자 2024년 사임했다. 2018년부터 KT&G장학재단 이사장으로 일했다. 현재 장학재단의 이사장은 KT&G의 이상학 부사장이다. 장학재단의 인건비와 활동 내역은 자세히 알려진 바가 없다.

▲ 2018년 12월, 신재민 기획재정부 사무관이 유튜브에서 청와대의 KT&G 인사 개입을 폭로했다. 이 일 이후 정부는 KT&G와 더욱더 거리를 두었고 백복인은 사장 3연임에 성공한다.

▼ 아베 신조 전 일본 총리. 일본 역대 총리들의 평균 임기가 2년이 채 안 되는데 아베는 최장 기간 재임(2012년 12월~2020년 9월)하면서 경제 정책 '세 가지 화살'을 추진하고 임기 내 니케이지수를 129% 성장시켰다.

출처: Third Point Ventures

▲ 미국 행동주의 펀드 서드포인트의 댄 로브 대표. 세븐일레븐, 화낙, 신세이은행 등 일본 기업을 공격했던 그는 아베 총리의 초청을 받아 미팅한 후 재무상, 일본은행 총재 등에게 기업 거버넌스 개선에 대한 조언을 제공한다.

▼ 2016년, 영장 실질심사를 마치고 나오는 문형표 전 국민연금공단 이사장. 2015년 삼성물산과 제일모직의 합병에 찬성하면서 시작된 이 사건은 국민연금에 트라우마를 남겼다.

출처: 뉴시스

▲ 길거리에서 유권자에게 인사하는 김성주 전 국민연금공단 이사장. 2017년 취임한 지 2년 만에 총선에 나간다며 사임, 제21대 국회의원으로 당선되었다.

▼ '인삼을 마누카꿀 같은 글로벌 프리미엄 브랜드로 만들자'는 FCP 제안(2022년 10월)에 화답하며 KT&G는 2023년 11월 '홍삼마누카'를 출시했다. "1포에 홍삼 농축액 1그램과 UMF 10+ 마누카꿀 750밀리그램이… 영양 가득한 홍삼과 꿀을 한 번에 간편하게 섭취 가능한 제품으로, 프리미엄 꿀과 함께 맛있게 홍삼을 즐기고자 하는 소비자들에게 적합…"

▲ KT&G는 전자담배 '릴'의 해외 판매를 15년간 필립모리스에 위탁하는 계약을 체결했다. 2023년 1월 열린 KT&G-필립모리스 글로벌 컬래버레이션 협약식에서 백복인 KT&G 사장이 야체크 올자크 필립모리스 사장과 악수하고 있다.

▼ 이민아 현 동아일보 기자. 조선비즈 기자 시절, KT&G-필립모리스 글로벌 컬래버레이션 협약식에서 돌발 질문을 하고 이 경험을 기사화한다. 이후 KT&G 분석 기사가 번번이 견제당하자 조선비즈를 사직한다.

▲ 필립모리스의 2023년 사업보고서. 표지부터 끝까지 전자담배를 강조하며 지역별 매출, 수량, 영업이익을 상세하게 공개했다. 필립모리스 사외이사는 구찌 그룹 회장을 비롯해서 코카콜라, 크래프트하인즈 등 소비재 기업의 전문가가 절반을 차지한다.

출처: FCP

▲ 플래쉬라이트 캐피탈 파트너스(FCP)의 이상현 대표(왼쪽)와 유선규 상무(오른쪽). 이상현은 칼라일에서 일할 때부터 인정사정없이 거친 업무 스타일로 유명했다. 유선규는 클라이언트로 만난 이상현을 따라 FCP에 합류한 후 KT&G 수출 실적에서 큰 의문점을 발견한다.

출처: FCP

▲ 세계 최대 HNB시장인 일본에서 방문한 편의점 중 90%가 KT&G 릴을 취급하지 않았다고 폭로한 FCP 보고서.

▲ 2023년 12월 7일, FCP는 KT&G 이사회가 불투명한 절차를 통해 현직 사장을 단독 후보로 추대했다고 고발하는 영상을 발표했다.

▼ 2024년 3월 29일, KT&G 신임 사장 방경만(왼쪽)에게, 김명철(오른쪽) KT&G 사장후보추천위원장이 사장으로 임명하는 계약서를 건네고 있다.

KT&G 이사회 구성

현 현직책 · 경 경력 · 학 학력 · 임 임기 · 위 위원회 · 전 전문분야

방경만 (1971)
사내이사

- 현 KT&G 대표이사 사장
- 학 New Hampshire 경영학 석사
- 임 2027. 3
- 전 경영
- 위 지속가능경영위원회 경영위원회

손관수 (1960)
의장 · 사외이사

- 경 CJ 대한통운 공동 대표이사
- 학 충북대학교 토목학과
- 임 2025. 3
- 전 유통, M&A
- 위 지배구조위원회 경영위원회 감사위원회

김명철 (1956)
사외이사

- 경 신한금융지주 CFO
- 학 경희대학교 영어교육과
- 임 2026.3
- 전 금융, 재무
- 위 평가보상위원회 감사위원회

고윤성 (1973)
사외이

- 현 한국
- 학 연세
- 임 202
- 전 재두
- 위 평기 감시

여성 비율 다양성
14.3%
국내 평균*
9%

평균 연령
58.7세
국내 평균
60.1세

사외이사 비율
85.7%
국내 평균
51%

독립성 선임사외이사제도
X
국내 평균
5%

대표이사

▲ 2024년 3월 주총 이후 새로 구성된 KT&G 이사회. 행동주의 펀드 FCP의 공격으로 대표이사 백복인과 이사회 의장 임민규는 재임에 실패, 물러났다. 새로 선임된 손동환과 곽상욱을 제외한 이사 전원이 업무상 횡령 혐의의 피고발인으로 경찰 조사 중이다. 2024년 3월 주총 이후 지금까지 이사회가 발표한 것은 없다.

*자산 1조원 이상 국내 267개 비금융 상장사 2022년 공시 집계 자료(출처: 삼일PwC거버넌스센터)

교수

사

이지희
(1961)

사외이사

현 더블유캠프 대표이사

학 서강대학교 광고학 석사

임 2025.3

전 광고, 마케팅

위 지배구조위원회
지속가능경영위원회

곽상욱
(1959)

사외이사

현 법무법인 화현 고문 변호사

학 고려대학교 법학

임 2027. 3

전 법률

위 지배구조위원회
감사위원회

손동환
(1973)

사외이사

현 성균관대 법학전문대학원 교수

학 서울대학교 법학 석사

임 2027. 3

전 법률

위 평가보상위원회
지속가능경영위원회

 운영
방식

회의 횟수

16회

국내 평균
12회

사외이사
지원전담부서

전략기획실

 평균
보수액
(사외이사)

보수 총액 **5억8200만원**

1인당 평균보수액 **9700만원**

KT&G

출처: 한국금융신문

− 예전 같지 않네

▲ 2024년 3월, KT&G 주주총회 사외이사 선임 안건에서 FCP는 기업은행이 추천한 손동환 후보를 지지하겠다고 선언했다. '판사 출신 사외이사 단 한 명이 무엇을 할 수 있겠는가?'라는 질문에 '제대로 된 사외이사 한 명이 CCTV 역할을 할 수 있다'고 답하며 주주들을 설득했다.

PART II
2022 – 2024

2022년, 서울

2019년 이상현은 칼라일을 떠나 싱가포르에서 플래쉬라이트 캐피탈 파트너스(FCP)라는 회사를 설립했다. 그리고 KT&G 투자에 착수했다. KT&G 주식을 매집하고 백복인에게 다시 연락한 것은 2022년 4월, 마지막으로 만나고 4년이 지난 뒤였다. 3연임에 성공한 백복인은, 여전히 사장이었다.

둘은 서울 강남 그랜드인터컨티넨탈 호텔 일식당 별실에서 점심 식사를 같이 한다. 이상현은 음식을 주문하기도 전에 백복인에게, KT&G를 너무 좋아해서 회사를 그만두고 KT&G 주주가 되었노라고 했다. 그러고는 물었다.

"4년 전에는 잠이 안 온다고 하셨던 걸로 기억하는데 요즘은 어떠신가요?"

"네, 요즘은 잘 잡니다."

백복인은 웃으며 답했다. 이때를 이상현은 놓치지 않았다.

"잠이 온다고요? 그 후로 주가가 폭락해서 주주들은 잠을 못 잡니다. 사장님 혼자서만 주무시면 어떡합니까?"

그의 말에 백복인은 웃었고 그도 함께 웃었다. 식사가 나오고 대화는 이어졌다. 그동안의 회사 실적 등은 사실 더 들을 필요가 없었다. 이상현은 이미 분석을 끝낸 상태였다. 그는 백복인에게 '사장님과 회사에 도움이 되는 방법을 고민했고 이를 경영진과 공유하고 싶다'고 제안했다. 백복인은 흔쾌하게 듣고 싶다며 이상현을 서울 사옥으로 초대했다. KT&G 사상 최초로 3연임을 이룬 백복인 사장의 좋은 느낌은 변함이 없었다.

이상현은 5월 초로 잡힌 KT&G 프레젠테이션을 준비하던 차에 모르는 전화번호로 연락을 받는다. 발신자는 자신을 방경만이라고 소개했다. 예의 그 호텔 로비 커피숍에 도착하자 정장을 입은 두 사람이 기다리고 있었다. 한 사람은 전화를 걸어 만나자고 했던 방경만, KT&G 수석부사장이었다. 다른 한 사람은 김진한 전략기획본부장이었다.

방경만은 젊어 보이는 얼굴에 당시 보기 드문 2 대 8 가르마가 인상적이었다. "예정된 본사 미팅에서 어떤 말씀을 하실지 미리 좀 말해줄 수 없을까요?" 이들이 예정에 없던 만남을 청한 목적이었다.

이상현은 어차피 그때 다 할 이야기를 왜 중복해서 미리 해야 하나 싶으면서도 사장의 실질적인 비서인 사람은 원래 이런 일을 챙기는 건가 보다 생각했다. 이상현은 방경만과 김진한에게 발표에 담을 예정인 다섯 가지 제안을 간략하게 설명했다.

방경만은 진지한 표정으로 이상현의 말을 들으며 "너무 맞는 말"이라고, "우리 회사에 딱 필요한 이야기"라고 연신 맞장구를 쳤다. 그리고 이 모든 것을 추진하려면 무엇이 필요한지 되물었다. 이상현은 "무엇보다 체계적인 비전을 발표하며 주주의 신뢰를 얻어야 한다"고, 이를 위해서는 사장이 "강력한 리더십으로 주주와 직접 소통해야 한다"고 했다.

한 시간 반 미팅이 끝난 후 자리에서 일어나던 방경만은 갑자기 정색하며 말했다.

"전 말입니다…. 사실 저한테 가장 중요한 건요. 저희 백 사장님께서 오랫동안 계속하시면 좋겠어요. 그게 제일로 중요해요. 정말이에요."

'쓸데없는 이야기를…'

이상현은 그저 의아할 뿐이었다.

5월 10일 프레젠테이션

이상현은 대치동 KT&G 사옥으로 찾아갔다. 손에는 몇 장 안 되는 발표 자료만 든 채였다. 작은 회의실에서 방경만과 함께 대회의실이 준비되길 기다렸다. 프레젠테이션이야 불과 며칠 전에 주고받은 내용이라 둘은 딱히 할 말도 없었고 KT&G의 지난 투자에 관해 대화를 나눴다.

이상현이 알기에 역대 KT&G의 투자는 모두 실패로 끝났다. 예를 들어 2011년부터 2,800억 원을 투자한 인도네시아의 트리삭티라는 담배회사는, 이상현이 인도네시아 친구들에게 물어보니 모두가 금시초문이라는 브랜드였다. 이런 일화를 곁들여 2,800억 원을 들여 인수했는데 실적이 계속 안 좋았다는 이야기를 이어가자 가만히 듣던 방경만이 말했다.

"어, 트리삭티는 성공한 투잔데. 작년에 흑자 전환했는데요."

'아, 이곳에서는 10년 걸려 흑자 전환하면 성공이구나….'

이상현은 방경만에게 해외 수출 실적에 대해서도 물었다. 사업보고서 주석에 나온 수출 판매단가는 국내 판매단가의 절반에 불과했다. 도저히 돈을 벌 수 없는 가격이었다. 남는 것도 없는데 이렇게 헐값에 수출하고 매년 수출량을 늘리는 이유가 무엇인지, 사업보고서를 본 뒤로 내내 궁금하던 차였다. 그러나 방경만의 대답을 듣고 나니 대화가 블랙홀로 빨려 들어가는 느낌이었다.

"아, 그런 자료가 저희 보고서에 나와요? 어디에 나오나요?"

미팅 준비가 다 되었다는 통보를 받고 이상현은 대회의실로 자리를 옮겼다. 40명은 들어갈 만한 큰 방이었다. 한가운데 테이블이 놓여 있고 그 위 정가운데에는 담배가 꽂혀 있었다. 담배회사다운 위용이었다.

이제 프레젠테이션을 시작하면 되나 싶었으나 곧바로 시작할 수가 없었다. 벽걸이TV 화면에 문제가 있다며 젊은 직원 다섯 명이 10분 동안 씨름하더니 부품을 사 와야 한다며 나갔다. 'KT&G에서 전구 하나를 교체하려면 몇 명이 필요할까?' 절로 그런 생각이 들었다. 이상현은 결국 종이에 인쇄해 발표했다.

그의 프레젠테이션 제목은 'Next 100 Years', 그 안에는 모두 다섯 가지 제안이 담겼다.[37]

첫 번째는 미래 유망 사업인 궐련형 전자담배(HNB)에 주력하고 궐련담배는 생산과 판매를 조속히 중단하라는 제안이었다. 주력 사업을 접고 자멸하라는 뜻이 아니었다. HNB에 주력하는 전략은 오히려 수익성과 지속성을 높일 수 있는 방안으로, 세계 최대 담배회사 필립모리스가 이미 추진 중이었다. 필립모리스 주가가 다른 여느 담배회사보다 높은 것이 바로 그 이유였다. 그러나 KT&G는 전도유망한 HNB의 해외 판매를 경쟁사인 필립모리스에 일임했다. 자력으로 하지 않는 이유는 무엇인가? 영어를 못해서? 노하우가 없어서? KT&G는 수조 원현금이 있으면서 왜 외부 인재를 뽑지 않는가?

두 번째는 인삼 사업에 관해서였다. 일단 담배회사 밑에 인삼회사가 있다는 게 어불성설이었다. 인삼 사업이 계열사로 있다 보니 아무도 실적을 자세히 보지 않았다. 지하실에서 하루종일 뜨개질만 하는 찬밥 식솔 취급이었다. 투자자들이 지하까지는 잘 들여다보지 않으니 KT&G는 이 점을 이용해 은퇴 직전의 늙은 임원들에게 포상하듯 인삼공사 사장으로 내려보냈다. 몇 년간 적당히 있다가 은퇴하면 새로운 낙하산이 내려오고 그런 식이었다. 몇 년마다 찾아오는 선무당의 공습에 인삼공사 직원들의 한숨은 깊어만 갔다.

이상현은 인삼 사업에 재무적 성과를 넘는 확신이 있었다. 세계적인 브랜드가 될 수 있는 아이템이라고 판단했다. 프랑스의 트러플처럼, 중동의 대추야자와 뉴질랜드의 마누카꿀처럼. 같은 품목이라도 원산지에 따라 많게는 수백 배 프리미엄이 붙는다. 흔한 배추, 흔한 당근 같은 농산품이 '브랜드'가 되기만 하면 가능한 일이다.

마누카꿀이 좋은 예다. 뉴질랜드에 간 사람이면 모두가 기념품으로 사 온다. 뉴질랜드 마누카꿀의 스토리는 흥미진진하다. 뉴질랜드에서 양봉업을 시작한 사람은 1839년 이곳에 정착한 어느 감리교 선교사였다고 한다.

마누카는 잎을 따서 차와 맥주를 만들고 줄기와 수액은 다양한 약재로 쓴다. 항균 효과가 있다고 구전되어오다 1980년 피터 몰란(Peter Molan)이라는 생화학자가 효능을 측정해 기록을 남긴다.[38] 이 결과를 20년 뒤인 1998년 뉴질랜드 마누카꿀생산자협회(AMHIG)가 마케팅 포인트로 만든 것이 신의 한 수였다. 이른바 마누카꿀지수(Unique Manuka Factor, UMF)를 상표등록하고 품질을 정량화해 제품을 판매한다.

UMF는 5, 10, 15, 20, 23, 25가 있는데 마치 로버트 파커가 와인에 점수를 매기듯 소비자의 호기심을 자극한다. 거기에 마오리족 원주민이 마누카를 열, 복통, 심지어 비뇨계 질환에도 약으로 활용했다는 스토리 또한 좋은 셀링 포인트였다. 믿거나 말거나 고순도 마누카꿀은 상처에 바르면 상처가 낫는다는 말까지 있을 정도다. 지수가 높을수록 당연히 가격도 올라간다.

UMF에 이어 꿀의 항균 성분인 메틸글리옥살(methyglyoxal) 함유량을 정밀하게 측정한 MGO지수도 등장했다. 이 중 MGO 레벨이 2,050이 넘는다는 마누카꿀은 런던 백화점에서 한 병에 300만 원에 팔린다. 상품 설명에는 이렇게 쓰여 있다.

"극히 드물고 귀중한 한 병. 돈으로 살 수 있는 가장 높은 MGO지수입니다. 사람 손길이 닿지 않는, 북부 뉴질랜드 머나먼 숲으로부터 단 1,000병만 채취해 배럴에 담아 2년 숙성한 뒤, 호박으로 만든 병에 담고 나무 뚜껑을 하나하나 닫아 밀봉하는 전 과정을 수작업으로 정성껏 진행합니다. 상품에는 놋쇠로 만든 드리즐러(drizzler. 꿀 뜨는 도구), 고유번호가 적힌 박스, 그리고 브랜드 창업자 짐 맥밀런(Jim McMillan)이 친필 서명한 품질보증서가 포함되어 있습니다."[39]

세계적으로 호평받는 뉴질랜드의 마누카꿀은 불과 1998년에 스마트 마케팅으로 태어난 신생 브랜드다. UMF가 성공하자 사람들 마음속에 마누카꿀은 뉴질랜드, 뉴질랜드는 마누카꿀이 되었다.

마찬가지로 인삼이 국내 소비자에게만 국한되지 않고 넓은 세계로 가려면 무엇보다 브랜드 마케팅에 깊은 고민이 필요하다. 검증된 효능, 수천 년 역사는 분명 좋은 재료였다. 그러나 누군가가 구슬을 '꿰어야만' 한다. 인삼의 어떠한 점이 외국인의 마음을 울릴 것인가? 맛? 효능? 스토리? 맛이라면 어떤 맛? 어떻게 먹으라고 추천해야 할까? 아침 식사로? 차로? 차라면 동결건조 가루? 티백? 이렇게 소비자에 대한 집요한 분석과 토론을 통해야만 글로벌 브랜드가 될 수 있다.

콘셉트가 정해지고 나면 상품 개발에 착수해야 한다. 외국인을 겨냥한 상품은 우리나라에서 통용되는 파우치와도 다르고 걸쭉한 진액과도 달라야 할 것이다. 제로에서 브랜드를 다시 시작해야 할 수도 있다. 마누카꿀처럼 효능을 표시하는 지수를 만들 수도 있다.

이상현이 백복인에게 인삼을 글로벌 마케팅할 필요가 있다고 이야기한 적이 있다. 이 부분은 백복인이 공감을 표했다.

"맞습니다. 그래서 저희는 중국에서는 절편으로 팔지 않고 뿌리째 통으로 팔고 있습니다."

'아, 이거 아닌데….'

세 번째 제안은 비핵심 사업 정리, 네 번째 제안은 주주환원 정책 확대였다. 마지막으로 ESG 모범 기업은 주주와 경영진 사이의 동기를 일치시키자는 제안이었다. 우선 백복인 사장부터 주가가 떨어지는데도 혼자 수십억 현금을 챙기는 것을 중단하고 주가가 오른 만큼 스톡옵션을 받기로 약속해 주주에게 책임감 있는 사장의 모습을 보일 필요가 있다고 제안했다.

"저는 사장님이 큰 부자가 되시면 좋겠습니다. 시총이 10조에서 20조, 30조로 오르면 사장이 수백억을 받는다고 누가 뭐라 하겠습니까. 대신 주가가 떨어지고 주주가 눈물을 흘리는데 사장 연봉이 오르는 일은 옳지 않습니다."

며칠 전 점심 식사에서 '주주가 우는데 혼자서 잠이 오는가?'라고 질문한 데서 이어진 이상현의 대안이었다.

두 시간에 걸친 발표가 끝났다. 백복인은 반응이 시큰둥했다. 다 좋은 이야기이긴 한데 마음에 들지는 않는다는 투였다. 특히 스톡옵션에 결사반대였다. 회사 문화가 그렇지 않다고 했다. 대안을 내놓지는 않았다.

이상현은 회의에서 돌아와 KT&G로부터 전화 한 통을 받는다. 방경만이었다. 조만간 싱가포르로 갈 테니 좀 더 이야기를 나누자고 했다. 방경만 수석부사장은 6월 싱가포르로 직접 찾아왔다. 지난번 호텔 커피숍에서 만났을 때보다 더욱 전향적인 자세였다.

저녁 식사를 하며 방경만은 앞서 이상현이 제안한 다섯 가지가 다 마음에 든다고 했다. 제안대로 다 하려고 하니 믿고 기다려달라고도 했다. 이상현은 아이디어에 소유권은 없으니 회사가 제안한 내용 그대로 이행할 계획을 발표해도 된다고, 응원하겠다고 답했다. 이 사람 말이 진심이라면 정말 회사가 잘되려나 싶은 뿌듯한 마음도 들었다.

그러나 그 후 수개월이 지나도록 KT&G에서는 아무런 발표가 없었다. 연락도 없었다. 이상현으로서는 다 이해한다고, 다 이행하겠다고 감언이설을 하며 시간을 벌고 있다는 확신이 들었다. 이런 식으로 얼마나 많은 주주가 속아왔을까.

더 이상 기다릴 수 없었다. KT&G에 제안했던 내용을 공식적으로 발표하겠다고 결심한다. 주요 주주들에게 이러한 사실을 알리고 홈페이지, 유튜브, 언론에 올릴 자료도 준비했다. 모든 준비가 끝난 후, 실행에 옮기기 전에 KT&G에 알리는 것이 맞다고 생각해 백복인에게 문자를 보냈다. 그에게서 해외에 있으니 방경만을 통해 연락하겠다는 답장이 왔다. '문자는 되지만 통화는 힘든가?'

아무튼 얼마 안 가 방경만으로부터 전화가 왔다. 방경만은 자초지종을 잘 모르는 눈치였다. 저녁 늦게 전화해서 무슨 일인지부터 물었다. 이상현은 그동안 기다렸는데 아무 반응이 없어서 공론화하기로 했다고 알려주었다. 그제야 방경만은 거두절미하고 발표하지 말아달라고 졸랐다. 당장 만나러 갈 테니 일단 기다리라고 했다. 자기를 믿어달라고, 조금만 시간을 달라고 했다.

이상현　아, 그런데 만나서 무슨 이야기를 하실 계획인가요?

방경만　아, 말한 거 다 할게요. 다 한다니까요. 저를 좀 믿어주시고.

이상현　…구체적으로 뭐를 언제까지 하신다는 말씀을 해주시면….

방경만　아… 일단 여기서 나를 좀 믿어주시고…. 부탁 좀 합니다. 내가 이 대표님을 개인적으로 참 좋아하는데….

이미 6개월을 기다렸다. 더 이상 기다릴 수 없다고 재차 설명하자 방경만도 결국 포기하고 전화를 끊었다. 10월 25일 밤 10시가 지난 시각이었다.

2주 전까지만 해도 87,000원이었던 주가는 발표 일주일 전부터 슬금슬금 올라 이미 89,400원이었다. 외부로 유출된 게 틀림없었다. 분명히 누군가 내부자 정보로 거래하고 있었다. 더는 늦출 수 없었다.

10월 26일 새벽 3시 35분, 이상현은 이사회에 보내려고 준비해둔 서한의 전송 버튼을 눌렀다.

잃어버린 15년

Delivered Electronically

2022년 10월 26일[40]
존경하는 김명철 의장님, 그리고 케이티앤지 이사 여러분,

저희 플래쉬라이트 캐피탈 파트너스는 거버넌스를 통한 가치 창출을 핵심 전략으로 활동하는 펀드이며, 케이티앤지의 주주입니다.

저희는 케이티앤지("회사")가 140년간 역사를 통해 쌓아온 성과에 대해서 큰 존경심을 가지고 있습니다. 그러나 회사는 주식시장에서 본질가치에 비해 50% 할인되어 거래되고 있고, 주가는 15년 전보다 낮은 수준입니다. 현재 케이티앤지의 주가는 담배 및 인삼 시장에서 케이티앤지의 시장 지배력과 위상을 전혀 반영하지 못하고 있습니다.

저희는 회사에 대한 수년간의 분석을 통해 케이티앤지의 주가를 정상화하고, 케이티앤지의 보다 나은 미래로 나아가게 도울 수 있는 제안을 준비했습니다. 그리고 이미 올 4월부터 최고경영진과 협의를 이어왔습니다. 5월 10일 백복인 사장님, 방경만 수석부사장님, 김진한 실장님께 두 시간의 프레젠테이션을 포함, 서울과 싱가포르에서 총 네 번의 미팅을 통해 저희의 다섯 가지 제안을 깊이 있게 공유했으며, 수차례 이메일로 의사를 교환했습니다.

하지만 현재까지 저희 제안에 대한 구체적 실행 계획 등 의미 있는 답변을 받지 못했습니다. 저희의 제안을 이사회와 공유하기 위해서는 이렇게 직접 연락을 드리는 것이 필요하다는 결론에 다다랐습니다.

저희 플래쉬라이트 캐피탈 파트너스는 회사와 협력적 동반자로서 변화를 일으키는 것을 투자 원칙으로 삼고 있습니다. 이번에 저희 제안의 실행 또한 케이티앤지와 함께 협력할 수 있기를 기대합니다. 저희의 제안을 검토 부탁드립니다.

케이티앤지의 잠재력

케이티앤지는 잘 아시다시피 140년 역사의 뿌리 깊은 회사입니다. 1883년 국영담배회사로 시작해서 2002년에 민영화된 이후로 뚜렷한 지배주주가 없는 회사가 되었습니다. 축적된 노하우와 강력한 브랜드 파워를 기반으로 국내 담배와 인삼 시장에서 막강한 시장 점유율을 가지고 있음을 고려하면, 케이티앤지의 주가는 다른 회사에 비해 프리미엄을 받아 마땅합니다.

그런데 현 주가는 동종 업계와 비교했을 때 터무니없이 낮은 수준입니다. 그동안의 막대한 현금 축적에도 불구하고 무려 15년 전보다도 낮고, 과거 15년간의 KOSPI 시장의 성장률을 크게 하회합니다. 케이티앤지의 담배와 인삼 사업 그리고 현금성 자산을 합해보면 현 시총의 두 배에 달합니다. 다시 말해 아래 계산처럼 현 주가는 무려 50% 할인된 가격입니다. 사실, 현금성 자산과 인삼공사 가치만 해도 시총을 넘어서기 때문에 본업인 담배 사업은 오히려 마이너스로 주가에 반영되어 있는 형편입니다. 이를 "마이너스 EV(기업가치)"라 하는데, 코스피 시총 33번째의 국가대표급 회사로서, 주가가 더 이상 하락할 여력조차 없는, 경악을 금치 못할 상황입니다.

케이티앤지의 본질가치(조원)		현 주가가 말해주는 담배사업 가치(조원)	
(a) 담배사업	11.5	(a) 케이티앤지 시가총액	9.8
(b) 인삼공사	3.7	(b) 인삼공사	3.7
(c) 현금 및 기타	6.4	(c) 현금 및 기타	6.4
본질가치(=a+b+c)	21.6	기업가치(=a-b-c)	(0.3)
케이티앤지 시가총액	9.8		
시가총액 / 본질가치	45%		

2016년 이래 주가는 줄곧 내리막길을 걸으며, 본질가치의 격차는 점점 커져왔습니다.

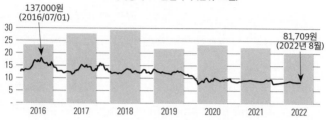

KT&G 시가총액 vs. 본질가치 (단위: 조원)

137,000원
(2016/07/01)

81,709원
(2022년 8월)

이렇게 비정상적으로 낮은 주가는 바로 '주인 없는 회사'라 불리는 케이티앤지의 독특한 거버넌스 때문이라고 생각합니다. 케이티앤지는 다른 회사들과 달리, 성장이나 수익성에는 영 관심이 없는, 마치 아직도 국영기업인 듯한 정체성의 혼란을 겪는 것처럼 보입니다.

다행히도, 사업 전망은 매우 밝습니다. 담배와 인삼 시장의 성장성은 견고하며, 특히 담배 산업의 경우 HNB라는 전대미문의 기술 혁신으로 변모하고 있습니다. 그리고 케이티앤지는 두 사업 모두에서 막강한 시장 지배력을 갖고 있습니다.

케이티앤지의 주가는 정상화될 수 있습니다. 단, 깊은 저평가의 수렁에서 건져 올리고 주가 상승 잠재력을 최대한으로 끌어내기 위해서는, 한두 가지 미봉책이 아니라 근본적, 총체적 해결책이 필요합니다.

다섯 가지 제안

케이티앤지와 업계를 다년간 분석한 후, 아래와 같은 제안들을 준비했습니다. 이 제안들이 실행된다면, 단기적으로 두 배,[41] 장기적으로 다섯 배[42] 이상의 주가 상승이 가능하다는 것이 저희의 결론입니다.

1. '릴'을 글로벌 브랜드로: 앞으로 5년 안에 전자담배(HNB)를 전체 담배 매출의 절반 이상으로 끌어올리는 중장기 계획을 발표할 것을 요구합니다. HNB는 이미 세계적으로 입증된, 마치 자동차업계의 전기차와 같은 고성장 상품입니다. 필립모리스의 아이코스를 제치고 우리나라 1위 HNB가 된 릴을 글로벌 브랜드로 육성하면, 케이티앤지의 담배 부문 EBITDA는 세 배 이상으로 커질 수 있습니다.

2. 인삼공사의 분리 상장: 한국인삼공사를 담배회사로부터 독립시켜 세계 무대로 진출하도록 도와줘야 합니다. 건강식품인 인삼이 담배 밑에 자회사로 있다는 것 자체가 말이 안 됩니다. 또한 인삼은 명실공히 대한민국을 상징하는 대표 상품임에도 불구하고, 정관장 브랜드는 해외에서 거의 알려져 있지 않습니다. 세계적 노령화 트렌드와 이에 따른 건강식품산업의 성장성을 고려할 때, 바로 지금이 인삼이 세계 무대에 등판할 완벽한 타이밍입니다. 담배회사로부터 분리 후 별도 상장된다면, 주식시장에서 그 가치를 제대로 인정받을 뿐 아니라, 세계로 나아가 5년 안에 EBITDA를 네 배 이상으로 키울 수 있다고 생각합니다. 상법상 인적분할은 주총 승인 사항입니다. 주주들이 동의한다면, 인삼공사는 실질적 상장회사로서 그 주식이 현 주주들에게 나눠지게 됩니다.

3. 비핵심 사업 정리: 시너지가 전혀 없는 무려 아홉 개의 비핵심 사업은 시급히 정리되어야 합니다. 특히 소비재 브랜드가 부동산 개발 사업을 병행한다는 것은 세계적으로 매우 드문 기이한 현상입니다. 비핵심사업의 정리는 2조 원이 넘는 현금을 확보할 수 있을 것으로 예상합니다만, 무엇보다도 경영진으로 하여금 본업인 담배, 인삼 사업에 전력을 다하게 하는 큰 의미가 있습니다.

4. 주주환원 정책 확대: 케이티앤지는 세계 5대 담배회사 중 유일하게 현금성 자산이 차입금보다 많은 '순현금' 상태의 회사입니다. 지난 수년간 현금흐름을 주주들에 돌려주지 않고 낮은 금리의 이자수익을 받아왔기 때문입니다. 이제 그만 비핵심 사업의 가치를 포함한 6조 원이 넘는 잉여현금을 주주들에게 환원할 것을 요구합니다. 주주환원을 현 수준의 세 배로 높이더라도 매년 1조가 넘는 새로운 현금흐름이 있기에, 순현금 상태를 유지하면서도 미래를 위한 투자를 계속할 수 있습니다.

5. 행동으로 보여주는 ESG: 주주가 추천하는 사외이사를 이사회에 선임하며, 경영진에게 스톡옵션을 부여함으로 거버넌스(G)의 원칙, '주주와 경영진의 이해 일치'를 실현할 수 있습니다. 매출의 절반 이상을 HNB로 대체하는 세계 최초의 담배회사가 됨으로써, 세계인의 건강/환경(E)에 공헌할 수 있습니다. 마지막으로, 사회(S)는 인삼공사의 세계화를 통해 가능합니다. 전국의 인삼 농가에 이보다 더 직접적이

고 큰 지원은 없습니다.

www.FlashlightCap.com에 방문하시면 저희가 경영진에 발표한 프레젠테이션 자료 및 다섯 가지 제안을 상세히 설명한 동영상 또한 시청하실 수 있습니다. 하지만 저희가 직접 만나 뵙고 저희의 생각을 말씀드리는 것이 가장 효과적인 방법이라고 생각하며, 가까운 시일에 미팅을 요청합니다.

올해로 민영화 20주년을 맞은 케이티앤지가 부디 세계가 부러워하는 "글로벌 케이티앤지"로 거듭나기를 기원합니다.

답변을 기다리겠습니다. 감사합니다.

이상현 드림

FCP는 2022년 10월 26일 새벽에 KT&G 이사회에 이메일을 보내고 언론에 보도자료를 배포했다. 오전부터 월스트리트저널을 포함한 수많은 언론이 다뤘다. 처음 들어보는 펀드가 KT&G 이사회에 다섯 가지 제안을 담은 서한을 발송했다는 것이다.

앞서 5월 10일 KT&G 서울 사옥에서 발표한 것과 같은 내용이었다. FCP는 서한과 함께 이해를 돕기 위한 애니메이션도 발표했다. 최대한 부드럽게 표현하기 위해 등장하는 캐릭터도 귀엽고 색깔도 잔잔한 파스텔톤이었다.

FCP가 주장한 이 모든 제안의 발단은 결국 주가였다. 당시 주가는 15년 전, 아이칸이 공격하고 난 후의 주가와 비슷했다. '잃어버린 15년'이었다. 그동안 현금은 차곡차곡 쌓여 현금성 자산이 시총의 3분의 2에 달했다. 주가의 대부분이 현금의 가치이니 PBR, PER 등이 의미가 없었다. 분자인 P가 사업과 무관한 자산의 가치로 차 있었기 때문이다. 이는 주주의 참을성이 반영된 것이지, 경영진의 능력과는 무관했다. 핵심 사업인 담배는 주가에서 실종되었다. 오히려 이하에서 보듯 담배 사업 가치가 마이너스로 거래되었다.

향후 주가에 대한 FCP의 의견은 간단했다. 담배 사업은 동종 글로벌 기업이 EBITDA의 약 12.2배에 거래된다. 이를 KT&G에 대입하면 담배 사업의 가치가 적어도 11조 5,000억 원이다. 달리 말해 당장 18만 원으로 평가받아야 할 주식이다.

앞으로 인삼 사업을 인적분할하고 경영진이 회사를 잘 키울 수만 있다면, 5년 안에 주가는 5배(45만 원)가 될 수 있다. 6년 전 14만 원이었음을 생각하면 18만 원은 전혀 무리가 아니었다. 비현실적인 것은 오히려 현재 주가가 2007년, 무려 15년 전 주가와 같다는 점이었다.

단, 이 모든 변화는 한 가지 중요한 조건을 선결해야 가능하다. 경영진이 제대로 되어 있어야 하고, 이를 위해 이사회가 제대로 감독해야 한다는 것이었다.

SOTP

FCP가 판단한 적정 주가의 근거는 이동평균 등을 보는 주가 흐름이 아니었다. 철저히 내재가치였다. 담배 사업이 통상 얼마에 거래되는지, 인삼 사업의 가치는 얼마인지, 이와 무관하게 현금의 가치는 얼마인지, 하나씩 꼼꼼히 따져 도출한 결론이었다.

이를 SOTP(sum of the parts, 사업별 가치 합산 평가)라고 부른다. 회사 자산 하나하나를 상세히 보고 자산의 가치와 계속기업으로서의 가치를 하나씩 더해서 회사의 가치를 종합적으로 평가하는 방법이었다. 이는 조 단위 M&A에 보통 1년 이상을 쓰며 정밀 실사하는 사모펀드가 주로 쓰는 방법이다. SOTP는 보통 EV/EBITDA로 산출한다.

EV(enterprise value), 기업가치란 시총에 부채를 더한 값이다. 즉 주주에게 돌아가는 몫(시총)에 채권자가 가지고 갈 몫(부채)를 합한 가치다. 만약 회사에 순현금이 있다면(즉 현금이 부채보다 많다면) EV는 시총-순현금이다. 즉 EV는 자산이 아니라 회사가 영업하는 사업의 가치였다. EBITDA는 기업의 현금 창출 능력을 보여주는 금액이다. 일반적으로 영업이익에 비현금성 비용인 감가상각비와 무형자산상각비를 더해서 산정한다.

2021년 당시 KT&G 담배 사업 부문의 EBITDA는 영업이익 8,100억 원에 감가상각비와 무형자산상각비 1,300억 원을 더해 9,400억 원이었다. EV 계산은 조금 더 복잡하다.

시총 9조 8,034억 원: 주가에 상장주식 수 119,979,923을 곱한 수. 단, 자기주식 제외

- 현금화 가능 자산 3조 9,119억 원: 현금 및 현금성 자산, 기타 유동 금융자산, 유동 당기손익-공정가치 의무 측정 금융자산, 장기예치금, 비유동 기타포괄손익-공정가치 측정 금융자산, 매각예정자산, 기타비유동금융자산, 비유동 당기손익-공정가치 의무 측정 금융자산

+ 부채 647억 원: 차입금, 유동리스부채, 비유동리스부채

- 투자 부동산 공정가치 2조 1,990억 원

- 상장 주식 계열사 가치 3,355억 원

- 자회사 인삼공사의 가치 3조 7,370억 원

= EV -3,158억 원

EV가 마이너스라는 것은 현재 주가에 담배회사로서 KT&G의 가치는 전혀 감안되지 않았다는 뜻이다. 즉 회사 청산가치보다도 낮은 셈이었다. 어떻게 이런 결과가 나올 수 있을까? 주식시장은 KT&G 경영진이 앞으로 자산을 축낼 것으로 판단한다는 의미였다.

동종 업계에 속한 필립모리스, BAT, 알트리아(Altria), JT, ITC(인도 담배회사), 임페리얼브랜즈(Imperial Brands), 스웨디시매치(Swedish Match)의 EV/EBITDA는 평균 12.2였다. KT&G가 마이너스 배수로 거래될 때 다른 회사들은 향후 12년어치 영업이익을 회사 가치로 인정받았다는 의미다.

KT&G의 담배 사업 EBITDA는 2021년 당시 9,400억 원이었다. 경쟁사 평균 EV/EBITDA인 12.2를 대입하면 담배 사업의 가치는 11조 5,000억 원, 이 금액을 더한 시가총액은 21조 6,000억 원, 그러니 18만 원은 되어야 할 주식이 81,709원에 거래되고 있었다.

하나하나 따지면 논리적으로 들린다. 문제는 설명이 너무 복잡하고 길다는 점이었다. 투자자들은 PER, PBR 같은 지표에 더 익숙했다. 재무제표 주석은커녕 사업보고서를 어디서 볼 수 있는지 아는 주주 자체가 많지 않았다.

'KT&G 주가는 18만 원으로 즉각 정상화되어야 하고 장기 목표로 45만 원을 제시한다.' FCP의 선언에 시장은 황당하다는 반응을 드러냈다. 당시 주가는 8만 원대, 무려 15년 전 가격이 었고 2016년 이후로는 줄곧 내리막길이라 주주들은 분노를 넘어 자포자기에 접어든 상황이었다.

황당하긴 해도 듣기 싫은 소리는 아니었는지, 인터넷에는 흥분한 발언이 쏟아졌다.

"지린다" (yhoo****)

"웅장해진다" (wohl****)

"이런 날도 오는구나…" (pb******)

"손이 안 나가네 ㅎㅎㅎ 이제 목표가는 무의미해짐" (hsk0****)

"이유가 있었네" (lido****)

"다들 팬티 벗고 쏴리질럿!!!" (sono****)

대부분은 이렇게 급등하는 주가에 대한 감상평을 남겼다. FCP의 제안을 상세히 읽은 주주도 있었다.

"이상현 대표 말에 틀린 말 하나도 없는 거 아닌가요?" (bird****)

한편으로는 갑자기 등장한 이 '싱가포르계 펀드'에 경계심을 보이기도 했다.

"외인 사모펀드들… 주인 없는 한국 기업 얼마나 어떻게 털어먹나
보자" (lido****)

KT&G의 반격

10월 26일, 수많은 언론이 KT&G를 상대로 한 FCP의 주주제
안을 앞다퉈 보도했다.

"[단독] 싱가포르 사모펀드, KT&G에 인삼공사 분리 상장 제안" (한
국경제)
"칼라일 전 대표 이상현, KT&G에 '인삼공사 분리 상장' 제안" (서울
경제)
"병 주고 약 주는 KT&G, 행동주의가 쩨려본다" (SBS 비즈)
"KT&G에서 한국인삼공사 떼내라? … 싱가포르 사모펀드 주주제
안" (MBN 뉴스)

기사에는 싱가포르 소재 펀드라고 칭했지만 FCP 이상현은
분명 한국인이다. 외국인이라고 비난하면 곤란했다.

FCP의 제안은 다른 행동주의 투자자들의 제안과 확연히 달랐다. 51장짜리 프레젠테이션 자료를 꼼꼼히 작성했고, 주장 뒤에는 주석을 달아 팩트를 뒷받침했다. 단순한 비난보다는 사업에 대안을 제시했다. 실제로 우리나라 행동주의 펀드 역사에서 펀드가 주주로서 구체적인 대안을 제시하는 경우는 드물었다. '나쁜 놈을 잡자' '나쁜 짓을 멈춰라' 구호가 대부분이었다. 그런 면에서 궐련에서 HNB로 주력 사업을 바꾸라는 FCP의 제안은 신선하게 다가왔다.

이 상황에서 KT&G가 가장 먼저 한 일은 '기사 밀어내기'였다. 익숙한 언론사에 연락하자 금세 기사 58건이 터져 나왔다.

"KT&G, 카자흐스탄에 '한국어학당' 설립한다" (뉴스프리존)

"KT&G, 카자흐스탄에 한국어학당 설립 준비 박차" (충북일보)

"KT&G-통일문화연구원, 카자흐스탄에 한국어학당 설립 위한 MOU 체결" (테크홀릭)

"KT&G-통일문화연구원, 카자흐스탄 한국어학당 설립 MOU" (스포츠Q)

"KT&G-통일문화연구원, 카자흐스탄에 한국어학당 설립 추진" (백세시대)

이럴 때는 중소형 인터넷 매체들이 든든했다. KT&G 입장에서 불편한 기사는 다음 화면으로 밀려 있었다. 누가 밑에 있는 깨알 같은 숫자를 눌러 다음 화면까지 볼 것인가.

FCP의 의견에 하나하나 반박하기는 좀처럼 쉽지 않았을 것이다. 아무리 들여다보아도 계산에 실수는 없었다. 논리적으로 반박할 여지도 적었고, 무엇보다 논리적으로 일하는 건 전매청에 입사해 땅 짚고 헤엄쳐온 KT&G 임원들의 DNA가 아니었다.

그러니 우선은 캐릭터를 잘 잡아야 했다. 경영에 간섭하는 주주를 가리키는 안성맞춤 명칭이 있었다. 바로 '먹튀'였다. 어느 언론이건 인터뷰만 하면 매번 같은 질문이 나왔다.

기자   단도직입적으로 묻겠습니다. 플래쉬라이트 캐피탈은 먹튀인가요?

이상현   일단, 먹튀가 뭔가요?

기자   흠… 주식이 올랐을 때 팔고 나르는 거? 먹고 튄다는 거죠.

이상현   기자님은 미국 주식 중에 아마존, 애플 사서 돈 벌고 나서 미국에 세금 내셨나요? 그럼 기자님이 먹튀인가요?

기자   … 에이, 전 아니죠.

이상현   얼마 만에 돈을 벌고 튀면 먹튀인가요? 한 달?

기자   한 달은 짧죠.

이상현 1년은요?

기자 흠… 그것도 좀.

이상현 3년은요?

기자 3년이면 괜찮은가… 그것도 뭔가 좀….

이상현 그럼 기간이 중요한 게 아니라 결국 돈을 벌면 안 된다는 건 가요? 우리나라에서 주식 투자하면 돈을 잃어야만 존경받 을 수 있나요?

기자 아니… 솔직히 말하자면 우리나라 사람은 괜찮고, 외국인이 들어와서 돈 벌고 가면 좀 그렇다 이거죠.

이상현 결국 그건가요. 남이 안되길 바라는 마음으로 주식 투자를 하면 과연 잘될까요? 사촌이 땅 사면 배 아프다는 철학으로 우리나라가 발전할 수 있을까요? 이미 코스피는 외국인이 절 반입니다. 국적에 따라 두 개의 잣대를 갖다댄다는 건가요?

기자 …

이상현 '내가 하면 대박, 남이 하면 먹튀'라는 말씀이지요? 그렇다 면 전 먹튀 맞겠네요.

기자 그러면 엘리엇 같은 펀드는 어떻게 생각하시나요?

이상현 저와 엘리엇이 무슨 차이가 있을까요? 돈 잃으려고 주식에 투자하는 사람이 어디 있겠습니까?

이상현의 발언의 요지는 '주주가 돈을 벌려고 투자하는 것을 나무라지 말라', 그리고 '주주에게는 분명 주주로서의 역할이 있다'였다. 그래도 굳이 먹튀라고 부르려면 주주로서 의무와 책임은 없이 자본 차익만을 누리려는 투기 세력이 대상이 되어야지, 몇 년 동안 엄청난 비용과 노력을 들이는 주주에게 먹튀라니, 황당한 소리였다.

여러 주주 중 한 명의 목소리를 회사에서 반드시 들을 의무는 없었다. 그럼 누구 말을 듣고 누구 말을 듣지 말아야 할까? 그것은 국가가 국민의 목소리를 듣는 것과 마찬가지였다. 모두 새겨듣되, 전체 의견을 중시해야 했다. 그러나 단 한 명이라도 여러 명의 동의를 얻을 수 있다고 생각되면, 들어야 했다. 여러 명이 동의하는지 안 하는지는 주총에서만 알 수 있었다. 그러라고 주총이 있는 것이다.

이상현은 주주제안과 동시에 파워포인트 자료를 배포했다. 동영상을 만들고 웨비나로 주주설명회도 열었다. 질문을 받고 이메일로 하나하나 모두 답했다.

어차피 경영진은 감감무소식이니 이상현은 직접 이사회에 이야기해야겠다고 생각했다. 이론적으로 이사회는 경영진보다 상위 기관이고 결정을 내릴 수 있는 곳이다. 물론 형식상으로만 존재하고 회사의 주가 따위는 신경 쓰지 않을 가능성이 높았다. 그래도 만나기 전에는 알 수 없는 일이었다.

12월, 이상현은 백복인 사장에게 이메일을 보내 서한을 이사회에 전달해달라고 요청했다. 메일을 보내고 며칠 지나지 않아 답신이 왔다. 이번에도 방경만이었다. 이사회는 됐고, 할 말 있으면 자신에게 하라는 내용이었다.

이것은 이사회의 뜻일까, 아니면 백복인과 방경만이 중간에서 개입해 차단한 것일까? 이사회에 말을 걸었는데 중간에 경영진이 들어와 이야기가 막힌 것은 이번이 처음이었지만, 마지막은 아니었다. 그 후로도 이사회는 쉽게 모습을 드러내지 않았다. 병풍 뒤에 숨어 나오고 싶어 하지 않는 것 같았다.

FCP는 답답했다. 춘향이에게 편지를 보냈는데 향단이가 답장하고 있었다. 이사회가 경영진과 이미 한 몸이 되었는지, 자신의 역할이 무엇인지 알고는 있는지 걱정할 수밖에 없었다.

첫 번째 답변

FCP가 발표한 날 오전 10시, KT&G 또한 언론에 입장을 발표했다. 항상 주주들과 소통하며 합리적인 의견 제시에 귀 기울이고 있다며, 이번 주주 의견에 대해서도 내용을 확인하고 신중히 검토할 예정이라는 내용이었다. 무슨 뜻인지 종잡을 수가 없었다. 긍정 같기도 하고 부정 같기도 했다. 그러나 몇몇 신문사를 위주로 FCP를 비난하는 목소리가 실렸다. 현금만 몇조원이라는 KT&G의 홍보팀 작품이었다.

"KGC인삼공사 분리상장 요구? 제 값 받기 힘든 시기에" (머니투데이)

"KT&G에 KGC인삼공사 분리상장 요구...업계 '부정적 전망'도 나와" (대전일보)

"'양 날개' KT&G에 "인삼공사 분리" 요구한 행동주의 펀드의 속내는" (비즈한국)

KT&G는 11월 3일 김앤장,[43] 11월 14일 골드만삭스[44]를 자문사로 선정했다고 발표했다. 그리고 컨설턴트로 머로 소달리(Morrow Sodali)를 고용했다. 모두 회삿돈이었다. 나중에 UBS 애널리스트 리포트에 의하면 KT&G가 2022년 4분기에 지불한 총 컨설팅 비용만 260억 원이었다. 3개월이라고는 하지만 FCP가 주주제안을 발표한 날이 10월 26일이니 실질적으로 '방어비용'은 2개월간 쓴 돈이다. 3월 주총까지는 얼마를 더 쓸 것인가. 주주를 위해서가 아니라 주주를 막기 위해 회사의 막대한 현금이 지출되고 있었다.

FCP가 공개적으로 주주 캠페인을 벌이기 직전 81,000원 남짓했던 주가는 이미 10만 원을 터치했다. 기대가 상당했다. 당황한 회사는 모든 투자자에게 이야기했다. '곧 발표하겠다.' '곧 발표하겠다. 믿어달라.' 충분히 가능하다고 생각했다. '반대는 해야겠는데 그럴듯하기도 해야 하고…' 한 번도 경험해보지 않은 일이었다. 그래도 골드만삭스가 있지 않나. 2006년에 도와줬으니 이번에도 부탁해보자. 어떻게든 되겠지.

2023년 1월 19일, KT&G는 "회사는 항상 주주 및 투자자들의 다양한 목소리에 귀 기울이며 적극 소통해오고 있다"며 "그 일환으로 26일 인베스터데이를 개최해 주주를 비롯한 시장 관계자들과 공개적으로 소통할 예정"이라고 발표한다.[45]

사람들의 이목이 집중되었다. 주주제안을 다 수용할까? 다 반박할까? 반박한다면 논리가 무엇일까? 대안이 있을까?

인베스터데이

1월 26일 진행된 '인베스터데이'는 지금도 KT&G 웹사이트에서 동영상으로 볼 수 있다. KT&G가 주주, 기자, 애널리스트 등을 모아놓고 온라인으로 진행한 행사였다. 'FCP가 시켜서 하는 건 전혀 아니다'라는 점을 애서 피력하려 했지만 누가 봐도 FCP의 다섯 가지 제안에 대한 답으로 보였다. KT&G는 지난

10년간 인베스터데이는커녕 정기 실적 보고를 제외하곤 주주들에게 무언가를 발표하는 행사를 연 적이 없기 때문이었다.

이날 발표는 주주들에게는 놀랄 만한 내용이었다. 일단 FCP의 모든 제안을 거부한다는 내용이었다.

첫째, 자회사인 인삼공사는 그리 대단한 사업이 아니라며 부정했다. 방경만 수석부사장은 "일부 주주가 KGC인삼공사가 담배 사업과 함께 있어 저평가된다고 하는데 리서치 애널리스트들이 적용하는 KGC인삼공사의 EV/EBITDA 멀티플은 7~8배로 경쟁 그룹보다 높다"고 발표했다. 당시 인삼공사의 EBITDA를 적용하면 인삼공사 가치를 1조 2,000억~1조 3,000억 원으로 보고 있으며 저평가가 아니라고 한 셈이다.

EBITDA의 20배 가치가 있다는 FCP의 주장을 반박하며 인삼공사는 '7~8배에 불과하다'고 주장하는 것은, 다른 사람들이 자기 자식을 칭찬하는데 '우리 애는 그렇게 대단한 애가 아니에요'라며 폄하하는 형국이었다. 대개는 회사를 자랑하려고 IR을 하는데, 어리둥절한 발언이었다.

'인삼을 마누카꿀 같은 글로벌 프리미엄 브랜드로 만들자'는 FCP의 제안(2022년 10월)에 화답하며 KT&G는 '홍삼마누카'를 출시하겠다고 2023년 11월 발표했다. "1포에 홍삼 농축액 1그램과 UMF 10+ 마누카꿀 750밀리그램이… 영양 가득한 홍삼과 꿀을 한 번에 간편하게 섭취 가능한 제품으로, 프리미엄 꿀과 함께 맛있게 홍삼을 즐기고자 하는 소비자들에게 적합…."
KT&G 경영진에게 글로벌 브랜드를 개발하라는 주문은 역시 무리였을까.

이어서 잉여현금을 이용해 주주환원을 늘리자는 제안에 반대했다. 그리고 '이미 충분히 하고 있다'고 덧붙였다. 실제로 2021년 순이익 대비 주주환원은 90% 수준으로 높은 편이기는 했다. 그러나 2008년 이후 십수 년간 주주를 굶겼다가 최근에야 지급하기 시작한 것이었다. 현금성 자산은 이미 시총의 절반 넘게 쌓여 있었다. 순이익이 아니라 쌓여 있는 현금에 대비해서 주주환원을 보면 턱도 없이 낮은 수준이었다.

FCP가 요청한 자사주 전량 소각에도 반대 입장을 밝혔다. 방경만은 '자사주 소각은 주가 상승에 도움이 되지 않는다'라고 주장했다. 이 전례 없는 이론에 주주들은 실소했다.

"자사주 소각이 주주가치 증대에 효과가 없다는 말에 빡침" (jssi****)

"연봉을 그렇게 쳐받고 이딴 말장난을 하다니. 지들이 공무원인줄 아는갑네요" (jssi****)

"자본배치도 모르는 일류기업의 삼류경영진… 사장이 28억씩 처가

져간다고？에라이~~~~” (yjhe****)

“자사주소각은 죽어도 안 하네⋯ 지난번처럼 팔아서 직원 복지비로
    쓰려는 듯 ㅋ” (sm*****)

“알맹이 하나 없는 빈껍데기 IR 동영상을 보다보니 고구마 10개 먹
    은 느낌이다. 너무 답답하다” (da******)

셋째, ‘회사의 영업현금으로 1조 원이 필요하기 때문에 주
주에게 줄 돈이 없다’고 했다. 보통 영업용 현금은 매출액의
2~3%가 정설이다. 1조 원은 매출의 3분의 1이다. 금융 상식을
의심하게 하는 발언이었다. 실제로 KT&G는 남는 현금을 운용
하려고 삼성생명에서 대체투자 전문가를 영입하기도 했다.[46]

넷째, 무려 4조 원의 투자 플랜이었다. FCP는 ‘잉여현금이 너
무 많고 현금성 자산에 비추어 보아도 KT&G 주식은 저평가되
어 있다’고 했다. 여기에 KT&G의 대답은 ‘잉여현금이 많으면
써버리면 된다’처럼 들렸다. 미래를 위해서 투자하고 수익이
훌륭하면 좋은 일이었다.

하지만 KT&G의 투자에는 흑역사가 있다. 예를 들어 인도네
시아 담배회사 트리삭티에 2011년 이후 총 2,760억 원을 투자
해 만성 적자에 허덕이다 2021년에야 겨우 흑자를 내기 시작
했다. 2011년에 1,430억 원을 주고 인수한 ‘꽃을 든 남자’라는

브랜드의 화장품회사 코스모코스는 누적 손실만 870억 원이었다. 남대문 바로 옆 메리어트호텔 등을 소유한 자회사 상상스테이에는 2015년 이래 총 1,120억 원을 투자했으나 누적 손실만 400억 원이었다.

수익성이 있는지 고민하지 않고 일단 쓰고 보겠다는 투자 계획은 공포다. 현금 가치 대비 주가가 저평가라면 현금을 써버리면 된다는 발상은 침대를 사람 키에 맞추지 않고 사람 키를 침대에 맞게 자르자는 식이었다.

10만 원을 찍었던 주가는 KT&G 발표 당일 폭락해 94,000원이 되었다. 주주에게 어필해야 할 회사가 도리어 주주를 협박하는 듯했다. '내가 우습게 보이나? 확 더 떨어뜨려주마!' 보름 후 주가는 87,700원이 되었다.

KT&G의 인베스터데이에서 가장 중요했던 것은 회사가 한 말이 아니라 '하지 않은 말'이었다. FCP의 주장이 '저평가, 당장 2배, 5년 내 5배'였는데 이 2배, 5배가 맞다 틀리다 하는 내용은 빠져 있었다. 경영진이 현 주가가 적절하다고 하면 비난받을 것이고, 저평가라고 인정하면 주가를 부양할 계획을 내라고 할 테니 아예 언급하지 않은 것이었다.

FCP는 이런 답답한 상황을 피하려고 백복인에게 실시간 토론을 제안했으나 이렇다 할 답변을 받지 못했다. 일언반구가 없었다. 직접 서한을 써서 이사회에 보내면 답장은 춘향이가 아니라 향단이, 즉 경영진에게서 왔다. FCP는 주주를 대변하는 이사회와 소통하고 싶었다. 그러나 제안을 못 들었는지 듣고도 숨었는지, FCP의 요청은 대답 없는 메아리가 되었다.

이사회에 묻고 싶었다. UBS가 언급한 3개월 260억 원이라는 컨설팅 비용도 그렇고, 자사주 소각이 주가에 도움이 되지 않는다는 말은 무슨 뜻인지, '묻지 마' 식 투자 계획은 과연 수익성을 따져는 본 것인지, 왜 주가를 폭락시키는 발표를 일부러 하는 것인지…. 앞으로도 풀리지 않을 미스터리다.

KT&G는 FCP에는 말을 아끼면서도 다른 주주들에게는 개별적으로 연락하며 소통했다. FCP는 신경 쓰지 말라는 투였다. '지분이 고작 0.4%인 소액주주 말을 경영진보다 더 믿을 겁니까?' 겁박하는 듯했다. 그런데 이는 앞뒤가 맞지 않는 말이었다. 당시 사내이사가 가진 주식은 293주(시가 2,800만 원)에 불과했다. 0.4% 주주를 무시하기에는 가진 주식이 너무 적었다. FCP는 고사하고 일반 '개미' 주주보다도 턱없이 적었고, 26억 원 연봉에 비해서도 보잘것없었다.

그런데 FCP는 얼마 안 가 곧 경영진이 왜 그토록 자신감을 가졌는지, 그 근거가 무엇인지 알게 되었다.

짐이 곧 최대주주다

2006년, 아이칸의 주주제안에 대한 화답으로 KT&G는 주주이익 환원 중장기 계획을 발표한다. 연간 9,000억 원, 전년도 2,497억 원의 4배 가까운 파격적인 규모였다. 이로부터 3년 동안(2006~2008년) KT&G는 2조 8,000억 원을 주주에게 환원했다. 도중에 아이칸이 주식을 매각하고 떠난 뒤에도 곽영균 사장은 약속을 지켰다. 곽영균 사장이 이 마스터플랜을 발표할 당시 주가는 57,500원이었고, 곽영균 사장 퇴임 때는 12% 상승한 64,200원을 기록했다.

그러나 곽영균의 뒤를 이어 민영진이 사장으로 취임한 뒤부터는 언제 그랬냐는 듯이 주주환원은 없던 일이 되었다. 순이익 대비 주주에게 환원된 비율을 주주환원율이라고 한다.

2006년 아이칸의 주주제안 이후 곽영균 사장이 발표한 3개년 계획에 포함된 주주환원율은 122% 수준이었다. 곽영균 사장이 퇴임할 때 KT&G는 자사주만 7.4%를 보유했고, 주주들은 당연히 이 자사주가 전량 소각될 것이라고 예상했다.

2006년 기준 1조 2,000억 원이었던 주주환원은 민영진이 사장 자리에 오르고 2010년에 3,800억 원으로 70% 감소했다. 아이칸 이후 회사가 정신을 좀 차렸나 보다 하고 믿었던 주주들은 뒤통수를 맞았다. 한번 잠긴 수도꼭지에서는 물방울만 떨어질 뿐, 다시는 열리지 않았다.

민영진은 아이칸의 주주제안 당시 주주로부터 질타를 받고, 공개적으로 망신을 당하고, 사장 자리가 위태로워지는 상황을 지켜보며 몸소 경험했다. 결코 유쾌한 일이 아니었다. '그런 일이 다시 일어나서는 안 된다. 어떻게 하면 막을 수 있을까?'

물론 주가가 오르면 할 필요도 없는 걱정이다. 그러나 주가를 올리려면 뛰어난 경영 능력이 필요하다. 주가가 오르지 않아도, 아니 주가가 떨어져도 안정적으로 직장을 다닐 방법이 있다면? 더할 나위 없이 좋은 일이다. 뾰족한 방법이 없을까?

이에 '사회환원'이라는 명목이 등장한다. 이 아름다운 말을 누가 반대할까. 나보다 더 큰 공동체를 생각하며, 회사의 사회적 책임을 다하며, 우리 모두가 잘 사는 더 나은 미래를 향하여…. 갖다 붙일 말은 너무도 많다. 그렇게 만들어진 재단이 KT&G의 주주가 된다면? 우호 지분으로 역할을 할 수 있고, 사장 자리도 든든히 지켜줄 수 있다. 그뿐 아니라 사장에서 물러난 뒤에는 재단 이사장 자리에 앉아 노후를 따뜻하게 보낼 수 있다. 그야말로 일거양득이었다.

민영진은 이런 구상을 실행에 옮겼다. 그러나 서두르면 안 될 일이었다. 티가 나지 않게, 자연스럽게 이루어져야 하는 것이 이 프로젝트의 핵심이었다. 그렇게 매일 밤, 회사 곳간의 현금은 조금씩 조금씩 사라졌다.

숨은 최대주주

2023년 1월, FCP는 KT&G에 2022년 연말 기준 주주명부를 요청했다. 사실 당연히 해야 하는, 누구나 예상할 수 있는 요청 자료였다. 다가오는 주총에서 주주들에게 연락하고 설득하려면 정확한 주주명부가 필수였다. 연말 기준으로 나오는 이 명부는 한국예탁결제원이 취합해 회사에 제공한다. 아무리 늦어도 넉넉히 1월 중순까지는 회사에 전달된다. 그리고 단 1주를 보유해도 자신이 주주임을 증명하기만 하면 누구나 회사에 요구할 수 있는 기본 권리가 주주명부 열람이다.

FCP는 KT&G 측이 이 당연한 자료를 제공하기를 죽기보다 싫어한다고 느꼈다. KT&G의 법무 대리인인 김앤장은 FCP가 정말 주식을 소유한 게 맞느냐며 각종 서류를 요구했다. 주식 소유를 증명하는 서류를 보내면, 하루 전날 발행한 서류는 유효하지 않다며 같은 날 기준으로 발행한 서류를 다시 내라고 했다. 케이맨제도에 소재한 투자회사의 공식 등기 서류들을 갖다주면 '관공서 마크'가 마음에 들지 않는지, 이게 맞는 인장이냐고 의심했다. 심지어 대표자 서명이 너무 간단하다면서 이게 맞는지 어떻게 아느냐는 억지도 부렸다.

이런 지리멸렬한 트집을 잡는 대가로 김앤장은 막대한 수임료를 받았다. 1월 6일 처음 요청한 주주명부는 1월 25일이 되어서야 간신히 받을 수 있었다.

이상현은 주주명부를 받고 깜짝 놀랐다. 금감원 공시 자료에도, 블룸버그에도, 네이버에도 최대주주는 분명 8% 의결권을 가진 국민연금이라고 나와 있었다. 뒤이어 기업은행(8%), 퍼스트이글인베스트먼트(8%), 그 외에는 모두 자잘한 지분의 주주들이 나눠 가지고 있다고 알았다. 그런데 명부에는 주요 주주로 생소한 이름들이 보였다.

KT&G복지재단, KT&G장학재단, KT&G 사내근로복지기금…. 누가 봐도 KT&G와 연관 있어 보이는 이름이었다. 이들 지분을 다 합하면 의결권은 무려 11%, 명실상부한 최대주주였다.

제일 처음 눈길을 끈 KT&G복지재단은 공익법인이었다. '선진복지 활동을 펼침으로써… 다같이 행복을 나눌 수 있는 방안을 모색한다.' 홈페이지에 소개된 문구였다. 그런데 이사장이 민영진이었다. 분명 2010년부터 2015년까지 KT&G 사장으로 재직하다 고급 시계 파텍필립 등 뇌물을 수수한 혐의로 구속되는 바람에 불명예 퇴직한 사람이었다. 그가 이제 복지재단의 이사장이 되어 웹사이트에서 웃고 있었다. KT&G복지재단은 의결권 2.6%를 가진 주요 주주였다.

누가 이런 인물을 이름도 거창한 '사회공헌 활동을 하는 복지재단'의 이사장으로 앉힌 것인가? 실제로는 백복인이 결정했다 할지라도 엄연히 관련법에 따라 이사회가 결정해야 할 터였다. 복지재단 이사회는 웹사이트에 소개되어 있지도 않다. 인터넷을 아무리 검색해도 재단 이사회의 명단은 나오지 않았다. 그나마 언론에 언급된 사람들 중에는 유인경이라는 사람이 있었다.

유인경은 1959년생으로 경향신문에서 무려 부국장까지 기자로 일하다 2016년 정년퇴직했다. MBN '속풀이쇼 동치미' 같은 예능 프로그램에 인기 고정 패널로 출연하기도 했다. 2013년 12월 당시 KT&G 사장 민영진과 인터뷰하고 'KT&G에 최적화된 사장인 것 같다'라고 한껏 추켜올린 기사를 쓰기도 했다.

그러고 불과 2년 후에 민영진이 긴급 구속되고 꽤나 머쓱했을 유인경에게 보답이라도 한 것일까? 어찌 된 일인지 이 전직 기자는 민영진이 복지재단 이사장으로 앉은 2018년, 복지재단 이사에 등극한다. 이 작은 소식이 우리나라 언론인에게 보낸 메시지는 분명했다. 'KT&G 경영진에게 충성을 다하라. 그러면 복 있으리니.'

KT&G복지재단은 우리나라 사회복지법인 중에 삼성생명공익재단에 이어 무려 두 번째로 큰 재단이다.[47] 주주명부에는 복지재단 말고도 재단이 또 있었다. KT&G장학재단. 장학 사업은 사회복지 사업과는 다른 일인가? 하려면 하나로 하지, 왜 재단이 두 개가 있는지 모를 일⋯이 아니었다.

생각해보면 당연했다. 재단 개수를 늘려 분산 보유해야 우리나라 공시법상 의무공시 기준인 지분율 5% 이하로 남을 수 있다. 레이더 아래에 있으면 영원히 아무도 모를 터였다. 누가 귀찮게 주주명부를 보여달라고 하지만 않으면. 행여 본다 한들 문제 삼지만 않으면. 게다가 감히 누가 문제를 삼겠는가. 사회복지 사업이라는데, 장학 사업이라는데, 아름다운 취지를 앞에 내걸었는데.

KT&G 홈페이지에서는 '창의적 인재 육성을 통해 국가 경쟁력 강화에 기여하고자' 장학재단을 설립했다고 소개한다. 재단을 이용한 영구 집권은 분명 창의적인 솔루션이었다. 삼성, 현대 등 재벌이 이 방법을 알았다면 그토록 고초를 겪지 않고 해결될 일이었다.

장학재단은 지분이 1% 남짓이었다. 이사장은 당시 KT&G 사장 백복인이었다. 전임 사장과 현직 사장이 사이좋게 하나씩 재단을 꿰찬 상황이었다. 끈끈한 자신들만의 연줄이었다.

그리고 세 번째, 사내근로복지기금의 지분율은 무려 3.7%였다. 사내근로복지기금은 우리나라 법령에 따라 권장되는 기금이다. 기금 수익을 직원 복지에 쓴다는 취지였다. KT&G 사내근로복지기금의 자산은 시가로만 4,000억 원이었다. 이는 우리나라에서 전례 없이 큰 규모였다. 현대자동차가 175억 원,[48] 금융권 중 가장 크다는 KB금융도 2,000억 원대였다. 그리고 역시나 드는 질문은 왜 주식을 현물로 출자했을까 하는 점이었다. 보통은 현금으로 출자하기 때문이다. 자사주는 이렇듯 다양한 방법으로 활용된다.

우리사주조합 지분율도 3.5%였다. 우리사주는 직원이 회사에 주인의식을 가지도록 권장하는 프로그램으로, 회사에서 할인 또는 저금리 대출 등 파격적인 혜택을 준다. 인센티브로 현금 대신 주식을 주는 경우도 있다. 그런데 이 바람직한 우리사주조합도 경영진의 자리 보전에 쓰일 수 있는 상황이었다. 보통 우리사주조합에 가입한 직원은 중립성을 보장받으며 비밀투표를 할 수 있어야 한다. 회사가 우리사주조합을 운영한다면 경영진에게 몰표를 줘야 한다는 조건을 달아서는 안 되는 것이다.

그러나 이런 원칙은 KT&G에서는 절대 입에 올려서도 안 되는 금기였다. 주총 시즌 때마다 회사 안에는 연판장이 돌았다. 부서명, 이름, 보유 주식 수가 적힌 요약표가 배송되고, 각 부서에서는 직원들 위임장을 받아 찬성표를 취합해서 상부에 보고한다. 이런 분위기에서 반대는커녕 기권할 직원조차 단 한 명도 없다.

이런 행위에 심각한 위법성이 있음을 KT&G도 인지했기 때문에, 이 이메일을 읽은 후에는 반드시 삭제하도록 지시했다. 이렇게 비밀 보장은커녕 반강제적으로 모은 찬성표 지분율 3.5%는 주총에서 경영진의 든든한 뒷배가 된다.

이렇게 재단, 기금, 우리사주조합 등을 모아 의결권 11%를 가진 최대주주가 되었으니 기업은행도, 국민연금도 무섭지 않았다.

돈 한 푼 안 들이고 최대주주 되는 법

어떻게 이런 일이 가능할까? 백주 대낮에 이런 일이 생길 수 있을까? 아무도 모르게 경영진이 1조 원이 넘는 주식을 자기 발아래로 빼돌린 셈이었다. 가히 우리나라 사상 최대 규모의 화이트칼라 범죄였다.

FCP는 과거의 공시 자료를 전수조사했다. 설마 공짜로 넘기지는 않았겠지. 돈은 받았겠지…. 회사는 일찍이 2002년부터 '야금야금' 회사의 현금을 재단으로 옮겼다.

과정은 이렇다. 첫째, KT&G 이사회는 회사 현금으로 자사주를 매입한다고 발표한다. 자사주 매입의 목적은 변함없이 '주가 안정'이었다. 이를 반대할 주주는 없다. 주총에서 배당가능이익을 확정하면서 승인되는 자사주 매입 플랜은 실행에 옮겨진다.

그런데 그다음이 이상하다. 분명 주가 안정을 목적으로 매입된 자사주는 절대 소각되지 않았다. 그대로 쌓여 있다. 주가 안정이라는 것은 혹시 주가를 낮추겠다는 뜻이었을까? 현금이 자사주로 바뀌어 회사에 유보되면 이번에는 이사회가 살며시 접근한다. 주주의 승인도 필요 없다. 현행 상법상 자사주 '매입'에는 (재무제표와 배당가능이익 확정을 위해) 그나마 주주총회의 결의가 필요하다. 그러나 자사주 '처분'은 이사회가 전적으로 결정하고 사후 통보만 하면 된다.

이사회는 자사주를 해마다 조금씩 조금씩 전·현직 사장이 이사장으로 있는 유령 재단에 기부한다. 기부, 즉 공짜로 준다. 재단법상 받는 입장에서 세금도 내지 않는다. 너무 크면 티가 나니 한 번에 80억 원, 300억 원 규모로 조금씩 조금씩 옮긴다. 곳간의 쌀을 한 움큼씩 꺼내 가듯, 무려 17년간 22회에 걸쳐서 조용히 빼냈다. 민영진과 백복인이 대를 이어 추진한 '장기 프로젝트'였다.

이렇게 넘어간 자사주가 금액 기준으로 무려 1조 원이었다. 자사주가 경영진 호주머니로 도난되었음을 고려할 때, 자사주 매입의 목적으로 주가 안정을 내걸었다면 이는 과연 정직한 공시였을까?

6개월에서 1년마다 잊을 만하면 주고 또 주고. 이렇게 꾸준하게 지분율 11%, 최대주주 등극. 어느 주주가 알 수 있었을까? 공시 보고 자체를 들여다보는 주주도 별로 없거니와, 본다 한들 '○○○주를 좋은 일에 기부한다'는 공시 보고를 보고 전·현직 사장이 지배하는 재단에 무상으로 제공했다고 상상할 사람이 있을까? 경영진의 선의를 믿었을 것이고, 정말 좋은 일에 쓰는 줄 알았을 것이다.

이사회가 법규를 어기면서까지 기부한 건 아니다. 그러나 재단으로 옮겨지는 자사주가 총 얼마인지 언급한 적이 없다. 5% 이하면 말할 의무는 없다. 총규모가 지분 11%라고 알려졌다면 어떤 일이 벌어졌을까?

보통 경영진이 이사회에 골프, 해외 관광, 명절 선물 같은 접대를 하지만 이사회가 경영진에게 안긴 궁극의 선물은 바로 이것이었다. 자신들이 최대주주가 되어 회사의 주인이 되는 것. 그리고 노후까지 보장받는 것. 재단은 운영 또한 회사와는 다르다. 얼마를 받건, 얼마나 오래 일하건 상관하지 않는다. 물론 재단에도 이사회가 존재하지만 그깟 형식적인 이사회쯤은 얼마든 컨트롤할 수 있다. 친한 사람, 만만한 사람으로 채우면 될 일이다. 이사회가 누군지 공시할 필요도 없으니까.

주주도 아닌 전문 경영진이 회삿돈으로 최대주주에 등극했다. 누구라도 유령 재단을 만들어 기부하면 결국 영구 상속이 가능한 것이었다. 삼성, 현대 등 재벌들은 왜 이렇게 하지 않았을까? 왜 복잡하게 상속세를 내면서 고생해왔을까?

재벌들은 할 수가 없었다. 이런 부작용을 막기 위한 제한 조항이 공정거래법에 있기 때문이다(2020년 시행). 상호출자제한집단에 속한 재단 등은 임원의 선임과 해임, 정관 변경 등을 제외하고는 의결권을 행사할 수 없으며, 이에 관해서도 의결권 행사가 '최대주주 등 특수관계인과 합쳐' 25%까지만 가능하다는 조항이다. 그러나 KT&G는 소위 주인 없는 기업, 즉 소유분산기업이기에 아예 '최대주주 및 특수관계인'이라는 상황이 존재하지 않는다. 따라서 이 법규로부터 자유롭게 의결권 행사가 가능하다. 법으로도 막지 못하는 왕국은 계속해서 확장을 이어 갔다.

법을 피해 모은 돈이 과연 집행은 공정하고 투명할까? 앞서 보았듯이 공익법인 평가기관 한국가이드스타에 의하면 KT&G 복지재단은 공익법인의 핵심 가치인 투명성 면에서 매우 낮은 점수를 받았다. 말이 낮은 점수지, 실은 아예 적격 판단을 받지 못했다. 미달이라는 뜻이다. 투명성, 책무성에 재무효율성까지 모두 '평가 제한'이었다. 이사장 등의 인건비 계산조차 매우 불투명했다. 즉 얼마나 받아 가는지 전혀 알 수 없는 지경이다.

복지재단 홈페이지는 천진난만한 어린아이 사진을 대문짝만하게 걸어두고 그럴듯하게 만들어놓았다. FCP가 문제를 제기한 후에는 민영진의 사진도 감추어놓았다. 번듯한 홈페이지와는 다르게 자금 운용 내용 또한 감춰두었다.

그동안 FCP의 주주제안을 애써 무시한 것도, 2017~2018년 백복인 연임에 반대한 기업은행의 의견도 묵살하며 의기양양한 것도 이유가 같았다. 이상현이 백복인을 처음 만난 2017년,

백복인은 회심의 한 방을 밝히지 않았다. "KT&G는 주주의 회사"라는 말만 이상하리만치 반복했다. 그때 어째 뉘앙스가 이상하다고 느꼈었는데, 백복인이 말한 주주는 어쩌면 11%로 대주주가 된 자기 자신을 가리키는 것이었을까.

11%는 실로 막대한 지분이다. 주주총회에 모든 주주가 참석하지는 않는다. 실제 참석하는 주주는 많아야 70%, 그보다 적은 경우가 대부분이다. KT&G가 컨트롤하는 11% 지분은 당연히 반드시 참석한다. 간단하게 계산해보자. 전체 주주 중 11%는 주총에 참석하고 나머지 89% 주주 중 70%만 참석한다면 (89%×70%=62.3%), 전체 주주 중 73%만이 모인다. 11%는 찬성률 100% 몰빵 지분이다. 무조건 찬성하는 11%만 있으면 훨씬 더 적은 지지를 받아도 손쉽게 과반을 확보할 수 있다. 주총에서 원하는 안건은 무사 통과, 반대하는 안건은 절대 불가를 만들 수 있다. 한마디로 11%가 한편이면 막대한 권력을 가진 세력이다.

11%는 2022년 연말 현재 지분율이다. 이를 발견하지 못하고 '기부'라는 이름으로 자사주가 재단으로 흘러가도록 방치했다면 어디까지 커졌을지 모를 일이다. FCP는 그렇게 경영진의 '회사 지분 가져오기' 장기 프로젝트에 제동을 걸었다.

KT&G복지재단에 직접 찾아가보았다. 복지재단은 KT&G 소유 대치타워 안에 있었다. 평일 오후였음에도 이사장도 팀장도 자리를 비웠다고 했다. KT&G장학재단 홈페이지를 보니 어느새 이사장은 이상학이라는 KT&G 부사장으로 바뀌어 있었다. 과연 현직 부사장이 이사장으로 앉아 있는 재단이 KT&G와 독립적으로 의사결정을 할 수 있을까?

불법이 아닙니다

"경영진 방어 역할 가능성" (한국경제)
"자사주 마법을 부린 셈" (조선일보)

언론은 이 '수상한 기부'를 대서특필했다. KT&G 경영진이 설마 이 정도일 줄은 몰랐다는 듯 충격적이라는 톤이었다. 사태가 걷잡을 것 없이 커지자 KT&G는 입장을 냈다. '사회적 약자 지원 등 사회적 책임을 다하기 위해 회사가 재단 등에 자사주를 기부한 것'이라고 했다. 회사 자산인 '자기 주식'을 자기 재단으로 빼돌리고 사회를 위한 일이었다고 하면 믿을 사람이 누가 있을까. 민영진과 그 가족들 말고. 그렇다면 왜 빌 게이츠의 재단에는 주지 않고 스스로 만든 재단에 줬을까?

주주 돈을 가져다 자신을 위해서 썼으면 사과할 일이지, 사회 이익을 운용하는 건 적반하장이었다. 게다가 사회 공헌이 었다면 왜 현금을 주지 않고 의결권이 딸린 주식을 줬을까? 주식을 받은 재단은 이후 약속이나 한 듯 주식을 팔지 않고 그대로 안고 있었다. 다른 주식으로 바꾸지도 않았다. 마치 소중한 KT&G 주식을 파킹해놓은 것 같았다.

'의결권 행사 여부에 관해서는 각 재단, 기금이 자체 판단해 결정한다'고도 했다. 자체 판단이라니. 민영진, 백복인이 이사장이니 '자체 판단하겠다'는 것은 '자기가 알아서 판단하겠다'는 KT&G 특유의 어법이었다. 실제로 주총 때마다 재단은 경영진을 일방적으로 지지했다

'출연 당시 이사회는 관련 법령 등 적법한 절차에 따라 관련 안건을 의결했다'고도 했다. 이미 가져간 돈을 다시 돌려놓기는 싫었다. 법을 어기고 주식을 주고받은 것은 아니니 이번 한 번만 어떻게 잘 넘어갈 심산이었다.

주주들의 분노

인터넷 주식 댓글창은 순식간에 주주의 성토장이 되었다.

"보기니와 또마니들은 먹은 거 다 게워내야 함" (naty****)

"이권 카르텔의 대표적 케이스… 이러니 주가가 10년 동안 10만 원을 못 넘는 건 당연" (aqua****)

"백복인 이넘… 이건 엄연한 베임 횡령이다" (kec2***)

"국민연금과 중소기업은행은 KT&G가 개판 칠 때 눈감고 먼 산만 바라봤나? 참 한심하다… 눈 먼 봉사였나?" (blue****)

"이거.. 영화 만들면 500만 관객은 보장받겠는데? 영화 제목은… 'The Poor Shareholders'" (sexy****)

"자사주 매입한 걸로 재단에 지원한 거 배임으로 소송 걸면 국제망신 당할 텐데" (ehdn****)

FCP는 이 놀라운 도난 사건을 KT&G 주요 주주들에게 설명했다. 이를 듣고 큰 지분을 가진 어느 외국 주주는 이렇게 말했다. "한국에서는 이게 불법이 아니란 말입니까?" 미국에서 이런 일은 당연히 사기라는 것이다. 왜 아니겠는가. '주주에게' 환원해야 할 자사주가 '주주로부터 경영진에게' 환원되다니. 부끄러운, 전대미문의 스캔들이었다.

세계 최대 의결권 자문사인 ISS도 이는 '경영진과 이사회의 합동 '참호 파기'로 악용될까 우려된다(potential to entrench management and board members)'며 경고했다.

그랬다. 경영진으로서는 수년간 지극정성으로 이사들에게

공을 들인 보람이 있었다. 열기구 태워주고 해외여행 보내주고 이사들에게서 자사주 도난을 승인받았다. 그리고 임기도 보장받고 노후도 보장받았다. 이렇게 완성한 경영진-사외이사-최대주주 재단 삼각 편대는 거칠 것이 없었다.

이제 모두의 시선은 국민연금에 쏠렸다. 국민연금은 단일 주주로서는 KT&G 지분 8%를 가진 최대주주였다. 국민연금은 2018년 스튜어드십 코드를 도입한 이래 의결권 행사에 신중했다. 그리고 지분을 보유한 주요 상장회사의 주총 전에는 주주로서 의사결정 사항을 보건복지부 보도자료로 알렸다.

KT&G 문제에 국민연금은 어떻게 결정할까? 국민의 돈을 운용하는 국민연금이 자신이 최대주주로 있는 KT&G의 '1조 원대 자사주 도난 사건'을 보고 설마 눈감을 리는 없겠지. 전국의 수십만 KT&G 주주는 그렇게 믿고 싶었을 것이다.

주식 대통령

'전 세계에서 세 번째로 큰 연금을 관리하고 싶은가? 단 한 가지 조건이 있다(Want to Oversee the World's Third-Largest Pension Fund? There's Just One Catch).'

2018년 9월 11일 자 월스트리트저널에는 '오늘의 퀴즈' 같은 기사가 올라왔다. 월스트리트저널에서 말한 조건이란 '박봉과 정치적 공격을 견디는 능력'이었다. 가족과 떨어져 동료들과 기숙사 생활을 해야 하고 또 하나, 돼지 분뇨와 비료 냄새를 참아야 한다는 조건을 덧붙였다. 그러면서 돼지 그림도 삽화로 넣었다.

분명 자극적인 제목이다. 그러나 부정할 수 없는 현실이기도 했다. 실제로 당시에 15개월이 지나도록 국민연금 기금운용본부장은 공석이었다.[49] 아무도 이 자리에 오려 하지 않았다. 이 황당한 상황을 국내를 넘어 외신에서도 다루면서 국가적 망신이 되었다.

한국경제와 KBS도 이 뉴스를 다뤘고 이후 조선일보도 가세했다. 정치권에서는 '지역 혐오'라며 들고일어났다. 전북 지역 일부 언론은 월스트리트저널이 '65만 명이 거주하는 전주를 돼지 냄새 풍기는 변두리 고장으로 만들었다'며 비판했다.

당시 신임 국민연금공단 이사장이던 김성주는 페이스북에 "매일 출근하는 나는 (분뇨 냄새를) 맡지 못한다"며 "축산과학원장을 만나 확인했더니 돼지는 키우지 않는다고 확인해주었다"고 했다.

악취는 엄연히 사실이었다. 5년 지난 2023년 3월 전북CBS에서도 "악취가 많이 줄었다"고 할 정도였다. "유효 악취 일수는 월평균 1.4일로 지난 2016년 3.0일보다 절반 이상 줄었다"고 보도했다. 전북혁신도시 일대에서 돼지인지 소인지 닭인지 사람인지 정체를 알 수 없는 분뇨 냄새를 모두가 맡고 있었다.

악취 논란은 그 후로도 이어졌다. 2023년 3월에도 KBS 기자가 방송에서 "제 친구 중에도 운용역으로 있다가 도저히 못 살겠다, 여기 소 냄새 난다, 돼지우리 냄새 난다, 그러면서 올라온 친구도 있다"고 말하자 진행자가 수습하려는 마음에 "전주

지역분들은 언짢을 수도 있는데 현실적으로 운용역들이 하는 얘기니까. 그런 고민도 있다는 점 이해해주시기 바란다"라고 당부했다.

소용없는 일이었다. 단 하루 만에 국민의힘은 "이 말이 사실인지조차 의심스럽다. 국민연금공단은 해당 직원을 찾아 사실 여부를 확인해야 한다"며 노발대발했다. 전주에서 냄새가 난다는 것은 감히 입에 담아서는 안 되는, 국가 존엄을 건드리는 발언이었다.

당연한 이야기지만 월스트리트저널이 지적한 건 그저 냄새가 난다는 조롱이 아니었다. 더 근본적인 구조 문제가 있다는 뜻이었다. 다른 일도 아니고 국민연금 기금운용본부가 하는 일은 자본주의의 핵심, 투자업이다. 실력 있는 전문가는 당연히 더 좋은 연봉과 근무 조건을 원할 것이다.

그런데 시장 원리를 무시한 정치적 결정에 따라 박봉과 분뇨 냄새를 참으며 일해야 한다면 아무리 강건하고 뛰어난 인재도 금방 지치고 낙담하지 않을까? 국민의 노후를 책임지는 막중한 역할에 걸맞게 글로벌 스탠더드에 맞는 운용 시스템과 인센티브 구조가 절실했다.

문제는 한국 정부가 이러한 근로 조건을 개선할 계획이 없었다는 점이다. 우리나라의 가장 큰손, 자본시장의 대통령은 자본주의에 가장 반하는 방식으로 사람을 뽑았다. 국민감정이 국민연금의 '억대 연봉'을 도저히 용납하지 않았다. 국민연금은 그렇게 인력난에 허덕인다. 2023년 3월 한 언론은 "기금 운용직의 이직률은 자산운용업계 평균인 17%보다 낮은 8%대"라고 보도했다. 환경에 따른 이직 걱정은 없다며 선을 그은 것이다. 그러나 같은 급의 인재라도 얼마나 능력을 발휘하는가는 운용 시스템과 인센티브 구조에 따라 천양지차일 수밖에 없다는 사실을 외면한 기사였다.

국민연금이 투자 전문 인력을 뽑으려고 제시하는 연봉은 그 자리에 필요한 경력을 가진 사람들이 시장에서 받을 수 있는 수준의 절반에도 미치지 못한다.[50] 절반은커녕 3분의 1에도 못 미친다는 말도 있다.

실장급만 되어도 10억 원대 연봉을 받는 캐나다공적연금(CPPIB)과 달리 국민연금의 2인자이자 투자 사령관인 CIO의 기본급이 3억 원이다. 자본주의의 첨병, 수익률로 성적이 나오는 국민연금의 투자 인력은 이렇게 말 그대로 '중력을 거스르는' 환경에서 일한다. 아무리 뛰어난 인재라도 이런 환경에서 제 실력을 발휘하기는 어렵다.

이직률보다도 외국 연기금에 비해 상대적으로 낮은 수익률이 문제였다. 김성주 국민연금공단 이사장이 그만두며 국회의

원 선거에 나가겠다고 했을 때 이런 기사가 나왔다.

"2019년 국민연금은 창립 이래 최고 수익률인 11.3%··· (전주로) 이전한 2017년부터 2019년까지 약 100조 원의 기금 운용 수익금을 올림으로써 지방 이전에 따른 우려를 말끔히 씻어냈다고 할 수 있다."

취임 1, 2년 차 수익률을 갓 부임한 이사장의 실적이라 할 수 있을까? 당시 다른 연금의 수익률이 어떤지 비교하지도 않았다. 그만큼 기자가 투자업에 무지하다는 증거일 뿐이었다. 투자는 사이클에 따라 업다운이 있다. 큰돈을 굴리는 국민연금이야말로 장기 투자 수익률을 봐야 한다.

'장기적으로 안정적인' 수익을 거두는 것이 수천만 연금 가입자를 위해 가장 중요한 일이다. 이를 위해 인적 자원과 투자 전략 등을 갖추는 것은 시간과 노하우가 필요한 일이며, 이런 결정이 수익률에 영향을 끼치려면 상당한 시간이 걸릴 수밖에 없다.

그럼 장기 투자 수익률은 어떨까? 2024년 어느 경제신문 보도에 따르면 국민연금연구원 자체 조사 결과 세계 주요 6개 연기금의 2013~2022년 10년간 평균 수익률에서 국민연금이 연평균 4.7%로 꼴찌였다. 해외 연금 모범 사례로 여겨지는 캐나다공적연금 수익률 11.1%의 절반에도 미치지 못한다.

수익률 제고는 국민연금의 고갈 시기를 늦추는 데 결정적으로 영향을 끼친다. 향후 5년간 연 5.4%로 잡아놓은 수익률을 1%포인트만 올려도 고갈 시기를 5~9년 늦출 수 있다. 외국 연기금에 비해 위험자산 비중이 낮고 주주 수탈의 정글인 국내 주식 비중이 높기 때문도 있겠지만, 연금 개혁 못지않게 연금의 수익률 혁신이 시급한 이유다.

"냄새가 전혀 안 나는데?"라던 국민연금공단 김성주 이사장은 문재인 정부 인수위원회에서 활동한 뒤 2017년 11월 이사장으로 취임했다. 그는 워런 버핏의 버크셔 해서웨이도 시골 동네 오마하에 있으니 국민연금공단 본사가 전주에 있어도 전혀 이상할 것이 없다며 변호하기도 했다.

그러던 그는 취임 2년 만에, 임기를 1년 남기고 21대 총선에 나가겠다며 사임했다. 며칠 후 국민은 파란 잠바를 입고 길거리에서 유세하는 그를 볼 수 있었다.

도중에 사임하는 건 약과다. 감옥에 간 경우도 있다. 2016년 12월 31일, 당시 국민연금공단 이사장 문형표가 구속되었다. 2017년 6월에는 기금운용본부장 홍완선도 구속된다.

박봉과 냄새까지는 그렇다 해도 감옥까지 가야 한다니. 국민연금에서 일한다는 것은 이렇게 목숨까지 걸고 해야 할 위험한 일이었나?

'주식 대통령'은 외출 중

수익률도 중요하지만 국민연금에 주어지는 숙제는 하나 더 있다. 바로 의결권 행사다. 2024년 8월 말 기준으로 국민연금의 자산 규모는 1,140조 1,000억 원, 그중 국내 주식에 투자하는 돈은 150조 7,000억 원이다.[51] 2024년 11월 초 국내 주식시장 시가총액이 2,371조 원이니 전체 시총의 무려 6%를 차지한다. 게다가 국민연금은 웬만한 상장회사의 최대주주 자리를 가진 '경제 대통령'이다. 관중 입장이 아니다. 그러나 의결권 행사는 너무나도 민감한 사항이었다.

2016년 문형표, 2017년 홍완선. 국민연금 넘버원, 넘버투의 구속도 어느 회사의 주총에서 비롯한 일이었다. 바로 2015년 7월 17일, 나라를 떠들썩하게 만든 삼성물산과 제일모직 합병 건이었다.

합병 비율이 문제였다. 상장회사 삼성물산과 제일모직의 합병에서 합병 비율이 무리하게 제일모직에 유리하다는 것이 당시 논란의 핵심이었다. 제일모직에는 삼성 창업주 일가의 지분율이 높았고, 이러한 합병 비율은 그들의 지분을 늘려주는 효과가 있었다.

그런데 제일모직의 비율이 커도 너무 컸다. 추후 밝혀진 바로는 당시 제일모직이 보유한 삼성바이오로직스의 주식 가치를 부풀려 산정하는 방식으로 제일모직의 주가를 높이고, 그 주가를 기준으로 저평가된 삼성물산과 합병했다. 결과적으로 삼성물산 주주들은 손해를 입었다.

언론은 애국심에 호소해 주주들을 달래고자 했다. 삼성물산-제일모직의 합병 비율에 가장 먼저 문제를 제기한 주체가 다름 아닌 외국계 펀드 엘리엇이라는 점은 언론이 놓칠 수 없는 중요한 요소였다. '외국인 먹튀'를 막으라는 논조의 글이 쏟아졌다.[52]

훗날 박근혜 전 대통령의 재판 과정에서, 그가 2015년 6월 최원영 청와대 고용복지수석에게 '국민연금공단 의결권 행사 문제를 잘 챙겨보라'고 지시했음이 밝혀졌다. '잘 챙겨보라'는 말은 무슨 뜻이었을까?

대통령이 지켜보라던 그 시점의 국민연금공단 회의록이 1년 넘게 지난 2016년 11월 22일 공개되었다. 2015년 7월 10일, 모두 23명이 기금운용본부 9층에서 열린 회의에 참석했다. 12명은 투자위원회 위원, 나머지 11명은 단순 배석자였다. 초반에는 제일모직-삼성물산의 합병 비율이 말이 되느냐가 주 논점이었다. 그러다 한 명이 '합병 비율만 봐서는 안 된다. 시너지도 봐야 한다'는 엉뚱한 논리를 들고 나왔다. 결국 이대로 합병을 추진해도 손해는 보지 않을 것이라는 묘한 주장에 이어 표결에 들어갔고, 결국 12명 중 8명이 합병에 찬성했다.

2017년 국민연금공단이 국회에 보고한 자료에 따르면 이 찬성 결정에 따라 삼성물산에 투자한 국민연금은 2,356억 원 손해를 봤다. 저렴하게 모셔 온, 대한민국 국민연금 투자 전문인 12명이 국민에 끼친 손해였다.

2015년 7월 10일 국민연금이 이 합병에 찬성 의견을 내고, 일주일 뒤인 7월 17일 이 논란의 안건이 삼성물산 주총에서 통과되고, 2016년 12월 박근혜 대통령 탄핵소추안이 가결되고 곧바로 국민연금공단 문형표 이사장이 구속되고, 2017년에는 국민연금공단 홍완선 기금운용본부장과 삼성전자 이재용 부회장도 감옥을 가는 신세가 되고…. 사건은 눈덩이처럼 커지며 숨 가쁘게 흘러갔다.

'외국인 먹튀로부터 나라를 지켜야 한다'고 종용하던 언론은 입장을 180도 바꿨다. 국민연금의 독립성이 심각히 훼손되었으며, 홍완선 본부장이 국민연금에 손해를 끼쳤다고 비난하기 시작했다. 엘리엇이라는 이름은 까마득히 잊었다.

외국인 투자자라는 존재는 분명 정신적 충격을 주는 트리거였다. 외국인이다! 외국인이 나타났다! 스타벅스를 마시고 인스타그램을 하고 홍대에서 라멘을 먹던 전 국민이 하던 일을 그만두고 달려와 외국에서 온 침략자를 일단 막고 보는 것이 지난 수천 년을 거쳐 형성된 관성이었을까. 외국인이 하는 말이 옳은지 그른지를 판단하자는 주장만 해도 역적이 되었다. 반대부터 하는 게 안전하다. 그러나 그러면서 지키려고 한 것은 누구의 이익이었을까?

의결권 행사와 관련한 이 '메가톤급 사고'는 국민연금에 깊은 트라우마를 남긴다. 1인자, 2인자가 감옥에 간 상황에 성역은 없었다. 누구라도 이곳에서 일하다 감옥에 갈 수 있다. 분뇨 냄새는 어떻게 해볼 수 있어도 감옥은 참기 힘들다.

국민연금 지분율이 5%가 넘는 상장 주식 종목만 140개, 1년에 지뢰 140개를 피해야 했다. 급기야 2020년 2월 국민연금은 이 골치 아픈 작업을 아예 외주화하기로 결정한다. 바로 수탁자책임전문위원회(수탁위)였다.

전형적인 책임 회피 발상으로 보이지만 나름 이해는 간다. 박봉에 분뇨 냄새를 맡으며 일하는데 리스크까지 부담하면서 운용할 수는 없는 노릇이었다. 보상이 적으니 책임도 부담하지 않겠다, 그렇게 외주 구조를 만든 것이 아닐까. 결국 국민연금 기금운용본부의 보상과 책임에 관한 거버넌스에서 불거진 문제다.

우리나라 상장사 중에서 국민연금에 골치가 아픈 경우, 즉 기업가치가 훼손되어 주주권 행사가 필요한 경우, 특히 주주가 이미 행동하고 있는 경우는 얼마나 될까? 국민연금에서 결정해야 할 사안이 그렇게 대단히 많지는 않다. 대부분 주총의 안건은 아주 평범하다. 직전 연도 재무제표 확정 같은 안건을 두고 주주들이 첨예하게 대립하는 경우는 삼성물산과 KT&G 같은 소수에 불과하다. 그러니 과중한 업무가 부담되기보다는 업무 자체를 실행할 의지와 결단이 부족하다고 보는 편이 맞을 것이다.

의결권, 소송권 등 주주권 행사 결정을 외주 준다는 것은 사실 자가당착적인 면이 있다. 2018년 국민연금은 주주의 가치를 보호하기 위해 앞장서서 주주권을 행사하겠다며 스튜어드십 코드를 도입한 바 있다. 스튜어드십 코드의 가장 중요한 부분은 의결권 행사가 될 수밖에 없다. 그리고 2년이 못 가 수탁위 설치를 발표한다. 이는 '내가 하면 곤란하니 다른 사람 시키면 좋겠다'는 뜻이었다.

수탁위가 역할을 원활히 수행할 수 있는가와 무관하게 기금운용본부가 기업가치, 주주가치 보호에 결정적 기능을 하는 주주권 행사 여부를 외주 준다는 발상은 이해하기 어렵다.

국민연금이 과연 주주의 이익을 챙긴다고 할 수 있을까? 게다가 보건복지부 장관이 기금운용위원장이라 연금사회주의라는 비난까지 받으니, 공을 받아서 이러지도 못하고 저러지도 못하는 광경이 오늘날 국민연금의 모습이다.

'주주의 가치'라면 결국 주가에 귀결되는 결정이다. 국민연금 수익률에도 직접 영향을 끼치는 의결권의 결정을 외주 준다면 누구에게 맡겨야 할까? 당연히 시장에서 검증된 전문가를 선임해 정확하게 지시를 내려야 한다. 명실상부하게 국내 주식시장을 호령하는 '국민연금의 사령탑'이 될 만한 사람이어야 한다.

이사회 위의 이사회

그러나 수탁위 구성을 보면 시장에서 검증된 금융 전문가가 한 명도 없다. 2023년 3월 당시 국민연금 수탁위원회 인사의 주요 경력은 다음과 같았다.

- 온라인 학원 대표   1명
- 법조인   2명
- 교수   2명
- 노조 위원장   1명
- 연구원   1명
- 기타   2명

한 명씩 정리해보았다.

첫 번째, 신왕건 위원장(상근). 전 FA금융스쿨 원장. FA금융스쿨은 CFA(공인재무분석사) 자격증 전문으로 온라인 강의하는 소규모 학원이었다. 신왕건이 수탁위에 발탁되면서 폐업했다.

두 번째, 한석훈 위원(상근). 부장검사를 역임했다. 법무법인 우리 선임 변호사, 연세대학교 법무대학원 겸임교수, 성균관대학교 로스쿨 명예교수, 국가인권위원회 인권위원, 한국상장회사협의회 자문위원, 한국상사법학회 부회장, 한국증권법학회 부회장, 한국기업법학회 부회장, 전 금융감독원 외부평가위원, 전 고위공직자범죄수사처장 후보추천위원회 위원, 전 4·16 세월호참사 증거자료의 조작·편집 의혹 사건 진상규명을 위한 특별검사후보추천위원회 위원. 그가 거쳐온 직함 역시 대부분 금융, 기업가치, 주주가치와 거리가 있다.

세 번째, 원종현 위원(상근). IMF 외환위기 시절 은행, 증권사 등 금융기관에 재직했다고 알려져 있다. 국민연금연구원에서 공적연금 기금운용과 제도 관련 업무를 하고, 국회입법조사처에서 입법연구관으로 금융 및 자본시장 관련 입법을 지원했다. 수탁위원 중에서 사실상 유일하게 금융과 기업가치, 주주가치와 관련한 전문 경력을 가졌다고 할 수 있다.

네 번째, 권재열 위원(비상근). 경희대학교 법학전문대학원 교수다. 법무부 상법특별위원회 위원, 전 대법원 재판연구관, 전 한국상사판례학회 회장, 전 코스닥협회 법제자문위원회 위원, 전 법무부상설특별위원회 위원, 전 대법원 재판연구관, 전 한국거래소 청산결제위원회 위원, 전 한국거래소 유가증권시장 상장공시위원회 위원, 전 금융위원회 법률자문위원, 전 한국증권법학회 부회장, 전 한국상사법학회 부회장, 전 변호사 시험, 사법 시험, 행정고시, 세무사 시험, 법무사 시험 출제위원. 권재열의 직함 리스트에서도 금융과 기업가치, 주주가치 관련 경력은 찾기 어렵다.

다섯 번째, 이연임 위원(비상근). 금융투자협회 미래전략산업 조정팀 부부장이다. 1998년 금융투자협회에 입사해서 경력이 30년 가깝고 금융투자협회 노조위원장을 역임했다.

여섯 번째, 이상민 위원(비상근). 연합뉴스 기자를 하다가 법무법인 태평양에서 변호사로 재직했으며, 당시 에셀이라는 법무법인의 대표 변호사였다. 서강대 법학전문대학원 겸임교수, 포털 뉴스제휴평가위원회 심의위원회 위원장(7기), 대한변호사협회 난민이주외국인 특별위원회 위원장, 대한변호사협회 인권위원, 한국소비자연맹 소비자공익소송센터 전문위원, 사회복지법인 세석밀알 감사, 국가인권위원회 조정위원, 서울 서초경찰서 경미범죄심사위원, 서울특별시 공익변호사, 한국저작권위원회 저작권입문강사, 전 사단법인 공익법센터 어필 이사, 전 서울지방변호사회 공익활동심사위원장, 전 한국일보 독자권익위원회 위원, 전 대·중소기업협력재단 청렴시민감사관 등으로 활동했다.

일곱 번째, 이인형 위원(비상근). 금융과 관련된 자문위원을 역임했으나 기업가치, 주주가치와 주주권 행사 관련해서 전문성을 검증받은 경력은 찾기 어렵다. 금융감독원 금융감독자문위원회 금융투자분과 위원장, 한국거래소 시장감시위원회 위원, 기획재정부 공공자금관리기금운용위원회 민간위원, 전 금융개혁위원회 자문위원, 전 기획예산처 기금평가단 연금평가반 평가위원, 전 국민연금 리스크관리위원회 위원, 전 금융위원회 금융발전심의회 글로벌 금융분과 위원, 전 금융감독원 거시건전성분석 자문위원, 전 한국국제통상학회 이사, 전 한국거래소 코스닥시장본부 상장폐지실질심사위원, 전 방송통신발전기금 위험관리위원회 위원, 전 대신증권 사외이사, 전 한국무역보험공사 금융자산운용위원회 위원, 전 한국거래소 코스닥발전협의회 위원, 전 금융위원회 자체평가위원회 위원, 전 기획재정부 복권기금사업 성과평과위원, 전 기획재정부 정책성과평가위원회 위원, 전 한국재무학회 부회장, 전 한국증권학회 이사, 전 한국거래소 주가지수운영위원회 위원, 전 증권금융 민간연기금투자풀 운영위원회 위원, 전 한국상장회사협의회 자문위원단 위원, 전 코스닥협회 금융·재무 자문위원회 위원, 전 기획재정부 기금운용평가단 평가위원, 전 기획재정부 투자풀운용위원회 민간위원, 전 금융감독원 '금융감독연구' 수석편집위원, 전 기획재정부 기금부담금운용평가단 단장, 전 LG경제연구원 금융연구실장, 전 수원대학교 경상대학 경영학부 부교수, 전 자본시장연구원 부원장 등으로 활동했다.

여덟 번째, 강성진 위원(비상근). 고려대학교 경제학과 교수로 재직 중이다. 일본 쓰쿠바대학교 조교수, 제17대 대통령직인수위원회 자문위원, 대통령 직속 미래기획위원회 위원, 통일부 정책자문위원, 한국주택금융공사 비상임이사, 대우증권 비상임이사 등으로 활동했다. 2024년 총선을 앞두고 국민의힘에 비례대표 공천을 신청하며 사임했다.

마지막 아홉 번째, 연태훈 위원(비상근). 금융 관련 자문위원으로 활동했으나 직접 금융과 기업가치, 주주가치 관련한 전문성을 검증받은 경력을 찾기는 어렵다. 현대카드 사외이사, 한국성장금융투자운용 사외이사, 증권시장안정펀드 투자관리위원회 공익위원, 금융위원회 갈등관리심의위원회 위원, 전 건설근로자공제회 리스크관리위원회 위원, 전 방사능폐기물관리기금 투자실무위원회 위원, 전 연기금투자풀 운영위원회 위원, 전 서민금융진흥원 사업수행기관 지원위원회 위원, 전 사학연금공단 리스크관리위원, 전 한국금융연구원 자본시장연구실장, 전 수협은행 사외이사, 전 IBK투자증권 사외이사, 전 신용회복위원회 심의위원, 전 금융감독원 재제심의위원회 위원, 전 국민연금기금 투자정책전문위원(기금 운용 및 금융 분야), 전 예금보험공사 매각자문위원, 전 수협 예금보험기금관리위원, 전 한국기업지배구조원 연구위원, 전 금융위원회 자문관 등으로 활동했다.

원종현 위원만이 인접 분야에서 전문성이 있어 보일 뿐, 수탁위원 모두 직접 사업을 해보거나 금융업계에서 실무를 맡아본 경험이 없다. 수탁위는 기업가치가 훼손되었는지 판단하고 기업가치를 복구하기 위해 국민연금의 주주권 행사를 직접 결정하는 조직이다. 관련 실무 경력이 넘치는 경력자 중에서도 철저하게 검증해서 선임해야 하는 막중한 직책이다. 수탁위가 옥상옥의 왜곡된 구조라는 점을 차치하더라도, 시장에서 철저한 검증을 받은 전문가가 최소한 절반은 되어야 하지 않을까.

첫 번째 주주제안

2023년 1월 19일, FCP는 3월에 열릴 KT&G 주총을 앞두고 주주제안을 한다. 하고 싶은 일도 많고 할 말도 많았던 FCP는 무려 아홉 개 안건을 제안한다. 이번 기회에 철저히 주주의 회사로 만들자는 것이다.

1. 인삼공사 분리상장(인적분할)
2. 사외이사 A 추천
3. 사외이사 B 추천
4. 주당 1만 원 배당
5. 주당 1만 원 규모의 자기주식 매입(1조 2,000억 원)
6. 보유 중인 자기주식 즉시 소각
7. 자기주식 소각을 주총에서 결정할 수 있도록 정관 변경
8. 이사회에 대표이사 평가보상위원회 설치
9. 분기배당 가능하도록 정관 변경

이 중 KT&G 입장에서 가장 무난한 것은 분기배당과 대표이사 평가보상위원회 설치, 가장 어려운 것은 사외이사 선임이었을 것이다. 인삼공사 분리상장은 KT&G 이사회가 '준비가 되지 않았다'며 거부해 결국 주주제안 안건으로 제출할 수 없었다. 먼저 이사회에 주주 편 이사를 진입시키고 나서 순서대로 해야 할 터였다.

너무 많긴 했다. KT&G가 무리한 제안이라고 비난할 빌미를 자초한 셈이었다. FCP는 그만큼 회사가 엉망임을, 철저하게 거듭나야 함을 강조하고 싶기도 했다. 이렇게 된 이상 일단 주총으로 가보는 수밖에 없었다. 이미 해외 투자자는 FCP에 호응했다. 이제 남은 건 국민연금뿐이었다.

그러나 국민연금은 FCP 편이 아니었다. 2023년 3월 23일 밤 10시경, 국민연금 수탁위 결정이 보건복지부 보도자료로 공개되었다. 수탁위는 KT&G 주총의 '모든 안건'에서 경영진 편을 들었다. 배당, 자사주 매입과 소각, 이사회…, 심지어는 대표이사 평가보상위원회 설치에도 반대했다.

대표이사 평가보상위원회는 2021년 미진한 실적과 주가 폭락 와중에도 백복인의 연봉이 기록적으로 인상된 전례가 있어, 이를 방지하자는 취지로 제안한 안건이었다. 주주들이 연봉 인상의 근거를 물어도 '프라이버시'라며 공개를 거부했던 KT&G였다. 그러니 투명하게 처리하기 위해서 이사회 안에 위원회를 만들자는 안을 낸 것인데 국민연금은 거부 의사를 드러냈다. '위원회의 탄력적 운영을 위해서'라는 이유를 내걸었다.

현재처럼 실적과 무관하게 사장 연봉을 계속 올리는 것을 유지해야 한다는 의미였을까. 주주의 이익과 상관없이 사장과 이사회의 입맛에 맞는 유연한 체제를 선호한다는 의미였을까.

국민연금의 결정 이후 KT&G 주가는 폭락을 거듭했다. FCP의 제안 이후 2022년 11월 30일 장중 10만 원까지 가며 3년 만에 최고점을 찍은 주가는 주총 후 81,300원까지 수직으로 하락했다.

주주들은 허탈해했다. 그런데 일반 주주들을 더 당황하게 만드는 일이 벌어졌다. 이번에도 주인공은 국민연금이었다. 2023년 8월 2일, 국민연금은 KT&G 주식을 저가에 110만 주 넘게 장내 매도해, 이제 KT&G의 최대주주가 아니고 3대 주주가 되었다고 발표했다. KT&G 주총의 '모든 안건'에 경영진 편을 들어 주가를 폭락시키고서 아예 저가 매도에 나선 것이다.

2023년 국민연금은 삼성물산-제일모직 합병에 찬성한 결과 2,451억 원을 손해보았다는 자료를 국회에 제출했다.[53] 참여연대는 국민연금이 5,200~6,750억 원 손해를 보았다고 주장하기도 했다.[54] 그런데 2023년 주총 후 증발한 KT&G 시가총액은 무려 7,277억이다. 2018년 '주주의 가치를 보호하기 위해' 시작한 국민연금 스튜어드십 코드, 그 의결권 행사 결정권을 맡은 수탁위의 결정, 결말은 기금운용본부의 매도로 이어졌다.

2015년 국민연금공단의 삼성물산에 대한 잘못된 의결권 행사는 이사장과 운용본부장이 감옥을 감으로써 일단락되었다. 2015년 12인의 투자위원회가 있었다면[55] 2023년에는 9인의 수탁위가 있었다. 상장회사 꼭대기에 주가 폭락에도 경영진만을 위하며 일하는 사외이사들이 있듯이, 국민연금의 최정점에는 이렇게 연금의 자산가치 폭락을 유발하고도 책임은 지지 않는 수탁위 위원들이 있다.

상장회사의 거버넌스에서 이사회의 독립성이 핵심이듯 과연 수탁위는 독립성을 확보했을까? 독립성의 대전제는 전문성이 있어야 한다는 것이고 그다음은 위원들의 직업적, 개인적 이해관계가 구조적으로 고객과 일치해야 한다는 것이다. 최고 수준의 전문가는 수십 년간 쌓아온 전문 지식과 배치되는 결정을 하기 어렵다. 앞에서 보았듯 현재 수탁위 위원들은 훼손된 기업가치를 복구하기 위한 의결권을 행사하는 데 필요한 전문성을 갖추었다고 보기 어렵다.

더욱이 수탁위원들의 이해관계가 국민연금, 즉 주주와 구조적으로 일치해야 하는데 우선 로펌 변호사는 기업을 고객으로 하는 직업이라 주주와 이해관계가 전혀 일치하지 않는다. 교수직, 연구원직, 고문직도 잠재적으로 기업을 고객으로 할 수 있기 때문에, 수탁위원이 되려면 반드시 기업가치와 주주가치의 보호를 위해서 활동한 특별한 경력이 있어야 한다.

그러나 현재 수탁위원들이 얼마나 국민연금과 주주들을 보호하고 훼손된 기업가치 복구를 위해서 최선을 다할지는 오로

지 개인의 양심에 전적으로 의존할 수밖에 없다.

시장은 예측하기 어려운, 알 수 없는 영역에는 가치를 디스카운트한다. 현재 국민연금 수탁위 결정은 조직 체계상으로나 독립성에서나 시장의 신뢰를 얻기 어려운 심각한 상황이다. 더욱이 KT&G 주주총회처럼 전부 경영진에게 찬성하면 시장은 기업가치 복구가 불가능하다고 판단하고 가격을 디스카운트할 수밖에 없다.

수탁위가 이처럼 본연의 임무를 방기하고 무책임한 결정을 내려 주가가 급락하고 오히려 손절매를 유발하며 손해를 발생시킨다면 그 책임은 누가 지게 되는가? 수탁위원은 어떠한 책임을 지는가?

2023년 2월 9일 UBS 리포트에 따르면 KT&G는 컨설팅 수수료로 자그마치 260억 원을 썼다. 김앤장 법률사무소는 이미 법률 자문을 넘어서 정부 요직에 드나드는 '회전문 인사'들이 대거 포진한 강력한 권력 조직이다. 260억 원 중 얼마가 김앤장에 지급되었고 얼마가 로펌 자문료, 교수 용역비, 연구 자문료 같은 사실상의 로비 자금으로 쓰였는지 아무도 알 수 없다. KT&G는 공개하지도 않는다.

수탁위원들의 직업적, 개인적 이해관계가 구조적으로 경영진의 로비와 회유에 저항하고 기업가치, 주주가치 복구에 전념

할 수 있어야 한다.

수탁위 상근위원의 보수는 연 1억 2,000만 원으로 '차관급'이다. 그러나 그 독립성과 전문성은 의문투성이고 책임은 제로다. 과연 훼손된 기업가치를 복구하기 위한 막중한 기능을 제대로 수행할 수 있을지 의문을 제기하게 된다.

규모는 세계 3위인데 수익률은 세계 꼴찌인 공적기금. 국민연금의 결정은 이렇게 이루어진다. 옥상옥 구조, 정치적 부담, 자본주의 원칙 역행. 이런 국민연금의 현실을 방기한 채로 글로벌 스탠더드에 맞는 보상과 책임은커녕 임직원에게 족쇄를 채우기만 한다면 우리나라의 주식시장 대통령은 앞으로 나아갈 수가 없다.

옥상옥 전주에는 계속, 정체 없는 악취가 진동하고 있다.

'이번엔 투명하고
공정하게 하겠습니다'

2023년 3월 주총에서 FCP가 제안한 안건은 분기배당 하나를 제외하고 모두 부결되었다. 참패였다.

주총 후 한동안 주식을 팔고 떠나는 게 아니냐며 FCP에는 기자들 전화가 이어졌다. 패잔병 취급이었다. '찻잔 속 태풍', "1%의 반란' 행동주의펀드 완패… KT&G 분기배당만 건졌다'라는 기사가 연달아 나왔다.

이삿짐도 다 빼고 매트리스 하나만 덜렁 남은 텅 빈 방. 이상현은 추락의 쓴맛을 제대로 보았다. 'EV/EBITDA 1배에 사서 10배에 팔면 되겠네', 그렇게 호기롭게 칼라일을 나왔다. 그러나 전혀 생각하지 못한 상황에 부딪혔다. 심한 좌절감과 절망감도 들었다.

그렇게 잠잠한가 싶던 FCP는 2023년 4월 KT&G에 공개 서한을 보낸다. 투명한 IR 실적 보고가 필요하다며 형식과 내용의 업그레이드를 요청했다.

2023년 12월 7일에는 새로운 영상을 발표했다. 4분 30초짜리 동영상에는 'KT&G 밀실 선거'라는 제목이 달렸다. 2022년의 파스텔톤 애니메이션과는 분위기가 사뭇 달랐다. 더 이상 '손잡고 미래를 향해 가요' 하는 톤이 아니었다. '그것이 알고 싶다'에 가까웠다. 정장을 입고 넥타이를 맨 화자는 심각한 표정으로, 백복인이 이사회의 비상식적 절차를 거쳐 연임되었고, 앞으로는 실적을 망가뜨린 백복인 또는 그 오른팔 방경만이 아니라 검증된 외부인이 사장이 되어야 한다고 말했다.

이건 무슨 일인가 싶은 주제였다. 사장은 주총에서 뽑는 거 아닌가? 지금까지 주총에서 무슨 비리가 있었나? 그러나 FCP의 지적은 그보다 전 단계, 즉 후보 선정에 관해 문제를 제기한 것이었다.

상장회사의 대표이사는 분명 주총에서 주주들의 승인을 받아야 선임될 수 있다. 당연한 말이다. 그런데 잘 생각해보면 그 후보를 주주가 뽑은 건 아니다. 주주들이 자신이 원하는 사장 후보를 '추대'하는 일은 없다. 후보 추천은 이사회의 권한이다. 이사회 팔이 안으로 굽으면? 자신이 신세를 진 현직 사장 또는 그의 끄나풀을 후보로 추대할 수 있다. 마치 아무 근거 없이 사장 연봉을 마구 올리는 것처럼 말이다.

주주에게는 선택지가 없다. 이사회가 추대한 단독 후보를 찬성하거나 반대하거나, 주어진 답안지에서 '예, 아니요'를 고를 뿐이다. 말이 선택이지, 동의하지 않으면 처음부터 다시 시작해야 한다는 압박을 받는 형국이다.

그래서 이럴 때마다 경영진이 으레 하는 협박이 있다. 경영 공백이 우려되니 지금 당장 동의해야 한다는 것이다. 만약 주주들이 반대한다면? 사장 자리를 비워둔 채 다시 프로세스를 돌려 사장 후보를 내야 하고, 그 과정조차도 결국 그 나물에 그 밥인 이사회에 맡겨야 한다. 좋은 결과를 기대하기 어렵다. 그러니 주주들은 웬만하면 신임 사장 안건에 찬성표를 던진다. 이렇듯 이사회가 사장 편에 서면 대부분 연임에 성공한다.

FCP는 2018년에서 2021년까지 KT&G 이사회가 사장 후보를 선정하는 과정에 명백한 문제가 있었다고 지적했다. KT&G 이사회가 무언가를 잘못했다는 것인데, 얼른 생각해도 이상하게 들리지 않았다. KT&G 이사회가 공정하다고 믿는 사람은 없었다. 백복인이 주가와 실적 폭락 속에도 연봉킹이 된 것을 이제 모두가 안다. 이사회도 다를 바 없었다. 민영진 구속 후 후임으로 그의 비서실장이던 백복인을 추대한 건 이사회였다.

사장후보추천위원회 구성과 권한 위임(안)에 찬성표를 던진 이사 중 한 명은 전 국세청장 N씨였다. 세무조사 무마 청탁을 받고 3억 원의 뇌물 수수 혐의로 구속되었다. 업무 출장이라며 미국으로 관광을 가서 KT&G 직원들을 쇼핑 도우미로 부렸다는, 바로 그 "명품에 조예가 깊은" 사외이사였다.

FCP는 백복인 사장의 연임과 3연임 과정을 살펴보았다. 여러 문제 가운데서 가장 놀라운 건 사장 후보를 형식적으로는 '공모'하면서 사실상 다른 사람들의 출마를 '저지'했다는 것이다. 2018년 사장 후보 공고 기준을 보면 자격을 '전현직 임직원'으로 한정했다. 모집 기간도 단 이틀이었다.[56] 2021년에도 마찬가지였다. 백복인이 단독 입후보해서 사장 후보 추대까지 단 11일밖에 걸리지 않았다.

우스운 일이었다. 현직 사장이 버젓이 있는데, 연임을 하겠다는데, 어떤 임원이 감히 사장을 물리치겠다며 그 자리에 지원할까? 그랬다 떨어지면 회사를 다니기나 할 수 있을까? 실제로 허철호 전 인삼공사 사장은 방경만과 나란히 사장 후보에 지원했다가 방경만이 뽑히고 나서 2주도 안 되어 회사에서 나가야 했다.

이런 말도 안 되는 조항을 만든 사람들이 바로 당시 이사회였다. 모두 당시 경영진의 간택을 받은 자들이자, 2021년 백복인 사장에게 총 26억 원을 지급해서 식품업계 연봉킹을 만든 자들이었다. 그리고 앞서 살펴보았듯이 업무 출장이라며 부부 동반으로 해외 관광을 가고, 허위 보고서로 현금까지 챙긴다는 사람들이 바로 그들이었다.[57]

3연임에 도전한 2021년 백복인 사장의 성적표는 말 그대로 '재앙' 수준이었다. 매출만 증가, 영업이익은 하락, 주가는 코스피가 27% 상승하는 동안 나 홀로 21% 하락. 코스피만큼 올랐어도 13만 원은 되어야 했다. 80,100원으로 주가가 곤두박질쳐 주주들이 신음할 때, 백복인은 26억 원을 챙겼다.

연봉 26억 원은 대체 어떤 기준으로 산정했을까? 2장에서 살펴보았듯이 항목명만 봐서는 무슨 의미인지 모호한 정성평가 항목들, 예를 들어 신성장 동력사업 가치 창출, 그룹 인프라 혁신, ESG경영 고도화, 투명/윤리경영 기반 강화, 사업포트폴리오 관리, 전략브랜드 확보 등을 연봉 산출 기준으로 삼았다. 이사회가 마음만 먹으면 뭐든 하나 집어서 연봉을 인상할 구실로 삼을 수 있다. 결국 주주에게 근거를 대지 않고 경영진과 이사회가 서로를 챙길 수 있게 하는 구조였다.

FCP는 이러한 과거의 불합리한 조항들을 언급하며 사장 선임의 조건을 요구했다. 첫째, 상식적인 검토 기간을 확보할 것. 둘째, 실력 위주로 외부 인사들도 '공정히' 검토할 것. 셋째, 사후 검증을 위해 선정 및 평가 과정을 상세히 기록해 '투명'하게 보존할 것. 그리고 FCP는 마지막으로 공정성을 잃은 이사회가 민영진-백복인-방경만으로 이어지는 삼대 세습을 시도할 것이 분명하니 주주들이 이를 막아야 한다고 제안했다.

FCP의 요구가 기사화되자 일반 주주들의 비난이 쇄도했다.

"9년 동안 잘 해먹었죠…재벌급으로 번 듯" (ng9kg8****)
"CEO는 주가로 말한다. 알아서 퇴임하시길~" (eo******)

당황한 KT&G는 부랴부랴 새로운 '사장 후보 선정 가이드라인'을 발표한다. 그러면서 이는 FCP의 요구와는 무관하고 이전부터 시행하려 했던 것이라는 말을 잊지 않았다.[58] 동시에 놀랄 만한 고백도 했다. 2021년 무려 현직 사장에게 가산점을 주는 '현직 사장 우선 심사제'를 도입했는데 이번에 철회하기로 했다는 것이었다.

많은 사람이 귀를 의심했다. '아니, 그런 게 있었다고? 시진핑, 푸틴처럼 아예 장기 집권을 하려고 했던 것인가?' 문제가 될 것 같으니 없애기로 했다고는 하지만 살짝 엿보인 이사회의 속마음을 알고서 놀라지 않을 수 없었다.

지금까지 사장 후보 선정은 이사회에서 어떠한 고민을 거쳤을까? 외부인 영입을 고려했을 수도 있고, 해외 인재까지 다양한 인물을 고려하려면 여간 복잡한 과정이 아니었을 것이다. 그러나 백복인을 어떤 과정을 거쳐 사장 후보로 선정했는지 근거로 제공된 자료는 간단했다. 종이 한 장에 일시와 장소(그랜드인터컨티넨탈 서울 파르나스 5층 튤립룸)가 적혀 있었고 판단 근거로는 삐뚤빼뚤한 손글씨 한 줄('KT&G 사장에 대한 Interview를 진행함')이 전부였다.

3단계 절차

KT&G는 신임 사장 후보 선정을 위한 3단계 절차를 발표했다. 그러면서 매우 투명하고 공정하다고 자평했다. 얼핏 보면 그럴듯했다. 체계적으로 보이기까지 했다. 그러나 자세히 보면 웃지 못할 상황이었다.

이사회가 발표한 3단계는 '지배구조위원회-사장후보추천위원회-이사회'를 말했다. 그런데 위원회 이름만 다를 뿐, 모두 같은 사람들이었다. 즉 사외이사들이 지배구조위원회 위원, 사장후보추천위원회 위원이었다. 예전 페리에 광고를 연상시키는 발상이었다. '페리에 칵테일 레시피: 페리에 3분의 1, 그리고 페리에 3분의 1 추가. 마지막으로 페리에 3분의 1.'

특히 1단계 지배구조위원회가 외부 인선 자문단의 도움을 받아 1차 숏리스트를 결정한다는데 이 외부 자문단이 누구인지 밝히지 않았다. 친구인지, 사돈의 친척인지 알 수가 없었다. 그리고 비공개 이유로 '외압을 차단하기 위해서'라는 명분을 내걸었다.[59] 끝내 명단은 공개되지 않았다.

2023년 12월 28일, KT&G는 사장 후보 모집 공고를 시작으로 1단계 절차를 시작했다. 내부, 외부 가리지 않고 누구든 지원할 수 있다고 했다. 동시에 헤드헌팅 업체를 써서 인재 추천을 받기로 했다.

24명, 롱리스트 확정

2024년 1월 10일을 기한으로 모집 기간이 끝났다. 1월 11일 KT&G는 사내 10명, 사외 14명이 후보에 있다고 밝혔다. 정확히 누가 지원했는지는 밝히지 않았다. 그런데 우연히도 1월 10일, 백복인 사장이 4연임 포기를 선언했다. 부진한 실적, 주가 그리고 FCP의 폭로에서 비롯된 부정적인 여론 때문에 대안은 없었다. 2021년 주가 폭락 속 연봉킹 이야기는 이제 모르는 사람이 없을 정도였다.

생각해보면 놀라운 일이었다. 당시 2대 주주였던 기업은행에 이어 검찰, 금감원, 공정거래위원회까지 나서 반대했던 2018년에도 버틴 사장이 2024년, 단 0.4% 지분의 소액주주에 의해 물러나는 순간이었다. KT&G 보도자료 기사에는 '용퇴'라 했지만 곧이곧대로 듣는 사람은 없었다.

실제로 FCP가 사장 후보 선정에 문제가 있음을 지적하기 전인 2023년 12월까지만 해도 KT&G 내부에서는 백복인의 연임을 기정사실로 받아들이고 있었다. 물론 '노병은 죽지 않는다'는 말처럼 백복인은 퇴임 후에도 복지재단 이사장으로 남아 있을 터였다. '사장'에서 '막후의 실력자'로 타이틀이 바뀔 뿐이었다.[60]

8명, 1차 숏리스트 선정

1월 31일, KT&G는 후보 24명 중에 8명을 추려 1차 숏리스트를 구성했다고 발표했다. 8명이 누군지는 여전히 비밀이었다. 이때 조선일보가 충격적인 소식을 보도했다. 1월 10일까지만 해도 롱리스트 후보 24명에는 타천, 즉 헤드헌팅 회사의 추천으로 국내외 소비재 전문가인 차석용 전 LG생활건강 부회장이 포함되었는데, 1차 숏리스트에서 빠졌다는 내용이었다.

매우 의아했다. 차석용 부회장은 LG생건에서 17년간 재직하

	차석용	방경만
경력	• LG생활건강 부회장 • 한국P&G 총괄사장 • 해태제과 대표이사	• 사장 비서실 • 해외 사업 본부장
실적*	• 매출 8배(!) • 영업이익 13배(!!) • 주가 22배(!!!)	• 매출 11% 상승 • 이익 21% 하락 • 해외사업 손실 누적
학력/기타	• 뉴욕주립대학교 경영학 • 코넬대학교 MBA • 인디애나대학교 로스쿨 • AI CPA	• 한국외대 경제학 • 뉴햄프셔대학교 경영학 석사 • 소신 발언: "자사주 소각은 주가에 도움 안 된다"

*차석용: LG생건 취임 기간, 방경만: 이사회 재직 기간(2021년 3월 시작)

면서 주가를 무려 22배 높이고 해외 매출을 41배 늘린 실력자이면서 '미다스의 손', '차석용 매직'이라는 수식어가 붙을 정도로 화려한 경력을 자랑했기 때문이다. 이런 사람이 정말 KT&G에서 '입뺌'을 당했다고? 이해하기 힘든 결정이었다.

  KT&G 사외이사들 입장에서 나름 합리적인 판단이었을지도 모른다. 이사회 앞에는 위와 같은 선택지가 떠올랐을 것이다. 이대로라면 누가 봐도 방경만이 채택될 가능성은 없었다.

'매직'이라는 수식어가 따라다니는 전설의 CEO가 새 사장으로 온다? KT&G 이사회로서는 매우 곤란한 일이다. 당시 지배구조위원회의 책임자는 바로 카파도키아 열기구 여행의 장본인 백종수였다. 차석용이 대표이사가 된다면 부담스럽지 않을 수가 없다. 차석용이 최종 후보에 올라 방경만과 일대일 구도로 주목받는 것보다는 일찌감치 예선 탈락하는 것이 부담이 덜할 상황이었다.

4명, 2차 숏리스트 발표

사장후보추천위원회는 2024년 2월 16일 외부 2명, 내부 2명을 2차 숏리스트로 선정했다. 그제야 후보자가 공개되었다. 방경만 당시 KT&G 수석부사장, 허철호 당시 한국인삼공사 사장, 권계현 전 삼성전자 부사장, 이석주 전 AK홀딩스 사장. 맥이 빠지는 인선이었다.

권계현 전 삼성전자 부사장은 '중국통'으로 불린다. 글로벌 전문가가 필요한 것은 맞지만 중국은 담배 수출이 거의 불가능하다. 국가가 담배의 생산과 판매를 독점하기 때문이다. KT&G의 사업과 전혀 맞지 않는 후보다. '권계현'으로 검색하면 제일 먼저 나오는 기사가 삼성전자 중국법인 재직 당시 짝퉁 브랜드

	권계현	이석주	허철호	방경만
경력	삼성전자 중국총괄	AK홀딩스	인삼공사	KT&G 해외사업 본부장
약점	IT 전문가.. B2C 브랜드 아님 중국에서의 실패 기사들	작은 회사 (시총 2,000억 미만) 소비재/제조업 경력 없음	작은 회사 실적 부진 (매출 1% 상승, 이익은 14% 감소)	누적 적자? (외부는 모름) 미국 사업 중단 법규 위반/중동 밀수 기사들
강점	'삼성'이라는 브랜드			일단은 담배 해외 전문가?

에 사기당한 일화다. 고개를 갸우뚱하게 만드는 후보였다.

AK홀딩스는 국내 유통업체라 브랜드, 제조업과 거리가 멀었다. 시총이 2,000억 원이 채 되지 않았다. 그리고 이석주 사장 재임 2년 6개월 동안, AK 주가는 36% 하락했다. 허철호 인삼공사 사장은 KT&G 남서울 영업본부장 출신이고 2년 전 인삼공사 사장으로 부임했으나 실적이 방경만만큼 나빴다.

이제 경영진과 이사회가 보기에 훨씬 더 편한 선택지가 만들어졌다.

백종수 지배구조위원장은 방경만을 최악의 상황에서 건져 내 그럴듯한 사장 후보로 포지셔닝했다. KT&G에서는 '어차피 다음 사장은 방경만'이라는 말이 돌았다. 주가는 시장의 불안 을 반영한 듯 갈팡질팡했다.

비서실 출신 방경만은 KT&G에서 두뇌의 비상함이나 근면 함으로 알려진 사람이 아니었다. 사업과 특히 숫자, 재무는 아 는 게 별로 없었다. 2023년 1월 인베스터데이, 주주들 앞에서 '자사주 소각은 주가에 도움이 안 된다'고 했던 바로 그다. 뉴햄 프셔대학에서 경영학 석사를 딴 방경만은 모든 IR 미팅에 통 역사를 대동했다. 일대일 미팅에서 방경만의 말에 비해 통역이 너무 길어서, 외국인 투자자는 자신이 듣는 말이 정말 방경만 의 의견인지 통역사의 의견인지 궁금해하곤 했다.

방심할 상황이 아니었다. 아무리 그 나물에 그 밥이라도 그 렇지, 왜 그나마 방경만이 나은지 설명할 구실이 있어야 했다. 회사는 방경만을 '에쎄남', '글로벌 미래 전략 전문가'라고 부르 며 해외 실적을 강조하기 시작했다.[61] 그리고 '에쎄남'을 띄우 는 기사들이 나오기 시작했다. 국가 수, 개비 수 등 물량을 강 조했다.

"글로벌본부장 재임시에는 해외시장별 맞춤형 브랜드 포트폴리오 구축을 통해 진출 국가 수를 40여개 국가에서 100여개 국가로 확대하는 등 해외시장 공략에 박차를 가했다. 이에 사상 최초로 해외 궐련사업 매출 1조 원을 돌파했다.… 해외 궐련 판매량도 2021년 388억 4,000만 개에서 지난해 531억 5,000만 개로 2년 새 36.8%나 뛰었다."[62]

2월 22일, 이사회는 방경만을 차기 사장 단독 후보로 선정, 발표했다. 이사회는 방경만이 '해외 시장 공략에 박차를 가해 사상 최초로 해외 매출 1조 원을 돌파하는 성과 창출을 주도했다', '탁월한 분석과 전략 수립으로 국내 시장 브랜드 경쟁력 확보뿐만 아니라 글로벌 시장에서 가시적인 성과를 거뒀으며, 기업가치 제고는 물론 차별화된 전략과 강력한 실행으로 성과를 창출해온 점도 높이 평가했다'라고 했다. 그러면서 지금까지 인선 과정이 투명하고 공정했다는 자평도 다시 한번 빼놓지 않았다.

최근 중국에서 유행하는 '담배 삼세대(烟草三代人)'라는 말이 있다. 최고의 연봉과 복지로 유명한 중국 공영 담배회사에서 일자리가 대를 물려 세습된다는 뜻으로, 갈수록 심해지는 중국의 계급 고착화를 꼬집은 표현이다. 여기나 저기나 공기업은 자기들끼리만의 특권 세습이 자라나는 온상이었다.

1883년 순화국으로 시작해서 실질적으로 우리나라에서 가장 오래된 기업 KT&G. KT&G의 이사회는 영업이익 21% 감소 실적의 방경만을 이익 13배, 주가 22배를 기록한 차석용을 제치고 단독 사장 후보로 선정했다.

대한민국의 '담배 삼세대'는 이렇게 완성되었다.

백만 스물한 개비,
백만 스물두 개비…

    1986년생 유선규는 회계사 시험에 합격하고 졸업 전부터 곧장 삼일회계법인에서 일을 시작했다. 회계사라도 자격증에 잉크도 마르지 않은 초짜가 할 수 있는 일은 자료를 입력하는 허드렛일처럼 머리 대신 주로 손과 눈을 쓰는 일이었다. 일주일 내내 하루도 빠짐없이 야근에 밤을 새우다시피 했다. 그래도 선배들과 지방 출장도 자주 다녔고, 일을 해서 돈을 버는 것이 신기하고 재미있었다. 재미있는데 돈까지 주다니, 이런 일이 있나 싶었다. 번 돈으로 놀러 다닐 시간도 좀처럼 생기지 않았지만 그래도 괜찮았다. 숫자 안에 파묻히면 시간 가는 줄 몰랐다.

    시간이 지나 감사 부서로 배치받은 주니어 어소에게 주어진 일 역시 기본적인 자료 대조였다. 아주 가까스로 영업 흑자가

난 지방의 어느 회사를 감사하는 중이었다. '너무 아슬아슬한데…' 상장회사는 영업이익이 나느냐 안 나느냐가 매우 중요하다. 영업손실이 일정 기간 지속되면 거래정지, 나아가 상장폐지가 될 수도 있기 때문이다. 이 회사 또한 작은 차이로 천당과 지옥이 갈릴 수 있었다.

유선규는 재고자산 리스트의 수천 가지 항목을 꼼꼼하게 검토하던 중이었다. 그중 한 가지 재고 품목이 눈에 들어왔다. 가치가 약 6억 원인데 수량이 0이었다. 회사가 영업이익이라고 제시한 딱 그 정도 금액이었다. 유선규는 회사 담당자에게 설명을 요구했다. 담당자는 재고자산이 못과 나사 같은 아주 작은 것들까지 포함해 종류가 수천 수만 가지나 된다고, 수량이 0인 그 품목은 가루 형태라 수량을 셀 수 없어서 0으로 적은 것이라고 설명했다.

이상했다. 그렇다면 개수가 아니라 킬로그램이든 리터든 표기하면 되는 문제였다. 유선규는 그러면 창고에 가서 실사를 해보자고 했고 담당자는 매우 곤란해하는 표정을 지었다. 그러면서 못 본 걸로 해주면 안 되겠느냐고 부탁했다. 그리 큰 금액은 아니어도 회사에는 결정적이니 한 번만 넘어가 달라는 이야기였다. 나중에는 이 회사 임원들까지 나서서 유선규와 상사에게 전화해 사정했다.

거짓말을 할 수는 없는 노릇이었다. 결국 재고자산은 감액되었고, 결과적으로 회사 실적은 영업 흑자에서 적자로 뒤바뀌었다. 첫 프로젝트부터 한계회사를 영업 적자로 만든 유선규는 그때부터 천진난만한 웃는 얼굴로 사람을 괴롭히는 방법을 터득했다.

유선규는 삼일회계법인을 떠나 EY한영회계법인을 거쳐 한국투자증권 M&A 부서에서 일하게 되었다. 여기서 어드바이저로서 새로운 M&A 딜을 분석하면서, 인수자인 사모펀드를 도와 인수금융을 제공하는 일도 맡았다. 당시 한투는 장안의 큰손이었다. 하지만 인수금융업계에 큰손이 하나만 있는 건 아니었다. 큰손도 여러 개, 큰 발도 있었다.

사모펀드는 돈을 빌려야만 어느 회사건 인수할 수 있다. 그러니 언뜻 사모펀드는 을이고 돈을 빌려주는 인수금융사가 갑이라 생각할 수도 있다. 그러나 인수금융사들이 맹렬히 경쟁하는 상황에서는 가당치 않은 이야기다.

인수금융자로서 매력적인 딜, 즉 돈을 빌려줄 기회를 찾았다고 해보자. 딜의 당사자인 사모펀드에 '썩 괜찮은 조건'의 인수금융을 제시하면 사모펀드가 그 조건을 받아들일 리 없다. 사모펀드도 목숨 걸고 옥션에 참여한 상황이다. 어떻게 해서든 한 푼이라도 더 높은 입찰 금액을 써야 한다. 두 번째로 높은 금액은 아무 의미가 없다. 인수금융도 그 고통을 같이 느낄 수밖에 없다. 딜에 제시할 조건은 '썩 괜찮은 조건' 정도여서는 안 된다. '충분히 아픈 조건' 아니면 '제정신이 아닌 조건'이어야 한다. 인수금융자가 자신의 대출 조건을 보고 '이걸로 괜찮을까?' 생각한다면 잘못된 거다. '내 속이 충분히 아픈가?'라는 생각이 저절로 들어야 이길 수 있는 조건이 된다. 위궤양은 승자의 것이다.

일반적으로 총액은 크게, 금리는 낮게, 다른 조건은 최대한 유연하게 제시해야 고객사가 선호하고, 이 조건을 가장 잘 맞추는 쪽이 딜을 따낸다. 이렇게 인수금융 딜에 관한 전권을 얻어 조달에 모든 책임을 지는 것을 '언더라이팅(주선)'이라고 한다. 같이 일하는 펀드가 M&A 딜에 성공하면, 인수금융을 주선한 자에게 전체 인수금융 금액의 1.5~2%를 수수료로 지급한다. 이것이 바로 승리의 과실이다.

사실 본격적인 일은 이때부터다. 한 건에 몇조 원이나 되는 인수금융을 증권사 한 곳이 다 보유하기는 현실적으로 불가능하다. 결국 총액 중 일부만 자신이 보유하고 나머지는 다른 금융기관에 양도한다(셀다운). 도매상이 소매상에 파는 것과 유사하다.

주선 수수료를 벌 때까지는 좋았지만 내가 합의한 인수금융

조건이 채권단에 너무 불리하다고 판단이 들면 아무도 사려고 하지 않는다. 물건을 왕창 떠안게 된 도매상 창고에 재고가 쌓인 것과 마찬가지다. 이것을 '미매각' 딜이라고 한다. 그리고 이세 글자는 금융회사에 가장 불명예스러운 단어다. 주선단에게 '미매각'과 '파혼' 둘 중 하나를 고르라고 하면 다들 고민할 정도였다. 부득이 이 단어를 입에 올릴 때는 오른손을 입에 대고 주위를 살핀 다음, 부정 탈까 두려운 것처럼 낮은 목소리로 내뱉어야 한다.

유선규의 팀이 운 좋게 따게 된 조 단위의 대형 인수금융 딜이 있었다. 하지만 생각처럼 셀다운이 만만치 않았다. 유선규는 하루아침에 팔리지 않는 상품을 팔러 다니는 세일즈맨이 되었다. 불행한 가정은 제각각의 이유로 불행하다는 소설《안나 카레니나》의 첫 문장처럼, 기관마다 딜에 참여하지 않으려는 이유는 아주 다양했다.

그중 가장 힘 빠지는 건 '애매하다'고 표현하며 시간만 축내고 장고를 때리는 사람들이었다. 수동적이지만 은근히 공격적으로, 딱히 뭐가 싫다는 것도 아니고 애매하다는데 어찌할 방도가 없다. 유선규의 머릿속에는 분명한 숫자와 일정이 있었다. 일정 기한 안에 일정 규모를 처분하지 않으면 보너스와 승진은 물 건너간다. 몇몇은 아예 일자리를 잃을지도 모른다. '불과 며칠 전만 해도 승리를 축하하며 위스키, 맥주, 소주. 그리고 또 뭐였더라… 아무튼 축배를 들이부어 마셨는데' 상황이 적잖이 변한 셈이었다. 결국 다행히 처분하긴 했지만 유현규는 6개월 동안 몸도 마음도 피폐해졌다.

사모펀드가 좋은 타깃 회사를 경쟁해서 비싸게 사는 것처럼, 딜에 돈을 빌려주는 금융기관도 부담을 공유해야만 했다. 궁극적인 문제는 우리나라에서 비상장회사의 M&A가 부담스러울 정도로 비싼 값에 거래된다는 것이었다. 상장회사 중에 저평가된 회사가 터무니없는 헐값에 거래되는 것과는 반대였다.

유현규는 한국투자증권 입사 첫해에 칼라일의 이상현 대표를 알게 되었다. 당시 한국투자증권은 보안업체 ADT캡스 딜의 인수금융을 주선하고 투자자로도 참여하는 등 칼라일과 각별한 관계를 맺었다. 칼라일이 보는 딜은 모두 한투가 도왔다.

한투는 칼라일이 검토하는 딜의 인수금융뿐 아니라, 칼라일이 비공개로 진행하는 이른바 '스컹크' 프로젝트도 도맡았고 그중 하나가 바로 KT&G, 코드명 '프로젝트 V'였다. 한투에서 이 프로젝트를 리드하던 본부장과 가장 가까운 자리에 책상이 있다는 이유로 일을 맡은 유선규는 KT&G를 분석한 첫날 생각했다. '세상에, 이렇게 싼 회사가 있었다니.'

이상현 대표가 칼라일을 나오고 제일 먼저 연락한 사람이 유선규였다. 전화 한 통에 유선규는 한투에 사표를 쓰고 나와 바로 이상현에게 합류했다.

수상한 거래

FCP에서 유선규는 회사의 재무 상황을 분석하는 일을 맡았다. 그런 그가 보기에 KT&G 감사보고서 자체는 다른 기업의 보고서에 비해서 형식은 잘 갖춰져 있었다. 그런데 잘 보면 회사가 무엇을 감추고 싶어 하는지, 어떤 식으로 두루뭉술 넘어가려 하는지 드러났다. 재무제표 주석까지 탈탈 털어서 본 유선규 상무는 KT&G의 재무 상태를 KT&G 직원보다도 더 잘 안다는 자신이 생겼다.

'요란한 침묵'이 눈에 들어왔다. 바로 해외 실적이었다. 겉보기에는 화려하기 이를 데 없는 숫자였다. 2013년 5,200억 원에 불과했던 담배 수출은 2015년부터 백복인 사장 아래에서 급격하게 성장해 2022년에는 1조 원까지 늘었다. 수량으로 따지면 KT&G 전체 궐련담배 판매량 중 55%를 차지했다. 수출이 내수보다 더 커진 것이다. KT&G는 이를 '수출 드라이브'라 부르며 자화자찬했다.

2022년까지 KT&G의 수출이 가장 많은 지역은 앞서 보았듯 중동이었다. 그리고 중동에서 KT&G 담배를 수입하는 에이전트는 바로 알로코자이라는 회사의 압둘 라만이었다. 알로코자이는 중동과 아프리카 등지에서 음료와 생필품 등을 생산, 판매하는 업체다. 압둘 라만은 민영진 사장과 임원들에게 파텍필립, 롤렉스를 선사한 장본인이다. 이 일로 KT&G 사장이 감옥까지 갔는데 알로코자이가 여전히 중동 담당 에이전트였다. 여느 회사에선 있을 수 없는 일이다. 일반적인 수준을 넘어서는 상당한 밀착 관계가 있다고 의심되는 부분이었다.

이렇게 중동 지역으로 나간 물량만 2022년 5억 8,000만 갑이었다. 국내에서 1년간 판매되는 KT&G 담배가 20억 갑 정도이니 어마어마한 물량이다. 이렇게 많이 팔렸다면 선풍적인 인기가 있다는 것인데… 요즘 불닭볶음면을 능가하는 팬덤이 있어야 했다. 그러나 중동에서 한국 담배가 열풍이라는 그런 소식은 들리지 않았다. 현지에서 그렇게 많이 팔린다는 이 K-담배를, 이 지역을 여행하면서 실제로 봤다는 우리나라 관광객도 없다.

그 많은 담배가 어디로 갔을까? 이란으로 갔다는 사람도 있었고, 탈레반에 팔린다는 설도 있었다. 누구는 대부분 호주, 인도로 팔렸다고도 한다. 알 수 없는 일이다. KT&G도 알고 싶어 하지 않았다. 돈만 받으면 그만이었다.

문제는 돈을 제대로 받지 못했다는 점이다. 2020년까지만해도 알로코자이는 1992년부터 약 30년간 쌓인 '사실상 회수할 수 없는 장기 악성채권' 의혹의 중심에 있었다.[63] 모두가 쉬쉬했지만 모두가 알았다. '중동 상인에게 당했다'는 것이었다. 사실이라면 수천만 원짜리 시계를 임원들에게 주는 것도 충분히 납득할 수 있는 상황이었다.

　큰 문제였다. 가뜩이나 수익성 낮은 수출 사업인데 외상으로 준 돈까지 뜯기면 곧장 큰 손실로 이어진다. 그럼에도 2020년 KT&G는 알로코자이와 계약을 연장했다. 당시 언론에서도 엄청난 의구심을 쏟아냈다. KT&G는 알로코자이에 무담보 외상수출, 저가 수출, 프로모션 비용과 샘플 제공 등 이른바 '전략적 지원'을 해왔는데 언론에서는 정말 그럴 만한 가치가 있는지 의문을 던졌다. 심지어 2020년에는 대금 회수가 가능하기는 한지 금감원 조사까지 받았다. 금감원이 지적한 알로코자이 악성 외상채권 규모는 당시 약 2,000억 원이었다.

　KT&G가 지역별, 거래처별 매출채권을 공개하지 않아 정확한 수치는 알 수 없으나, 여러 증언을 종합했을 때 실제 알로코자이의 채권을 회수하는 데 어려움이 있었던 것은 확실해 보인다. KT&G는 금감원의 지적에 수치도 없고 영혼도 없는 대답을 했다. "알로코자이는 20년이 넘은 파트너사인 만큼 오랜 신뢰 관계가 있다."

신뢰가 있어서 채권이 쌓인 걸까, 아니면 채권이 쌓이니 신뢰가 필요해진 걸까? 유선규는 모스크바 롯데호텔 지하 프랑스 식당에서 고급 시계 보따리를 풀어놓는 압둘 라만을 상상해보았다. 원래 큰 사기는 친한 사람들 사이에서 당한다는 말이 떠올랐다.

알로코자이가 가짜 KT&G 담배를 만든다는 제보도 있었다. 직원들에게서 나온 말이었다. 아예 기계를 사서 직접 가품을 만들려 한다는 것이었다. 나이키를 유통하는 현지 에이전트가 직접 짝퉁 나이키를 만들고 진품과 섞어 자연스럽게 유통하는 셈이었다.

KT&G의 이 수상한 중동 수출은 업계에서는 오래전부터 유명한 이야기였다. 해외 경쟁사를 만나 들어보면 이 때문에 아주 골치를 썩는다고 했다. KT&G가 소위 무자료 담배를 판다는 것이다. 해외에서 헐값으로 담배를 방출하면 그 제품이 결국 제삼국으로 흘러들어 시장가격을 교란하기 때문이다.

중동 에이전트 입장에서 생각하면 분명 구미가 당길 만도 했다. KT&G로부터 받은 막대한 물량의 담배, 초저가 헐값에 산 담배를 담배 가격이 비싼 다른 나라에 팔면 큰돈을 벌 수 있다. 이 수상한 무역을 중간에서 조율만 하면 돈이 된다.

KT&G 사업보고서에는 내수, 수출별 손익계산서가 나오지 않는다. 수출이 적으면 그나마 이해라도 할 수 있다. 수출은 2021년 전체 궐련담배 수량 기준으로 49%였던 것이 2022년에 55%, 2023년에는 57%로 계속 늘었다. 그런데 매출액 기준으로는 2023년 총매출의 31%뿐이다. 57% 물량이 단 31% 매출밖에 안 된다. 즉 단가가 국내의 반도 안 된다는 뜻이다.

그런데도 사업보고서에도, 회사 IR 자료에도 수출 사업의 수익성은 전혀 언급이 없다. 그나마 2020년까지는 사업보고서 주석에 수출단가가 나와 있었다. 처참한 수준이었다.

국내 담배 가격이 한 갑에 4,500원, 여기서 각종 세금과 유통마진을 제외하면 KT&G가 납품하는 가격(소위 도매가)은 800원 수준이었다. 이에 비해 2021년 중동과 러시아 납품가는 351원, 동남아와 아프리카 등지는 326원이었다. 그중 나름 단가가 높다는 미국이 542원이었는데 그래 봤자 국내 단가의 3분의 2 수준이었다.

전체 재무제표를 바탕으로 추정해보면 담배 한 갑의 매출원가는 약 320원이었다. 원가가 320원인데 중동에는 한 갑당 351원에 판다? 여기에다 언론에서 언급된 프로모션 비용, 샘

플비를 비롯해 보관비, 물류비, 인건비까지 들어가면? 돈이 남기 힘들었다.

FCP는 말 그대로 '남는 것 없이 퍼주는' 장사로 보이는 숫자들에 대해 KT&G 전임 사장인 K를 만나 물어본 적이 있다. KT&G의 수출을 본격적으로 시작했다는 K사장은 시원하게 인정했다.

"당연히 돈은 못 벌지. 원가에 파니까. 근데 그게 많이 만들면 만드는 만큼 공장 가동률이 올라가서 개당 제조원가는 떨어진다고 볼 수 있거든"

일리는 있는 말이지만 이런 초저마진 판매를 동네방네 자랑할 일은 아니었다. 아니, 원가에 물건을 넘기는 행위를 '판매'라고, '매출'이라고 부를 수 있는가? 물론 사실 여부는 정확하게 판단해야 한다. 다만 이렇게 많은 의혹 속에서 가장 수상한 점은 바로 회사가 회계 투명성과 일절 담을 쌓고 있다는 점이었다.

KT&G는 수익 여부는 숨기면서 집요하게 변죽을 울렸다. IR 때마다 궐련담배 수출의 '양적 찬양'에 열을 올린다. '이번 분기에 사상 최대 해외 매출 실적을 기록'했다고, '132개국에 진출해 532억 개비를 판매'했다고 자화자찬했다. 진출 국가 수? 개비? 그게 무슨 말일까? 매출액이라는 엄연한 기준이 있다. 한

나라의 GDP를 금액이 아니라 쌀가마니 수로 표기하는 셈이다. 언론의 미사여구는 한층 더 수위가 높았다.

"초슬림 담배 세계 1위 '에쎄', 20주년 맞아… 지구 820바퀴" (매일경제)

"KT&G, 담배로 '수출 신화' 썼다…해외 판매량, 국내 판매량 추월" (매일경제)

"방경만 KT&G 사장, '에쎄 체인지' 넘어 글로벌 신화 쓴다" (데일리한국)

"KT&G '에쎄' 27년간 9천억 개비 팔려…작년 해외 비중 57%" (연합뉴스)

"해외담배 매출 1兆 돌파… KT&G, 작년 최대 실적 다시 썼다" (아시아경제)

"KT&G, 몽골시장 1위 굳힌다…해외사업 확대 '박차'" (이코노믹리뷰)

사업보고서상 매출 실적 내용 비교

1) KT&G 담배사업 부문 매출 실적

(단위: 백만 원)

매출유형	품목		제37기	제36기	제35기
제/상품, 용역 및 기타	제조궐련, 차세대담배 등	수출	848,660	962,923	787,478
		내수	2,197,251	2,125,171	1,964,531
		합계	3,045,911	3,088,094	2,752,009
반제품, 재료품, 임가공 등	향캡슐, 잎담배 등	수출	108,525	135,401	90,013
		내수	30,085	407	1,231
		합계	138,610	135,808	91,244
합계		수출	957,185	1,098,324	877,491
		내수	2,227,336	2,125,578	1,965,762
		합계	3,184,521	3,223,902	2,843,253

2) 필립모리스 제품별, 지역별 매출 및 영업이익 등 실적

2-1) 제품별, 지역별 매출

(단위: 백만 달러)

	2023	2022	2021
궐련 제품			
유럽	8,037	7,694	8,767
남아시아, 동남아시아, 독립국가연합, 중동, 아프리카	9,321	9,173	8,734
동아시아, 호주, 면세점	2,676	2,831	2,861
미주	1,869	1,804	1,706
스웨디시매치	431	70	
소계	22,334	21,572	22,068
전자담배			
유럽	5,561	5,175	4,388
남아시아, 동남아시아, 독립국가연합, 중동, 아프리카	1,308	1,294	1,124
동아시아, 호주, 면세점	3,525	3,105	3,587
미주	75	99	137
스웨디시매치	2,065	246	101
소계	12,534	9,919	9,337
웰니스 & 건강기능제품	306	271	101
총계	35,174	31,762	31,506

2-2) 지역별 매출 및 영업이익

(단위: 백만 달러)

	2023	2022	2021
매출액			
유럽	13,598	12,869	13,155
남아시아, 동남아시아, 독립국가연합, 중동, 아프리카	10,629	10,467	9,858
동아시아, 호주, 면세점	6,201	5,936	6,448
미주	1,944	1,903	1,843
스웨디시매치	2,496	316	
웰니스 & 건강기능제품	306	271	101
소계	35,174	31,762	31,405
영업이익	2023	2022	2021
유럽	6,012	5,802	6,409
남아시아, 동남아시아, 독립국가연합, 중동, 아프리카	3,047	3,864	3,295
동아시아, 호주, 면세점	2,481	2,424	2,836
미주	62	436	487
스웨디시매치	824	(22)	-
웰니스 & 건강기능제품	(870)	(258)	(52)
소계	11,556	12,246	12,975

2-2) 지역별 매출 및 영업이익

(단위: 10억 개비)

시장	시장 전체	PMI 출하량			PMI M/S	
		계	궐련	전자담배	계	전자담배
전체	2,579.9	738.2	612.9	125.3	28.3	4.7
유럽		-				
프랑스	29.8	13.0	12.8	0.2	42.5	0.7
독일	69.0	26.4	23.3	3.1	39.0	5.3
이탈리아	73.3	39.7	27.3	12.4	53.9	17.3
폴란드	56.7	23.7	18.7	5.0	41.8	8.9
스페인	436.0	12.9	11.8	1.1	29.3	2.3
남아시아, 동남아시아, 독립국가연합, 중동, 아프리카		-				
이집트	74.0	24.3	23.0	1.3	32.8	1.7
인도네시아	291.6	83.4	83.4	-	28.6	
필리핀	42.9	23.7	23.5	0.2	55.4	0.5
러시아	203.4	64.8	47.9	16.9	31.8	8.0
터키	136.5	69.0	69.0	-	50.5	
동아시아, 호주, 면세점		-				
호주	7.2	2.5	2.5		34.8	
일본	149.0	60.9	17.9	43.0	39.6	26.7
한국	72.0	14.0	8.9	5.1	19.5	7.1
미주		-				
아르헨티나	28.8	17.8	17.8		61.9	
멕시코	30.0	18.9	18.8	0.1	63	0.5

수출 사업이 존재하는 이유

유선규는 이 모든 담론이 꼼수임을 직감했디. 주주를 현혹하기 위한 거대한 장치였다. KT&G는 수익성 관리가 엉망이었다. 담배회사 중 마진은 비교도 안 될 정도로 최하위권, 그마저도 영업이익은 역성장 중이었다. 무언가를 감추려고 하니 이를 덮을 이야깃거리가 필요했다. 부끄러운 소리가 들리지 않도록 우렁찬 나팔이 필요했다. 아니면 경영진에게는 가만 앉아서 월급만 받아 간다는 이미지가 씌워질 판이었다.

'해외 수출 역군'이라는 프레임이 이를 덮었다. 몇 개비나 팔았는지 그리고 누계로 얼마나 팔았는지 보면 대단하게 느껴지기도 한다. 저수익, 어쩌면 노 마진이라는 것이 감춰진다면. 해외에서 얼마에 팔리는지, 얼마나 남는지 공개하지 않는 것은 이 때문이었다.

이는 경영진과 해외 에이전트의 합작이었다. 경영진에게 이익은 중요하지 않았다. 볼륨이 필요했다. 이익은 어차피 매년 떨어진다. 이익이 더 떨어진들 주주들은 개의치 않는다. 일단 수량을 늘려야 한다. 그래야 면이 서고 일을 열심히 하는 사람처럼 보일 수 있다. 현지 에이전트 입장에서 이보다 더 훌륭한 이야기는 없다. 돈 버는 데는 관심 없는 사람들? 그런 이들에게는 매입가를 후려쳐도 된다. 대금 결제 조건도 마음대로 정해도 된다. 기왕 하는 김에 짝퉁도 좀 만들자.

상대방의 약점을 확보하고 관계를 지속하면 시간이 지날수록 묘한 신뢰 관계라는 게 생긴다. 지금까지 고급 시계도 사주고 접대도 했는데 이제 와서 이런 사실을 불면 KT&G도 곤란해진다. 나쁜 일을 같이 하는 것만큼 친해지는 길은 없다. '정말 우리가 하는 일을 몰랐다고 KT&G가 발뺌할 수 있겠어?'

물론 이렇게 생각할 수도 있다. '수익이 좀 적으면 어때. 적자는 아니었잖아.' 이런 생각에는 중요한 한 가지가 빠져 있다. 만약 원가 또는 원가 이하에 판다면 그 매출은 비정상적이다. 경제의 기본 원칙을 무시하고 밀어내기로 운영하는 이런 비정상적인 매출은 반드시 부작용이 뒤따른다.

2021년 KT&G는 미국에서 사업을 정지당하고 말았다. 제동을 건 것은 다름 아닌 미국 식품의약국(FDA)이었다. 미국에서는 입으로 들어가는 것의 함량을 함부로 변경하거나 이에 대한 신고를 불성실하게 하면 사회의 신뢰와 질서의 근간을 흔든다고 보고 엄벌에 처한다. 여기에 KT&G가 걸렸다. 유해물질 함량을 '보기 흉하다'는 이유로 삭제했다가 발각되었다. 보통 회사로서는 상상하기 힘든 일이다.

이 때문에 KT&G 경영진은 미국 정부로부터 조사받을까 두

려워 미국에는 얼씬도 못 하는 신세가 되었다. 아시아 IR 미팅에는 빠지지 않고 참석하는 방경만 부사장이 미국 IR에는 전략기획실장을 대신 보냈다. 미국 사업은 흑자냐 적자냐 문제가 아니었다. 미국 정부가 벌금이라도 부과하면 매출 전체, 아니면 그보다도 더 큰 돈이 날아갈 수 있는 위험이 있다. 그중에서도 FDA는 절대 건드려서는 안 되는 무서운 기관이다. 일례로 제약회사 글락소스미스클라인(GlaxoSmithKline)은 2012년 안전성 정보 보고를 누락했다는 이유 등으로 약 4조 원의 과징금 처분을 받은 바 있다.

FDA 조사만큼이나 밀수 수출에 대한 법적 리스크도 심각했다. 제조업을 하는 기업이라면 해외에 유통할 때 거래 상대인 에이전트 말을 그대로 믿지 않는다. KT&G도 담배가 어디로 흘러가는지 실사하고, 부당한 거래가 발생하면 손해를 배상받을 대책을 세워야 했다. '그게 어디로 갈지 제가 어떻게 알았겠어요.' 이런 변명은 통하지 않는다.

실제로 2023년 BAT는 미국 법무부(DOJ)로부터 6억 3,500만 달러, 한화로 8,400억 원에 달하는 천문학적 과징금을 부과받는다. BAT 담배가 경제제재 대상 국가로 지정되어 거래가 금지된 북한에서 대량으로 발견되었기 때문이다. 김정일 일가가 던힐을 좋아해서 대량으로 구입했다는 말이 있다. '내가 직접

판 적은 없다. 몰랐다. 그러니 책임이 없다?' 억울하다 한들 택도 없는 변명일 뿐이다.[64]

백복인이 법인장으로 일했던 KT&G 터키법인은 중동 시장 유일의 해외 법인이었다. 백복인은 당시 실적을 선전하며 사장이 되었다. 실제 2015년에 사장이 되었을 때 이사회에서는 그를 두고 글로벌 마인드를 갖춘 최적임자라며 추켜세웠다. 뒤를 이어 사장 후보가 된 방경만도 마찬가지였다. 해외 리더십, '에쎄 신화', '해외에서 통했다', 실속 없는 매출을 칭송해왔다.

유선규는 이런 중대한 사실을 감추는 것은 부도덕한 일이라고 생각했다. 없는 재고를 있다고 우기며 한번 봐달라는 것과 다를 바 없었다. 이 조직적인 연막 작전의 참가자는 KT&G만이 아니었다. 외부에서 회사 실적을 검증해야 하는 애널리스트들도 한몫했다.

증권가의 꽃

KT&G를 커버하는 수많은 애널리스트 중에서 놀랍게도 자료를 숨기는 행태를 지적하는 사람이 단 한 명도 없었다. 몇몇 애널리스트는 '자세히는 모르겠지만 하여튼 회사가 좋다고 한다'라며 회사의 말을 그대로 옮길 뿐이었다.

"대표 수출 기업의 위상을 보여준 실적 달성" (케이프투자증권)

"'알로코자이'와 계약 체결 공시… 단기 주가 바닥 탈출할 호재 판단" (하나증권)

"해외 담배 사업과 부동산 부문이 이끈 호실적" (하이투자증권)

　내용도 없이 표현만 요란한 용비어천가였다. 'KT&G는 숫자가 앞뒤가 안 맞는 말을 하고 있다. 이것은 주주를 우롱하는 것이다. 수익성이 우려된다.' 이렇게 말하는 애널리스트는 찾아보기 힘들었다. 가만 생각해보면 놀랍다. KT&G 사업보고서에는 수출 사업의 영업이익이 드러나지 않는다. 누구에게라도 눈에 띌 수밖에 없는 큰 구멍이다. 이를 못 봤다면 능력 부족, 못 본 척했다면 윤리의식 부재다.

　애널리스트는 회사 외부에서 회사를 객관적으로 분석해 투자자의 판단을 돕는 일을, 원래는 해야 한다. 그 기능을 잃어버린 지 오래기는 하다. 애널리스트는 투자에 대해 세 가지 결론을 낼 수 있다. BUY, SELL, HOLD. 사거나, 팔거나, 갖고 있거나. 세 가지 판결을 잘 내리는 애널리스트에게는 권위가 생긴다.

　그러나 현실적으로 매도 리포트가 나올 가능성은 매우 낮다. 자기 회사 주식을 던지라고 말하는 애널리스트를 곱게 볼 리 없다. 그 결과 기피 대상이 된 애널리스트는 정보에 접근하는

데 불이익을 받아 시의적절한 리포트를 쓸 수 없다. 무엇보다 자신이 속한 증권사의 매출이 줄어든다. 팔라는 리포트를 낸 증권사에 일을 줄 회사가 있을 리 없기 때문이다. 증권회사 전체가 블랙리스트에 오른다.

결과적으로 60개나 되는 우리나라 증권사 중에 20곳 안팎에 리서치센터가 있는데 대부분은 겉핥기 식 보고서를 발행한다. 분석보다는 최대한 눈에 띄는 제목 위주로 만든 보고서다. 예를 들어 이번 분기에 매출이 늘었다 싶으면 '실적 견조'라고 말하는 식이다. 신문 기사와 비슷하다. 아니, 많은 경우 신문 기사보다도 깊이가 없다.

이런 내용 없는 리포트를 네이버 증권 페이지에 올리면 주식 투자를 잘 모르는 초짜 개미 투자자들이 참고로 삼는다. 클릭해봤자 읽는 데 5초도 안 걸린다. 정성껏 수십 페이지짜리 리포트를 쓰는 애널리스트는 더 이상 찾아보기 어렵다. 공짜 리포트에 공짜 이상의 가치를 주는 클라이언트는 없다.

유선규는 친구 소개로 이러한 '깡통 리포트'를 양산하는 애널리스트를 만날 기회가 있었다. 소개해준 사람 덕인지 그는 매우 솔직했다. 아무도 자신의 리포트를 읽지 않는다는 것을 잘 안다고 했다. 그럼에도 어쩌다 네이버 메인에 올라오고 운 좋게 신문에라도 나와 인지도가 높아지면 이직에 도움이 된다고 했다. 한번은 매도 리포트를 써보려고 '여기 좀 파보면 어떨까요?' 했다가 리서치센터장한테서 철 좀 들라는 답변을 들었던 일화도 들려주었다. 리포트는 내용과 무관하게 할당된 수만큼 반드시 써야 한다고 했다. 신라호텔 같은 고급 레스토랑에서 일하고 싶었던 요리사 지망생이 군대 취사병이 되어버린 것과 같은 처지라고 했다.

증권사 애널리스트가 한때 '증권가의 꽃'이라 불리며 선망의 대상이었던 적도 있다. 그러나 업무 강도는 높고, 급여는 다른 직군에 비해 적고, 그렇다고 대단한 일을 하고 있다는 자긍심도 없다. 자기 리스크를 떠안고 결단해 손님을 물어 오는 영업, 거래를 실행하는 트레이더에 비해 애널리스트는 그저 비용만 올리는 백오피스 취급을 당한다. '증권사의 겨드랑이'라 불리는 리서치 부서는 더 이상 인재가 일하고 싶어 하는 곳이 아니다.

그나마 외국계 증권사는 국내 중소형 증권사와는 상황이 약간 다르다. 국내 증권사 애널리스트들에게 연락해 정보나 분석을 얻으려는 국내 기관투자가는 많지 않다. 해외 투자자들은 다르다. 미국에 있는 대형 투자펀드는 언어의 장벽 등을 해소할 현지 애널리스트에게 도움을 요청할 수밖에 없다. 따라서 외국인 투자자들은 궁금한 게 있으면 외국계 증권사에 연락하고 그들의 주요 클라이언트가 된다. 해외 큰손이 읽는 리포트이니, 아무도 읽지 않는 공짜 리포트에 비할 바가 아니다.

　물론 외국계 증권사라고 다 좋은 리포트를 쓰는 것은 아니다. 국내건 해외건 매수 일변도로 리포트를 써야 하는 부담은 동일하다. 분명 외국계 애널리스트들이 영어는 잘한다. 그런데 많은 경우 영어만 잘한다. 리포트를 자주 쓰며 부지런한 듯 보이긴 하지만 역시 자세한 분석 능력은 없는 경우가 허다하다.

　그런 애널리스트를 유선규가 만난 적이 있다. 모건스탠리가 싱가포르 메리어트호텔에서 연 이벤트에서였다. 성대한 회장에는 모건스탠리에 충분히 수수료를 지불하는, 자산 규모가 큰 펀드만이 초청받았다. 이름표를 목에 건 영광스러운 고객들에게는 음식과 다과가 무제한으로 제공되었다.

　초대받지 않은 유선규는 이곳이 생소했다. 하지만 이 기회를 이용해 리포트에서만 봤던 그 애널리스트를 만날 수 있었다. 로비에서 가까스로 만나 잠깐 대화를 나누었다.

　"저희가 제안한 인삼공사 분리상장을 어떻게 생각하시나요?"

　"아, 그거요. 분리상장하면 KT&G 주가가 떨어질 텐데요."

　"인적분할인데요."

　"어머, 그거 물적분할 아니었나요?"

　"저희는 처음부터 인적분할이라고 이야기했는데요…."

　"어머, 전 지금까지 클라이언트들에게 물적분할이라고 이야

한 말 하는 주주

276

기했어요."

"해외 수출은 수익성이 어떻다고 보나요?"

"아, 돈 꽤 벌죠."

"왜 그렇게 생각하세요?"

"회사가 그러잖아요, 못 들으셨어요?"

"2020년까지 자료가 나왔는데 판매가가 국내의 반인데 좋다고요?"

"…."

"회사는 공장을 돌리는 김에 더 만드는 것이라고 하면서 얼마인지도 모르는 제조원가만 잡고 판관비는 다 제로로 잡지요. 그리고 팔아봤자 판가가 워낙 낮아 남는 것도 없고요. 그렇게 계산하는 게 말이 되나요?"

"맞아요, 맞아. 바로 그거…. 저도 그 이야기 하려고 했어요. 그러니 이익이 남지요. 그렇게 보면 맞지 않겠어요?"

주위에 수백 명이 있는 싱가포르 호텔의 로비에 선 유선규는 담배가 몹시 땡겼다.

좋은 말로 달라 해봤자

매번 분기 실적 콜에서 열심히 경영진에게 질문하던 곳이 이 정도 수준이었다. 우리나라 시총 30위 KT&G에는 유독 이런 함량 미달 리포트가 수두룩했다. 어차피 사실은 중요하지 않았다. 모두 틀렸다면 그중 가장 덜 틀린 말을 고르면 되었다. 모두가 틀리면 내가 틀려도 된다. 모두가 돈을 잃으면 내가 잃었다고 해서 욕 먹지 않는다.

이런 애널리스트들의 찬양에 고무된 KT&G는 해외 실적을 공개할 생각이 전혀 없는 듯했다. 성공적으로 수익이 났다면 선전하고 싶어서 안달이 났을 텐데. FCP는 IR 콜에 참여해서 해외 실적을 공개하지 않는 이유를 물은 적이 있다. 그리고 아래와 같은 답변을 받았다.

"공개하지 못한 세부적인 내용은 정확하지 않은 정보들도 포함되어 투자자 혼란을 가중시킬 우려가 있기 때문에, 충분한 데이터가 수집되면 공개할 예정이다."

주주를 위해서 정보를 감추겠다고 했다. KT&G가 자의적으로 정보를 공개할 가능성은 없었다. 충분히 기회를 줬다. 이제 남은 것은 강제로 시키는 것뿐이었다.

2023년 10월 6일, FCP는 법원에 정보공개 가처분 신청을 한다. 실적 자료를 얻으려면 법원에 소송을 해야 하는 시대다.

시간 관계상 여기까지

이젠 포기해야 하나 싶었다. 질문 하나 하기가 이렇게 힘들다니. Q&A 세션을 시작한다는 안내가 나오기도 전에 유선규는 빛의 속도로 전화기의 별표(*)와 1번을 눌렀다. 마치 록밴드 콘서트 티켓을 예매하는 기분이었다. 그런데도 질문할 기회는 애널리스트들에게만 돌아갔다. 이번 분기 실적 보고도 튼 거 같다. 다음은 3개월 후에나 있었다.

'얼마나 더 빨리 눌러야 질문할 수 있는 걸까? 현장에서 하는 행사였다면 손이라도 크게 흔들 수 있을 텐데. 눈에 안 보이게 전화로 하니 내가 질문하려 했던 것을 다른 주주들은 전혀 모르겠지. 잠깐, 그러면 나 말고도 다른 주주들도 나처럼 무시되는 걸까?'

대부분 상장사는 주주에게 실적을 상세히 알리려고 한다. 그래서 회사 내에 이른바 'IR팀'을 둔다. 투자자들의 평상시 질문에도 응대하지만 가장 바빠지는 시즌은 분기별 실적 보고를 진행할 때다. 1년의 4분의 1에 해당하는 이 실적에 따라 주가가 요동치곤 한다. 정치로 치면 대선 전 TV 토론회 같다고나 할까. CEO가 중요하게 생각하지 않을 수가 없다.

사업보고서는 금감원 등 규제 당국에서 요구하는 양식이 정해진 반면 분기 실적 IR 보고의 형식은 경영진 자율에 맡긴다. 요령을 피운다고 발표 내용을 부실하게 채우는 등 슬그머니 넘어가려고 하면, 이어지는 질의응답 시간에 주주들로부터 매서운 질문 공세를 당한다. 이렇듯 질의응답은 주주가 경영진을 실시간으로 대면하는 매우 소중한 기회다.

CEO가 여기서 잘하면 주주로부터 큰 신임을 받고, 버벅거리기라도 하면 능력 부족, 자질 의심 등 비난이 쇄도한다. 주가 하락은 덤이다. 무엇을 잘했는지 그리고 무엇을 잘못했는지 솔직히 인정하고 설명하는 CEO는 빛이 난다. 능력도, 신뢰도 높이 평가받는다. 반대로 어영부영 넘어가려는 CEO는 주주들 사이에서 곧장 평판이 추락한다. 중간선거를 망치고 대선에서 연임하기는 힘들다.

그만큼 실적 보고 후 질의응답은 경영진에게 아주 골치 아픈 시간이다. 이날 하루만 빼면 상장사 CEO는 절대권력자다. 누구 하나 눈치 볼 일이 없다. 하지만 회사의 주인인 주주에게 보고해야 하는 날, CEO는 한없이 작아진다. 자신은 한낱 관리자라는 사실을 상기한다.

IR에 열심인 회사는 이 힘든 행사를 성공적으로 끝내려고 전사적인 노력을 투입한다. CEO가 직접 나서서 직접 진행하는 것은 기본이다. 테슬라는 일론 머스크가, 애플은 팀 쿡이, 엔비디아는 젠슨 황이 진행한다. CEO로서 자신감의 표현이자 주주에 대한 예의다. 정기 주총같이 큰 의미를 부여하고 진지하게 진행한다.

실적 발표의 하이라이트인 질의응답 시간도 자유롭다. 테슬라는 분기별 실적에 대해 주주들이 웹사이트에 올린 질문을 머스크가 하나하나 직접 답하기도 한다.[65] 동종 업계 필립모리스도 모범 사례. 2023년 필립모리스 인베스터데이에서는 CEO 야체크 올자크(Jacek Olczak)가 무대 위 의자에 앉아서 한 시간 동안 질문에 직접 답했다. 그날 무려 다섯 시간 넘게 진행된 마라톤 발표를 마치고 나서 얼굴이 수척해 보일 정도였다.[66]

우리나라는 어떨까? IR팀장은 분기 실적 보고서와 예상 질의응답까지 준비해 CEO에게 제출한다. 전반적으로 부드럽게 진행되면 성공이다. 이렇게 계속되면 승진도 한다. 반대로 돌발 사태는 반드시 막아야 한다. 골칫거리를 해결하는 몇 가지 좋은 방법이 있다. 선배들이 갈고닦아 전수하는 IR 분야의 노하우다.

첫째, 실적 보고 콜에 아무도 못 오게 하면 된다. 그럼 만사형통이다. 그래도 규정상 발표를 하기는 해야 하니 아무도 보지 않는 곳에서 최소로 하면 된다.

둘째, 실적 보고는 눈에 보이지 않게 해야 한다. 호텔같이 개방된 장소에서 개최하면 골치 아파진다. 참석자가 누군지 회사는 알지만 참석자는 서로를 보지 못해야 한다.

셋째, 즉석 질문은 받아서는 안 된다. 질의응답 시간은 만병의 근원이다. 너무 질문을 받지 않으면 티가 나니 짜고 칠 대본을 미리 공유해 질문을 갈음한다. 이 약속 대련에 가장 적합한 상대는 뭐니 뭐니 해도 애널리스트다. 극도로 공손한 그들은 절대 불편한 질문을 하지 않는다. IR팀이 대충 답변하고 넘어간들 애널리스트들은 불평하지 않는다. 눈치 빠른 '훌륭한' 애널리스트를 평소에 눈여겨봤다가 적극 활용하자. 그리고 가급적 질문은 '사전 제출'하라고 해서 받아두자. 실적도 발표하기 전인데 어떻게 미리 질문하느냐고? 센스 있는 '훌륭한' 애널리스트라면 알아서 한다. 넘어가자.

넷째, 절대적인 시간을 줄여야 한다. 시간이 길어질수록 리스크가 커진다. 그리고 그 짧은 시간마저도 더 줄이는 수가 있다. 되도록 안내방송을 길게 하고 통역을 집어넣으면 된다. 전체 실적 보고 시간을 한 시간으로 잡았다면 통역 시간을 빼면 사실상 30분 만에 끝나는 셈이다. 리스크가 50% 줄어든다.

당연히 자존심 있는 애널리스트들은 이러한 종목을 커버하지 않을 것이다. 자료를 제공하지 않으니 별 쓸 말도 없겠지. 이렇게 애널리스트로부터 외면당한 종목은 서서히 '고아 주식'이 되어간다. 그런데 그게 나쁜가? 사장님은 좋아할 거다. 사장님에게 주주의 무관심만큼 고마운 게 없다. 감시가 줄면 그만큼 자유로워진다.

게다가 애널리스트가 아무도 오지 않을까 염려할 필요도 없다. 남들이 커버하지 않는 종목을 다뤄서 눈에 띄겠다는 사람은 반드시 있다. IR팀으로부터 한마디 말이라도 들으면 남들이 쓰지 않는 리포트를 쓸 수 있다. 빈약한 내용이라도 안 쓰는 것보단 낫다. 그렇게 열심히 한다는 평판, 좋은 인사평가, 두둑한 보너스를 떠올리며, 분기별 실적 콜이 있을 때마다 손에 모자를 들고 참석하는 공손한 애널리스트들은 항상 있게 마련이다.

'인베스터 DIE'

KT&G의 실적 보고는 우리나라에서 보기 드물게 이 모든 노하우가 집약되어 있는 듯했다.

KT&G가 필립모리스처럼 2023년 1월 인베스터데이를 개최한 적이 있다. 인베스터데이라는 이름만 같을 뿐, 전혀 달랐다. CEO는 나타나지 않았다. 현장 질문도 없었다. 사전에 질문을 받았다며 출처를 알 수 없는 원고를 읽었다.

하이라이트는 따로 있었다. 당시 부사장 방경만의 '자사주 소각은 주가에 도움이 되지 않는다'는 '선언'이었다. 주주들은 허탈해 웃었고 주식을 팔았다. 인베스터데이 하루 만에 주가가 2.5% 떨어졌다. 선물을 주려나 기대했던 주주들은 아우성이었다.

"쓰레기 회사의 쓰레기 같은 IR" (yjhe****)

"자사주 매입이 왜 주주환원이냐? 매입하고 소각해야지 주주환원이지" (kccl****)

"IR 후기-개미를 바보로 알고 있다는 걸 깨달음.. 자사주 소각이 주주가치 증대에 효과가 없다는 말에 빡침" (jssi****)

"진정한 주주환원은 경영권 방어 목적으로 이용되는 자사주 매입이 아니라, 자사주 소각에서 나온다는 건 누구나 다 아는 사실인데. 우리가 사는 자본주의 사회는 '자본'이 최우선 되는 사회 아니던가? 이 나라는 공산국가인가?" (da******)

"주가를 올려야 하는데 반대로 직하강하네ㅋㅋㅋ" (m4******)

그날 이후로도 실적 발표에 CEO는 나타나지 않았다. 늘 전략기획실장 같은 다른 임원을 내보냈다. FCP가 활동을 시작하기 전까지 KT&G는 미팅 통지도 전혀 하지 않았다. 금감원 공시 사이트에 (한국어로만) 올려놓았으니 주주가 보지 못하면 그만이었다. '정부 공식 사이트에 올렸으니 법규를 지켰다. 불참은 주주 몫이다'라고 말하려는 듯했다. 청첩장을 동사무소 게시판에 올려놓고는 결혼식에 왜 안 왔느냐고 하는 꼴이다.

기관투자가 중에 우리나라 공시 사이트를 들락거리면서 회사 하나하나마다 언제 IR을 하는지 체크하는 곳은 극소수, 아니 없다고 해도 과언이 아니다. 다들 보유한 종목이 수백 개다. 특히 한국어를 못하는 해외 펀드는 자동으로 걸러졌다.

문제는 소집 통보만이 아니었다. 콜의 형식도 문제였다. 당시 KT&G의 IR 콜은 말 그대로 '콜'이었다. 전화를 걸어 통화가 되면 '다이얼인 번호'와 '비밀번호'를 누르라는 안내 멘트가 흘러나왔는데, 이 ID와 비밀번호는 당연히 공시 사이트에 나오지 않았다. KT&G에 전화를 걸어서 다이얼인 번호, 비밀번호를 따로 받아야 했다.

이렇게 이중 장벽을 뚫고 콜에 들어가야 음악이 나오고 방송이 시작되는 식이었다. 드라마 '응답하라 1998'에서 라디오 방송을 듣는 것처럼 귀를 쫑긋 세우고 집중력을 발휘해야 했다. 한번 지나가면 그만이었다. 재방송은 없다. 이 모든 시간 동안 외국인 주주는 국제전화 요금을 내야 했다.

FCP는 2023년 4월에 KT&G에 공개 서한을 보내 'IR의 투명성 개선'을 요청했다. 주주들이 들어오지 못하게 요리조리 막는 전화 다이얼인을 그만두고 시대에 맞게 인터넷으로 진행하라는 것이었다. 유튜브로 수십만 명이 동시에 시청하고 댓글도 올리는 시대이니 기술적으로 어려울 것도 없었다. 참석자의 질문은 실시간으로 모두 공개하고 Q&A까지 포함해 동영상을 인터넷에 올려놓으라고 요구했다. 형식뿐 아니라 내용 면에서도 개선을 요구했다. 즉시 해외 수출 이익을 투명하게 공개하라는 내용이었다.

며칠 안 가 KT&G는 누구나 볼 수 있도록 웹캐스트로 진행하고 사후에 시청할 수 있도록 녹화 영상을 홈페이지에 올리기로 했다고 발표했다. FCP의 요청은 언급하지 않은 채 마치 원래 시행할 예정이었다는 듯한 투였다. 그러나 인터넷으로 실시간 질문 받기는 사양했다. '정 질문하고 싶으면 사전에 질문해라. 실적을 몰라서 못 한다? 그래도 사전에 질문해라. 부득이 실시간으로 하고 싶으면 전화로 해라. 외국인은… 지금처럼 국제전화로 걸면 되지. 힘들면 할 수 없고.'

수출 사업의 수익성 또한 공개를 거부했다.[67] 비공개를 고수한 KT&G는 '글로벌 경쟁사들과 비교해보니 우리도 이미 '충분히' 공개하고 있다', '투자자를 보호하기 위해서다'라는 이유를 내걸었다.

누차 말했듯 사실이 아니다. 당장 필립모리스만 해도 실적 보고서에 지역별 제품별 매출, 영업이익, 판매량을 속 시원하게 공개한다. 예를 들어 미주, 유럽, 아시아 지역별 담배 매출, 영업이익, 수량, 시장 점유율까지 상세히 밝힌다. 리포트를 읽으면 주주는 더 질문하고 싶은 내용이 없을 만큼 자세한 정보를 제공받는다. 그러니 이어지는 질의응답 순서에는 자연스럽게 향후 전략과 경영진의 의견을 묻고 답하는 시간이 만들어진다.

시간 관계상 마치겠습니다

2023년 5월, 새로운 형식을 갖춘 KT&G IR은 말쑥해진 모습이었다. 약속대로 동영상 링크도 홈페이지에 나왔다. 하지만 내용은 변한 것이 없었다. '판매 수량 확대, 사상 최대 매출액 달성.' 자화자찬이 계속되었다. 수익성은 밝히지 않았다. Q&A 시간에 유선규는 다시금 왜 해외 실적을 공개하지 않는지 물었다. 그리고 '글로벌 경쟁사들과 비교해보니 우리도 이미 '충분히' 공개하고 있다', '투자자를 보호하기 위해서다'라는 답을 들었다. 유선규는 즉각 조목조목 반박하기 위해 추가 질문을 신청했다. 그러나 발언 기회는 주어지지 않았다.

그날 이후 분기 실적 콜에서 FCP는 단 한 번도 질문 기회를 받지 못했다. 초대받지도 않은 그야말로 '불청객'이었다. 감히 회사에 IR을 더 투명하게 해달라고 요구하다니, 그 뻔뻔함에 걸맞은 대우였다.

2023년 4분기 실적 설명회도 마찬가지였다. 오후 4시에 시작한 콜은 시작한 지 20분이 채 지나지 않아 경영진 설명이 끝나버렸다. 영어 등 안내 멘트를 빼면 10분도 채 되지 않았다. 공개할 정보가 없으니 할 말도 없었다.

IR 실장 이상으로 KT&G 4분기 및 연결 실적 설명을 마치고 Q&A 세션을 갖도록 하겠습니다.

진행자 지금부터 질의응답을 시작하겠습니다. 질문하실 분은 전화기 버튼의 별표와 1번을 누르시기 바랍니다.

통역사 Now Q&A session will begin. Please press 'star' and 'one', If you have any questions. Questions will be taken according to the order you have pressed the number 'star' and 'one'.

분명 질문자 선정 기준이 선착순이라고 했다. 빨리 누른 순서대로였다. 유선규는 자신이 있었다. 멘트가 시작하기도 전에 유선규는 버튼을 눌러댔다. 선착순 당첨자가 발표된 것은 안내 멘트가 끝나자마자였다.

진행자 처음으로 질문해주실 분은 메리츠증권의 김○○ 님입니다.

통역사 The first question will be presented by XXXXXXX Kim, from Meritz Securities. Please go ahead with your question.

애널리스트 아 예, 질문 기회를 주셔서 감사합니다! 제 질문은….

질문하는 데 1분, 답변하는 데 3분, 그리고 통역과 안내 방송에 7분이 걸렸다. 첫 질문에만 이미 11분이 지나갔다. 그럼 유선규는 두 번째?

진행자 다음으로 질문해주실 분은 키움증권의 박〇〇 님입니다.

통역사 The following question will be presented by XXXXXXX Park, from Kiwoom Securities. Please go ahead with your question.

애널리스트 아 예… 질문 기회 주셔서 감사합니다….

역시 질문 1분, 설명 3분인데 어째선지 이것저것 해서 10분이 지났다. 시간은 벌써 4시 45분을 넘겼다.

진행자: 다음으로 질문해주실 분은,

이번에는…?

진행자 모건스탠리증권 김〇〇 님입니다.

통역사 The following question will be presented by XXXXXXX Kim of Morgan Stanley. Please go ahead with your question.

애널리스트 아 예… 감사합니다! 4분기 때… 면세 매출 믹스가 볼륨 기준으로 얼마나 올라갔는지요?

답이 끝났을 때는 이미 4시 53분이 지나 있었다.

사회자 네, 이상으로 KT&G 2023년 4분기 실적 발표 컨퍼런스 콜을 모두 마치도록 하겠습니다.

질문에 3분, 대답에 10분인데, 안내 멘트와 번역만 17분이었다. 30분 동안 질문 셋. 그리고 더 이상 질문은 받지 않았다. 유선규는 의아했다. 버튼 빨리 누르기는 자신 있었는데. 그 어렵다는 테일러 스위프트 콘서트 표도 구한 유선규였다. 그런데 기회가 있긴 있었던 걸까? 별표+1번을 누를 때마다 전화 건너편에서는 누군가 배를 잡고 웃었을지 모를 일이다. '계속 누르고 있네! 하하.'

여기서 이러시면 안 됩니다

초등학교 때부터 이민아는 교실보다 운동장을 더 좋아한 육상 유망주였다. 당연히 체대에 진학해 특기인 단거리 종목 선수로 올림픽에 나갈 수 있기를 꿈꿨다. 그러나 고등학교 때 입은 발목 부상으로 진로를 전면 수정해야 했다. 팔자에 없는 공부를 하도록 급조된 수험생은 늦은 밤 야자를 마치고(정확히 말하면 땡땡이를 치고) 집에 가던 길에 우연히 근처 마트 주차장에서 차가 추락하는 장면을 목격한다. 그리고 즉시 신문사에 전화를 걸어 이 사고를 제보했다. 무슨 일이 생겼을 때 보고 그냥 지나치지 않는 그런 타입이었다.

이후 이민아는 이화여대 영문과를 졸업하고 2015년에 조선비즈 공채 사원으로 입사했다. 조선비즈는 조선일보 계열의 인터넷 전용 신문으로, 발로 뛰는 신속함이 생명인 언론사다. 100미터 달리기 12초 기록 보유자에게 묘하게 끌리는 부분이 있었다. 산업부, 국제부, 금융부를 거쳐 소비재 섹터를 담당하게 된 이민아 기자에게 KT&G같이 큰 회사는 당연히 주요한 취재 대상이었다.

2022년부터 KT&G가 웬 행동주의 펀드의 제안을 받고 있다는 것은 널리 알려진 일이었다. 하지만 펀드의 요구 사항이나 회사의 답변보다는 KT&G의 기본 사업에 특히 궁금한 점이 생겼다. 이민아의 가장 큰 의문 역시 바로 해외 수출 실적이었다. 아무리 검색해도 해외 사업이 돈을 버는지 회사의 발표를 찾아볼 수 없었다.

그러던 2023년 1월, KT&G가 필립모리스와 15년 계약을 한다며 기자 간담회를 열었고 이민아도 그 자리에 참석한다.

15년 장기 파트너십, 컬래버레이션. 얼핏 대단한 영어 단어들이었지만 조금만 생각해도 수상한 점이 한둘이 아니었다. HNB가 유망 먹거리라는 것은 분명했다. 태우지 않고 찌면서 니코틴을 추출하는 담배. 냄새도 나지 않고 유해물질도 분명 덜 나온다니 흥미롭다. 알아보니 정말 해외에서도 급성장하는 제품군이었다. 그런데 이 미래 먹거리를 직접 해외로 진출시키지 않고 경쟁사에 통으로 맡긴다? 15년간?

KT&G는 2020년 1월부터 '해외 진출과 유통망 확보'라면서 경쟁사 필립모리스와 해외 유통 계약을 체결했다. 이후 3년이 흐르도록 KT&G는 릴의 해외 수출 실적을 한 번도 공개한 적이 없다. 항상 '해외 31개국 진출'만을 강조할 뿐이었다. '깜깜이 자랑'이었다.

실적이 비밀인 이유인즉슨 필립모리스와 맺은 계약의 비밀 보장 조항 때문이라는 것이다. 납득하기 어려웠다. 아니, 회사 간에 계약을 어떻게 맺었길래 실적 보고도 못 하는 것일까? 그런 제약을 요구할 이유가 있을까? 그리고 그런 사업상 무관한 조건을 KT&G가 왜 받아들였다는 것일까?

이제는 그런 계약을 아예 15년으로 늘린다고 한다. '이건 적과의 동침이 아니라 거의 결혼한다는 건데. 뭐 그런 일이 있을 수도 있지.' 하지만 경쟁사 간에 맺은 기이한 계약인 만큼 자세한 설명이 필요했다. 지난 3년 동안 테스트한 결과는 어땠는지. 얼마나 돈을 벌었는지. 아니, 돈을 벌긴 벌었는지. 이 놀라운 이벤트에 대해 기사를 쓰려면 육하원칙에 충실한 기본 정보가 있어야 한다.

실적에 대해서 일언반구 없는 회사의 말을 그대로 받아 적으면서 '엄청난 계약'이라고 보도하는 기자들을 보며 이민아는 궁금했다. '왜 다들 모른 척하는 거지? 현대차가 전 세계 수출을 토요타에 맡기는 셈인데 현대차라면 이렇게 기자회견을 할까? 보통 회사들과 하는 행동이 너무 다르잖아. 이게 자랑스러운 일 맞나?'

2023년 1월 30일, 서울 여의도 콘래드호텔에서 열린 KT&G-PMI(필립모리스인터내셔널) 글로벌 컬래버레이션 협약식에 기자 수십 명이 몰렸다. 연단에는 백복인 사장을 위시한 KT&G 경영진은 물론이고 필립모리스 CEO 야체크 올자크까지 보였다. 백복인 사장은 이 자랑스러운 발표를 맞아 흥분한 표정으로 보란 듯이 필립모리스 CEO와 악수를 하며 포즈를 취했다.

행사 분위기는 한마디로 '경사'였다. 하지만 아무리 큰 화면을 뚫어지게 봐도 이게 왜 좋은 계약인지 설명이 없었다. 그동안의 실적도, 앞으로의 전망도 없었다. 방송국 스튜디오에서 PD가 박수 사인을 주면 모두 우레 같은 박수를 치는 그런 분위기였다. '다 직원들인가?'

발표 내용 중에는 이번에 체결하는 15년 계약에는 필립모리스가 KT&G에 수량을 보장해준다는 구절이 있었다. 그런데 보장된다는 수량은 작년 실적 수량에도 못 미쳤다. 앞뒤가 맞지 않았다. 게다가 단가는 언급조차 없었다. '만약 헐값에 팔린다면 판매량이 많을수록 손해 아닌가? 과연 이 결혼, 축하할 만한 일인가?'

　만약 이것이 필립모리스에는 유리하고 KT&G에는 불리한 계약이라면 필립모리스가 이를 감추는 것은 당연했다. 그리고 KT&G 경영진이 이를 민망해하는 것도 충분히 이해가 갔다. 여러 가능성 중 하나였지만 분명 가능한 시나리오였다. 기자로서의 감이었다. '왜 이걸 아무도 안 물어보지?'

　경영진의 발표가 끝나고 질의응답 시간이 시작되었다. 주로 판에 박힌 질문들이었다. 맨 뒤에 앉은 이민아 기자도 손을 들었다. 발언 기회가 주어지지 않았다. 이민아는 기다렸다. 다음 질문 차례, 이번에도 조용히 손을 들었다. 이번에도 바로 앞 기자가 발언권을 얻었다. 핵심과는 거리가 먼 질문이었다. '이런 질문 할 때가 아닌데.' 다음 기회였다. 이번에 이민아는 오른손을 더 높게 들고 좌우로 흔들었다. 이번에는 정반대 코너의 기자에게 발언권이 주어졌다.

　벌써 다섯 명 넘는 기자가 질문했다. 이러다간 이대로 끝날

기세였다. 급해진 이민아는 이제 만세를 부르듯 양팔을 휘둘렀다. 회사 경영진도, 다른 참석자들도 이 당돌한 기자를 쳐다보았다. 초청받지도 않았는데 막무가내로 결혼식에 참석한 전 여친 보듯 했다. 하지만 더 이상 무시할 수는 없었다. 여차하면 10초 안에 달려 연단으로 올라와 마이크를 뺏을 것 같은 분위기였다. 어쩔 수 없었다. 뒷줄로 마이크를 보냈다. 칠전팔기 끝에 마이크를 잡은 이민아의 질문은 간단했다.

"KT&G는 그동안 HNB 수출 실적을 감추며 이는 필립모리스와의 계약 때문이라고 하고 있습니다. 이 자리에 계신 필립모리스 사장님에게 묻고 싶습니다. 왜 매출이라든가 수익이라든가, 가장 기본적인 재무 실적 공개를 막는 건가요?"

회견장에는 10초간 침묵이 흘렀다. 머리 위로 까마귀가 날아갔다. 연단의 필립모리스 관계자는 바로 옆에 앉은 임왕섭 KT&G 사업본부장과 귓속말로 상의했다. 그리고 동문서답을 시작했다.

"KT&G 물량은 필립모리스 선적 수량과 똑같이 계산되어 저희(필립모리스) 입장에서 봤을 때 순매출, 수량 등 모든 것이 저희 재무 리포트에 반영돼 있습니다."

'응? 그게 아니라 왜 KT&G를 막았냐고 물은 건데 왜 난데없이 여의도 문법이 나오지?'

"사실 이는… 저희가 답변하기에 적절하지 않은 것 같습니다. KT&G에서 답변하는 것이 더 낫겠습니다."

필립모리스 관계자가 옆에 앉은 임 본부장에게 마이크를 넘긴 순간, 사회자의 낭랑한 목소리가 상황을 수습했다.

"이것으로 기자회견을 마치겠습니다. 오늘 시간 내주셔서 모두 감사드립니다."

이벤트가 황급히 종료되자 모두가 주섬주섬 일어나 자리를 떠날 채비를 했다. 그러면서 이민아 기자를 힐끔힐끔 쳐다보았다. 누가 문을 열었는지 호텔 밖 영하 15도 바람이 훅 들어온 듯했다.

'내가 지금 뭘 본 거지?'[68]

홍보팀의 반격

KT&G 홍보팀은 스무 명 가까운 직원이 일하는 큰 팀이다. 보통 회사라면 평소에 회사를 '잘 알리는' 게 주요 업무이겠지만 이 팀의 역할은 정반대였다. 어느 기자는 이렇게 말했다. "보통 회사들은 '잘 나오게 해주세요' 부탁하는데 KT&G는 '제발 저희 회사 안 나오게 해주세요'라고 하는 게 참 인상적이었습니다."

KT&G는 언론에 나오지 않는 게 가장 편한 회사였다. '공기 업스러운' 조용한, 그늘진 곳이 편했다. 대중의 관심은 부담 이상도 이하도 아니었다. 실적에 대한 부담은 사양하고 싶었다. 대표이사 연봉에 대한 시각은 전사적으로 막아야 했다. 이렇게 인공적으로 그늘을 조성하려고 그동안 언론사에 상당한 금액을 투자해왔다. 괜찮다. 어차피 남는 게 돈이었다.

그렇다고 365일 조용한 것만은 아니었다. 선택적으로 나와야 할 때는 나오기도 했다. 가끔 써달라고 하는 기사는 대부분 의미 없는 수량 일변도였다. '지금까지 판 담배를 두르면 지구 두 바퀴는 두를 것'이라는 식이었다. 신사업과 핵심 사업의 실적은 보잘것없기에 수익성과는 상관없는 기사를 양산했다.

평소에 뭘 하나 싶던 KT&G 홍보팀의 실력은 위기 상황에서 돋보였다. 2022년 10월, FCP가 처음으로 KT&G를 상대로 주주제안을 발표하고 수많은 언론에서 앞다투어 기사로 다루자, 홍보팀은 KT&G가 카자흐스탄에 한국어학당 설립을 추진한다는 내용으로 주주제안 기사를 밀어냈다.

전투가 길어지자 밀어내기보다 조금 더 고급의 기술이 필요했다. 2023년 KT&G는 KBS 출신 기자를 홍보실 부장으로 영입한다. 인맥으로 얽힌 언론계 생리를 누구보다 더 잘 아는 사람의, 조용하지만 깊은 침투였다.

콘래드호텔에서의 기자회견이 끝난 후 조선비즈 이민아 기자는 KT&G가 필립모리스와의 계약을 이유로 전자담배 릴의 해외 수익성을 쉬쉬하고, 정작 필립모리스 측도 설명을 피하고 있다는 사실을 기사화했다. 그 후로도 수상한 점이 한두 가지가 아닌 이 회사의 이야기를 끝까지 파볼 생각이었다.

하지만 뭔가 이상했다. 데스크의 반응이 예전과 달라졌다. 뭔가 더 제동이 걸렸다. 분석하고 취재해서 기사 초안을 올리면 이전까지는 별다른 코멘트 없이 확정되곤 했는데 패턴이 서서히 바뀌어갔다. 이 표현은 바꿔라, 저 문장은 빼라…. 주문이 늘었다. 점점 곱지 않은 시선을 받는 느낌이었다. 콘래드호텔 회의장에서 KT&G 경영진으로부터 받았던 느낌이었다.

이민아 기자는 자신의 정체성에 대해 고민했다. 언론은 광고를 해서 돈을 벌어 나에게 월급을 주니까 이대로 받아들여야 할까? 하지만 그럼 나는 뭘까? 기자일까, 홍보대행사 직원일까?

대한민국 언론사의 사업모델

우리나라 언론의 입장은 매우 확실했다. 이미 매출의 상당 부분이 구독자가 아니라 광고주로부터 나온다. 사업모델상 명확히 '광고회사'였다. 2023년 한국언론진흥재단 실태 조사에 의하면 우리나라 신문산업의 전체 매출액은 총 4조 5,022억 원이다. 그중 구독료는 단 13.6%에 불과하다.[69] 나머지는 광고 주가 내는 광고료와 기타 수입이다. 어떤 사업가가 매출 13% 를 위해 87%를 포기할까? 진실보다 홍보가 중요하다는 것은 엄연한 경제적 사실이다. 이것을 막는 것은 기자 한 명 한 명의 양심뿐이다.

더 이상 언론에서 진실을 기대할 수는 없었다. 광고를 무시 하고 진실만을 좇으라는 것은 사업가에게 이익을 포기하라고 하는 것과 같았다. 다행히도 제대로 된 기자들의 입장은 달랐 다. 대부분 기자들은 다른 직업과는 확연히 다르게 '태어날 때 부터 기자'였다. 다른 회사에서 일하다 업종을 바꿔서 다양한 일을 해보려고 기자가 되는 경우는 극히 드물었다. 판검사, 경 찰, 음악가가 되듯이 사명감을 갖고 처음부터 지향하는 경우가 대부분이었다. 돈을 버는 월급쟁이가 되는 것에는 관심이 없었 다. 홍보회사 직원이 되려는 생각은 전혀 없었다. '진실'이라는 두 글자에 두근두근했다. '취재'란 자신들의 존재 이유였다.

사주는 수익을 최대화해야 한다. 기자는 진실을 취재하고 싶 어 한다. 기자를 너무 대놓고 쪼면 떠나버릴 것이다. 반대로 너 무 풀어주면 광고가 안 들어온다. 그렇기에 사주와 기자는 이해가 분리되어 있고, 분리되어 있어야 했다. 하지만 옛날이야기였다. 이 모순적 관계를 잘 푸는 것이 데스크의 역할이고 능력이었다. 데스크는 중간에서 이를 조율해야 한다. 아니면 데스크에 앉은 자신에게도 향후 승진은 없다.

조율의 정도는 신문사 재량이었다. 작은 지방 신문사, 인터넷 전문 매체는 홍보를 통한 매출에만 주력하는 곳이 대부분이다. 어디서 들어본 것 같은 이름, 영어로 시작하는 이름 또는 이름에 과일이 들어가 있는 매체는 사실상 언론을 자칭하는 홍보회사다. 직원이 한두 명인 경우도 허다하다. 이런 곳은 1년에 수백만, 수천만 원 정도 되는 광고료가 매출의 전부다. 매출이 그대로 직원 몇 명의 인건비가 된다. 사주가 데스크이자 기자다.

그러니 보도윤리라는 것은 신경 쓰지 않는다. 평소에는 조선일보, 연합뉴스 등의 기사를 '복붙'하고 인터넷으로 양산하다가 회사가 돈을 주면 마음에 드는 기사를 써서 바친다. 독자들은 이들이 하는 말이 진실인지 아닌지를 알 수도, 생각할 시간도 없다.

조선비즈는 그렇지 않은 곳이었다. 아니, 그렇지 않아야 한다고 생각했다. 그렇게 생각하면서 일했다. 하지만 잘못 보았을 수도 있다. 어차피 사업과 진실의 경계선은 기자 눈에 보이지 않는 곳에서 결정된다. 데스크의 간섭은 이제 '수정'을 넘어 '삭제' 수준이 되었다. KT&G에 관한 부정적 내용은 모두 지워져 돌아왔다. 숙제 검사를 받는 초등학생이 된 기분이었다. 한 두 줄이 아니라 아예 절반이 날아가고 전체 섹션이 삭제되었다. 앞으로는 아예 쓰지 말라는 시그널이었다.

2024년 5월, 이민아 기자는 10년 동안 일한 조선비즈에 사직서를 낸다.

벌거벗은 임금

궐련담배 수출 실적은 '이미 경쟁사 대비 충분히 공개하고 있으니 공개할 수 없다'고, HNB 수출 실적은 '필립모리스가 반대하니 어쩔 수 없다'고 이것저것 모두 요리조리 반대했다. 고민해서 준비한 답인지는 모르겠지만 KT&G의 말은 사실과는 달랐다.

일단 동종업 경쟁사인 필립모리스 사업보고서를 보면 지역별, 제품 형태별로 매출과 영업이익이 상세히 나와 있다. 이에 비해 KT&G 사업보고서는 해외 법인들의 매출을 전혀 반영하지 않으며 지역별 분류도 따로 없다. 영업이익이 드러나지 않는 것은 당연하다. 대신 인터넷 홍보를 통해 '사상 최고의 매출'이라는 말을 듣게 될 뿐이다.

HNB도 마찬가지다. 원래 FCP가 실정 공개를 요청하기 전까지는 겨우 '31개국 진출'이라는 홍보성 기사만 접할 수 있었다.[70] 판매 금액은커녕 판매량도 아니고, 아예 국가 수로 실적을 발표했다. FCP가 요청한 후로는 한발 물러서 국내, 해외 매출과 수량을 공개하기로 했다. 그러나 이 자료에도 기기와 스틱의 구분은 없다. 소비자가 기준으로 기기는 10만 원대, 스틱은 4,000원대인데 이를 구분하지 않으니, 주주들이 아무리 시도한들 가늠조차 힘든 일이다. 그리고 역시나 가장 중요한 영업이익은 어디에서도 찾아볼 수 없다.

필립모리스 사업보고서에서는 지역별로 판매량, 매출, 이익을 일목요연하게 열람할 수 있다. 자신들은 이렇게 자세히 공시하면서 KT&G에는 주주들에게 알리지 말라는 조항을 계약서에 넣었다? 매우 의아한 요구 사항이다. 우선 주주 보고 양식을 다른 회사가 왈가왈부한다는 것이 맞나?

그래도 KT&G의 자세는 떳떳했다. 시총 10조 원이 넘는 회사 경영진이 이렇게까지 당당하게 말하니 그런가 보다 수긍할 사람도 있을 것이다. 현대인은 글로벌 경쟁사 자료까지 찾아서 일일이 대조하기엔 너무 바쁘다. 그러니 KT&G는 수출 사업이 순항 중이라는 두루뭉술한 표현만 계속하면 되는 일이다.

문제는 이런 KT&G의 발표를 의심 없이 믿는 기관투자가도 있다는 사실이었다. KT&G로서는 매우 소중한 고객이 아닐 수 없다. 숫자를 감추면 그 빈칸을 자발적으로 장밋빛으로 채우는 투자가들이었다.

"와우, 엄청나! 백복인과 방경만은 좋은 사람 같아! 그 유명한 필립모리스와 딜을 하다니! 아주 똑똑해!"

홍콩 헤지펀드에서 일하는 어느 투자자는 이상현을 보고 흥분하며 말했다. 하여튼, 무조건, '너무 좋다는 것'이다. 그는 경영진을 만나 이야기를 듣고, 아니 정확히는 통역사의 이야기를 듣고 스스로 향후 5개년 추정치까지 만들어 사람들과 공유했다. 해외 HNB 수출은 3년 내에 수천억 원 영업이익을 가져오는 '대박 사업'이라는 것이었다.

경영진은 단가도, 원가도, 수익성도 전혀 말한 바 없는데 이렇게 예측하는 근거가 무엇인지 궁금해 물었다.

"아, 그건 말이지…. 내가 엄청 조사해서 만든 거야! 묻지 마."

분석의 근거는 젊은 펀드매니저의 상상력이었다. 팩트가 부족하면 상상으로 채우면 된다. 분석이 아니었다. 엑셀로 그린 서양화였다.

FCP가 만난 다른 주주는 런던에 있는 헤지펀드였다. 160센티미터 키에 안경 너머로 똘망똘망한 눈빛이 느껴지는 사람이었다. 캐주얼한 옷차림과는 달리 웃고 있어도 어딘가 긴장한 표정이었다.

헤지펀드 KT&G의 궐련담배 수출은 왜 돈을 못 번다고 생각하는
거야?

FCP 왜냐면 판매단가가 형편없이 낮으니까. 한국 판매 가격이
대략 800원인데 해외는 대부분 350원 정도야.

헤지펀드 어? 350원이었나? 얼마였지?

그는 옆에 있는 부하 직원에게 물어봤다. 생각에 빠진 직원
이 뜸을 들이자 답답하다는 듯 다그치기까지 했다.

헤지펀드 아니, 지금 노트북으로 한번 계산해보면 되잖아. 지금 해
보라니까.

FCP 아, 필요하면 내가 나중에 보내줄 테니까 너무 걱정하지 마.

헤지펀드 HNB를 필립모리스에 15년간 위탁한 건 자기 돈도 한 푼
안 들이고 아주 좋은 거 같아.

FCP 돈이 안 든다고? 그 15년 계약한다며 일단 1조 원 넘게 공
장 투자한다는 거 안 들었어? 그렇게 투자해서 이익이 얼
마나 날지(Return on Investment) 들은 게 있어?

헤지펀드 아. 그래도 뭐 잘되겠지.

FCP   잘될 거라고? 왜?

헤지펀드 필립모리스는 KT&G의 HNB를 잘 팔아야만 하는 이익 동 기가 있거든.

FCP   자신의 경쟁사를 망하게 할 동기는 없을까?

헤지펀드 아, 걱정 마. 다행인 게 필립모리스는 KT&G에 미니멈 개 런티를 준 게 있어.

FCP   그건 그냥 수량이잖아. 단가가 없잖아. 헐값에 사면 물량 보전이 무슨 의미가 있어?

헤지펀드 헐값이 아냐. 몇몇 시장 소비자가격을 내가 조사해봤는데 릴이랑 필립모리스의 아이코스는 단가가 비슷하더라고.

FCP   그건 소비자 판매가고, 필립모리스가 KT&G로부터 사들 이는 매입가랑은 다른 거야. 필립모리스 입장에서는 싸게 살수록 좋은 거잖아.

헤지펀드 우리가 엑셀을 만들었어. 엄청 자세히 다 넣었다고.

FCP   거기 빈칸이 한두 군데가 아닐 텐데. 어차피 중요한 숫자 는 다 네가 채워놓은 거 아냐. 그게 무슨 의미가 있지?

헤지펀드 필립모리스는 좋은 파트너로서 릴을 많이 팔아야 하는 동 기가 있어.

이런 식이었다. 그는 한참 생각하더니 중요한 것을 깨달았다는 듯 물었다.

<blockquote>헤지펀드 있잖아, 하나만 물어볼게. 경영진 말을 안 믿을 거면 주식은 왜 산 거야?</blockquote>

이상현은 그를 한참 내려다보았다. 그리고 커피를 사줘서 고맙다고 인사했다.

2024년 2월 28일 대치동

2024년 1월, 유선규는 초조했다. KT&G가 해외 실적을 공개하도록 해달라고 법원에 회계장부 열람·등사 가처분 신청을 낸 것이 2023년 10월이니, 벌써 3개월 넘게 지났기 때문이었다. 이런저런 핑계로 해외 실적 정보를 감추니 타일러서 될 일이 아니었다. 강제로라도 받아야 했다. 다른 것도 아니고 실적 공개를 거부하는 회사라니. KT&G는 주주에게 마치 이렇게 말하는 것 같았다. "묻지 마. 남들처럼 해, 남들처럼."

2023년 10월, 11월 두 차례 진행된 법원 심리에서 KT&G 측은 FCP를 신랄하게 비판했다. 주주라고 대접하며 공손한 척하는 모습은 법원에서는 보이지 않았다. FCP는 왜 그 자료가 주주에게 필요한지 상세히 기록해 법원에 제출했지만 KT&G 측은 '주가 변동을 초래해서 이익을 얻으려는 부당한 목적에서 신청했다', '모색적 증거 수집', '적대적 M&A' 같은 표현을 쓰며 비난했다. 회사에 적대적이라고? 주가를 떨어뜨리고 연봉을 올리는 사장과 이사회에 적대적인 것은 맞았다. 경영진은 '자신'에게 반대하는 사람을 '회사'의 적이라고 몰아붙였다.

KT&G는 어떻게든 시간을 벌어보려는 것 같았다. 법원에서 인용하면 하더라도 최대한 늦게 주자는 식으로 보였다. 처음에 KT&G는 판사에게 궤변을 늘어놓기도 했다. FCP가 요청한 데이터는 별도로 추출 작업을 거쳐야 산출할 수 있는 것이어서 법적으로 말하자면 '회계장부'라 할 수 없고, 존재하지도 않는다는 주장이었다. 한마디로 '없는데 어떻게 줘?'라는 식이었다.

이미 연말에 받았어야 했는데 벌써 1월 중순이었다. 언제쯤 받을 수 있을지 전혀 가늠이 되지 않았다. 이러다 3월 주총이 훌쩍 지나 자료를 받는 건 아닌지 불안했다. 그럼 KT&G는 일단 주총에서 내부인 사장 후보와 자신들의 사외이사를 당선시키고 급한 불을 끌 수 있었다.

1월 25일, 드디어 좋은 소식이 왔다. 법원이 해외 실적 정보 공개 가처분을 인용한 것이다. 이 결정문에는 이렇게 쓰여 있었다.

"채무자 회사의 해외 담배 사업의 경영 상황을 확인하기 위해서는 (필립모리스와의) 계약에 따른 매출과 영업이익의 확인이 우선적으로 필요하다고 보이는 점 등을 고려… 이 사건 계약 내지 해외 담배 부문 매출과 관련된 이 사건 회계장부 및 서류의 열람·등사를 청구할 권리가 인정된다고 보이고… 정보가 부족한 주주에게 적시에 필요한 정보 획득과 자료 수집을 위한 기회를 부여할 보전의 필요성도 인정된다."

또 하나, 자료가 존재하지 않는다는 KT&G 측 주장에 대해서는 아래와 같이 말했다.

"이 사건 회계장부 및 서류가 부존재한다는 채무자의 주장에 관하여 보건대, 채무자 회사는 회계관리프로그램(ERP)을 이용하여 회계장부를 전산으로 기입 및 관리하고 있어 PMI와 체결한 이 사건 계약과 관련되거나 채무자 회사의 해외 담배 부문 매출과 관련된 회계장부가 존재한다 할 것이고, 해당 회계장부를 추출하는 데 상당한 시간과 노력이 소요된다는 사정만으로 이 사건 회계장부 등이 객관적으로 존재하지 않는다거나 주주의 회계장부 열람·등사 청구권이 부정될 수는 없다고 보이므로, 이와 다른 전제에 선 채무자의 주장은 받아들이지 아니한다."

회계장부가 없다는 말에 판사도 얼마나 어이가 없었는지 판결문에서 여실히 느껴졌다. 시총 10조 원이 넘는 회사가 회계 시스템이 없다고 핑계를 대다니. 어불성설이었다. 그리고 당연한 판결이었다.

이런 기초 자료 하나를 받으려고 소송까지 했다니. 게다가 판결까지 무려 3개월 넘게 걸렸다니. 하루라도 낭비할 수 없는 상황이었다. 어서 가서 받아 와서 빛의 속도로 이를 주주들에게 알려야 했다.

실종 신고: KT&G 릴

2024년 2월 15일, 가처분 인용에도 불구하고 KT&G는 1차로 아주 소량의 자료만을 제공했다. 상세 자료는 준비할 시간이 필요하다면서 전달 시기를 차일피일 미뤘다.

답답하던 차에 유선규가 아이디어를 냈다. 해외 시장에 한번 가보자는 것이었다. 정보를 주지 않으면 가서 직접 수집하면 된다는 논리였다. 언제까지 손 놓고 자료를 주기만을 기다릴 수도 없는 형편이었다. 유선규는 즉시 일본으로 출발했다.

일본은 전 세계에서 가장 큰 HNB시장이다. 이미 흡연자의 거의 절반이 HNB로 갈아탄, 그야말로 대세가 된 시장이다. 기차역 안에도, 심지어 쇼핑몰 지하에도 HNB 전용 흡연 코너가 있을 정도다. 흡연자들이 궐련에서 HNB로 전환하도록 격려하겠다는 의도가 엿보였다.

하지만 HNB로 갈아타는 것은 보통 흡연자에게 쉽지 않은 일이다. 궐련은 이 브랜드를 피웠다가 저 브랜드를 피우는 것이 간단하다. 편의점에 가서 새로운 담배를 한 갑 사면 될 일이다. HNB는 다르다. 일단 대규모 지출이라는 허들을 넘어야 한다. 기기 값이 보통 10만 원 정도다. 앞으로 계속 HNB를 피울지 안 피울지도 모르고 더군다나 이 특정 브랜드를 계속 피울지도 모르는 상황에서 선뜻 지출하기에는 부담이 가는 금액이다. 대신 일단 기기에 투자한 사용자들은 미래에도 한 브랜드의 스틱에 고정되는 효과가 있다.

따라서 일본에는 담배회사들이 경쟁하듯 HNB 쇼룸을 운영한다. 긴자, 시부야, 오모테산도…, 유동인구가 많은 상업 중심지 목 좋은 곳에 겉보기엔 카페 같기도 하고 애플 매장 같기도 한 으리으리한 통유리창의 매장들이 눈에 띈다. 바로 HNB 쇼룸이다. 필립모리스도, 재팬토바코도 각각 몇 개씩 운영한다.

유선규가 쇼룸 안으로 들어서자 실내에서 많은 사람이 한꺼번에 HNB로 흡연하고 있는 모습이 눈에 들어왔다. 그럼에도 웬만한 카페 이상으로 쾌적함이 느껴졌다. 쇼룸에서는 시판하는 모든 맛의 HNB 담배(스틱)와 신제품을 전시하고 방문자가 자유롭게 무제한 시연할 수 있다. 한쪽에는 왜 HNB가 궐련보다 안전한지 눈으로 보여주는 시연 기계도 있다.

매장 직원들은 매우 친절했다. 강매하지 않고 계속 있어도 된다는 듯 편하게 응대했다. 아예 오래 있어야겠다 싶으면 2층 커피숍에 자리를 잡는 것도 가능했다. 회원 전용인 그곳은 커피도, 기계도, 담배도 모두 무료였다. 유선규는 한참을 구경하다 직원에게 물었다.

"그런데 KT&G 릴은 어디 있나요?"

KT&G의 전 세계 수출 파트너 필립모리스가 당연히 잘 챙겨줄 것이라고 생각하고 건넨 질문이었다. 직원의 대답은 예상외였다.

"그게… 뭔가요?"

"(아, 여기선 필립모리스 아이코스 릴이지…) 아이코스 릴 있나요?"

"처음 들어보는데요?"

HNB로 급속도로 전환 중인 일본. 아직 어느 브랜드 HNB로 갈아탈지 마음을 정하지 못한 사람들이 잠재 고객으로 대기 중인 일본이다. 그런데 필립모리스는 KT&G 릴을 아예 홍보관에 배치하지도 않았다. 구매 전에 확신이 필요한 소비자는 어떻게 릴을 체험해볼 수 있을까?

릴의 실종

거리로 나온 유선규는 마음을 다잡고 도쿄의 편의점을 하나씩 방문했다. 번화가와 상업 중심지 위주로 가보았다. 아오야마, 아자부다이, 에비스, 다이칸야마, 오모테산도….

이틀 동안 총 41개 매장을 방문해보았지만 불과 다섯 곳에서만 KT&G 릴을 판매했다. 그나마도 편의점 카운터 뒤 잘 보이는 곳에는 아예 놓이지 않았다. 일본에서 릴은 KT&G라는 본명마저 필립모리스로 개명하는 수모를 당하면서, 고객으로부터도 철저히 무시당하고 있었다.

'릴이 사라지다니! 이걸 KT&G는 알까? 필립모리스에 항의는 했을까? 이걸 지적하면 뭐라고 변명할까? 너무 잘 팔려서 재고가 소진되었다고 하려나? 세계 최대 HNB시장이라는 일본에서 안 판다면 필립모리스는 릴을 어디서 팔고 있지? 우크라이나?'

일본 소비자들은 릴을 몰라서 못 사고, 없어서 살 수 없었다. 최근 KT&G의 실적 발표가 생각났다. FCP가 항의한 뒤, 여전히 이익은 숨기면서도 2023년 5월 HNB 수출 매출을 처음으로 공개했다. 2022년 2분기부터 계속 하락해서 2023년 4분기에는 거의 반토막이 났다. 문제가 있는 게 분명했다. 필립모리스와의 15년 계약은 어떻게 돌아가고 있는 것일까?

베일을 벗기다

일본에서 돌아온 유선규는 계속해서 자료를 기다렸다. 하지만 연락이 없었다. 법원이 정한 '자료 제출 기한'은 몇 주 남아 있었다. 이때까지 꽉 채우고 주려는 게 아닌가 걱정이 들었다. 그러다 드디어 연락이 왔다. 2월 28일 KT&G 서울 사옥에서 상세 자료를 준다고 했다. 이 정도면 아쉬운 대로 분석은 가능할 것이라고 기대했다. 그러나 법무법인에서 주의를 주었다. 무슨 수를 쓸지 모르니 받는 날까지 긴장을 늦추지 말라는 것이다.

유선규는 2월 28일 대치동 KT&G 사무실을 찾았다. 2023년 10월 6일 가처분 신청을 냈고 장장 5개월이 지나 결국 받게 된 날이었다. 바야흐로 2024년인데 이런 회계 실적 자료를 사람이 와서 직접 받아 가라고 했다. 과연 효율성을 무시하는 회사답다고 생각했다. '결국 주는 것은 USB인데 왜 오라 가라 하는 걸까? 분명 마지막까지 뭔가 있을 것 같은데… 혹시 가면 1층에서부터 한 층씩 격파해야 올라갈 수 있게 해놨나?'

그러려니 했다. 그쪽에서 아무리 덫을 놓은들 안 걸리면 되는 것이고, 이렇게 직접 만나면 자신이 필요한 정보를 얻을 기회도 생기니 남는 장사라고 생각했다. 로펌 변호사도 동석했다. 혹시라도 마지막까지 몽니를 부리고 안 주면 그때는 삿대질하며 싸울 수밖에 없기 때문이었다.

전날까지도 KT&G는 FCP에 비밀유지 확약서 서명을 요청했다. 내용인즉슨 자료에 대해서 이의를 제기해서는 안 되고 절대 외부에 유출해서도 안 된다는, 사람을 옭아매는 법무법인 특유의 서류였다. 말도 안 되는 소리였다. 가처분 신청을 한 것은 주주 활동에 이용하기 위해서라고 신청서에 분명히 기재했다. 그래서 법원이 가처분을 인용했다. 서명을 거부하자 KT&G는 싱거우리만치 순순하게 그럼 어쩔 수 없다며 포기했다.

KT&G 대치동 사옥 회의실에는 열 명 가까운 사람이 벌써 와서 기다리고 있었다. 그리고 김앤장에서 나온 것으로 보이는 변호사도 있었다.

서로 얼굴을 붉히지는 않았지만 명함을 주고받지도 않는 어색하고 긴장된 분위기. 유선규는 수령확약서에 서명하고 USB를 받았다. 그리고 가지고 간 노트북에서 파일을 열었다. 세부 항목을 보니 사업의 특성이 무엇이고 회사가 어떻게 운영되는지에 대한 가정이 하나도 없는 단순 데이터일 뿐이었다. 매출 원장-수출, 매출 분개장-수출, 재고자산 원장, 매출원가 원장, 매출채권 명세서, 판관비 분개장 같은 이름이 붙은 엑셀 파일이었다. 유선규가 가장 좋아하는 숫자의 바다였다. 유선규는 기분이 좋아지기 시작했다.

받은 자리에서 요청한 자료 리스트와 받은 자료 리스트를 대조했다. 자료가 빠진 것을 확인하는 데는 시간이 얼마 걸리지 않았다. 유선규는 웃는 얼굴로 물어보았다.

"저, 자료 하나가 없는 것 같은데요. 재고자산 중에 원재료 관련 내용이 없습니다."

"아, 그건 불가능합니다." KT&G 직원으로 보이는 사람이 답변했다.

"왜죠? 가처분 인용 목록에 제가 분명히 넣었는데요. 결정문에도 있고요."

"담뱃잎 같은 원재료는 수출 담배에 들어가는 것만 발라내기가 불가능합니다. 국내 담배 원재료와 같이 보관하거든요."

"아 네, 알겠습니다. 그리고 판관비, 인건비 이런 것들이 너무 적은데 이건 어떻게 나온 건가요?"

"해외전담팀같이 직접 업무를 담당하는 팀의 비용만 포함한 겁니다."

"아, 그럼 공통비 같은 건 반영이 안 되었다는 말씀이시죠?"

"네."

유선규는 피부로 느꼈다. 회계사가 된 후 처음 맡은 프로젝트에서 재고가 없는데도 우겼던 사람들. M&A 실사를 할 때 분명히 실체가 없는 신사업에 대해 설명을 회피했던 사람들. 그리고 바로 앞에 앉아 우려스러운 눈초리로 쳐다보고 있는 사람들. 똑같은 느낌이었다. 유선규는 더 이상 질문하지 않았다.

관리회계 vs. 재무회계

재무회계란 회사의 전체 모습을 정확히 반영해서 보여주는 정기적 활동이다. 회사 재무팀에서 하는 가장 지루한 작업이라고 해도 과언이 아니다. 하지만 키, 나이, 몸무게 등을 기록하는 것처럼 정확하게 해야 한다. 오늘 시점의 전체 재고, 받을 돈, 지난 한 해 동안 지출한 직원 월급, 접대비 등등 분기마다, 해마다 작성해야 하는 이 문서를 위해 회사는 많게는 수십 명의 재무팀원을 고용하고 공인회계사를 팀 단위로 배치한다.

KT&G는 2023년 공인회계사 19명, (심리실 등) 품질관리 검토자 5명, 전산감사, 세무, 가치평가 전문가 41명 등 총 65명을 이 업무에 투입했다. 보통 1~2월에 시작해서 한 달 넘게 회사에서 팀 단위로 상주하기도 하고, 매출을 검토하고(모두 서류를 대조함으로써 이루어진다), 수십 차례 인터뷰를 거쳐 빠르면 2월 중순에 초안이 나오고, 이를 계속 리뷰하며 대략 3월 중순에 감사보고서가 나온다. 이를 감사인의 서명을 받아 3월 하순경에 발표하면 회사의 감사보고서, 사업보고서가 되는 식이다.

이런 재무회계에 비해 관리회계는 보다 더 자세한 레벨로 회사 현황을 파악하는 일이다. 키, 몸무게를 넘어 혈압과 콜레스테롤 측정 수치, CT와 내시경 촬영 영상에 해당하는 정보다. 이달에는 매출이 얼마인지, 이익은 얼마인지, 이 나라 이 지역에 이번 달 특정 제품을 팔아 번 돈은 얼마인지, 같은 제품이라도 어느 공장에서 생산하면 더 저렴한지, 지역별로 이익을 본다면 어떠할지, 세부 사업 부문의 수익성은 어떤지.

법적으로 감사인의 검토를 받아야 하는 재무회계와 달리 관리회계는 내부적으로 필요한 자료일 뿐, 법적인 의무가 아니다. 그러나 회사를 경영하려면 무조건 필요한 일이다. 이게 없이는 경영이 불가능하다. 관리회계 없이는 감으로 하는 수준을 넘어설 수 없다. 건강한지 물었는데 체중계만 보고 '네, 몸무게가 줄었습니다'라고 말하는 식이다. 췌장이 썩고 있어 체중이 준 것은 모르고 말이다.

따라서 회사는 사업을 더 잘 이해할 수 있도록 투자자에게 이러한 정보를 제공한다. 이는 사업보고서에 주로 나오고 IR에서 중점을 두는 분야다. 분기별 IR 실적 보고에서 대부분 투자자는 법적으로 재무제표에 나오는 숫자 외에 특정 사업의 매출, 수익성 같은 더 자세한 정보를 알고 싶어 한다. 민감한 부분은 조심해서 빼고 이해하기 쉽도록 잘 설명해서 투자자를 도와주는 것이 IR 부서가 하는 일이다. 실적 보고에서 애널리스트가 그토록 묻는 자료가 바로 이 관리회계에 관한 자료다. 회사가 투명하게 공개하면 질문할 필요도 없다. 거꾸로 아무것도 안 주는 회사라면⋯. 줄 서서 부스러기라도 받을 수밖에 없다.

관리회계는 간단한 일이 아니다. 예를 들어보자. 'KT&G 한 공장에서는 1일부터 30일까지 담배를 생산했다. 첫 10일은 에쎄를, 나머지 20일은 보헴시가를 생산했다. 생산한 모든 제품은 창고로 옮겨 보관했고, 그중 에쎄의 30%를 해외로 수출했다.' 자, 그럼 그달 수출한 에쎄의 원가는 얼마인가?

우선 수출용 에쎄가 만들어진 시간의 경비를 정확히 계산해서 배분해야 한다. 그리고 같은 기간 회사 전체에서 수출을 위해 투입한 비용도 감안해야 한다. 단순히 수출 담당 부서의 인건비만 산입해서는 안 된다. 공장 전기료는 어떻게 나눌 것인가부터 창고 수수료, 본사와 지사의 건물 임차료, 인사부 비용, 대표이사 연봉은 얼마만큼 수출로 잡을지를 명확한 기준에 따라 계산해야 한다.

상품별, 지역별, 월별로 이런 계산이 가능해야 하고, 각 항목으로 나뉜 값을 합했을 때는 회사 전체의 감사보고서와 숫자가 일치해야 한다.

KT&G의 문제는 바로 이 관리회계였다. 관리회계는 주주에게 보고하려는 목적만이 아니라 경영진과 임직원의 성과를 평가하는 데도 긴요하게 쓰인다. 세분화된 데이터를 통해 양보다 질을 알려주는 지표이기 때문이다. 관리회계를 은닉하거나 일부러 틀리게 했다면, 그리고 그런 결과를 바탕으로 경영진에게 과다한 인센티브를 지급했다면 배임이라 할 수 있다.

하지만 이를 배분하는 것은 회사의 재량에 달려 있다. 케이크 한 판을 자르면서 몇 조각을 더 크게 잘랐다고 해서 공시 의무에 걸리지는 않는다. 법의 테두리 밖에 있는 영역이기에 꼼수의 여지가 크다.

'최소 680억' 적자

유선규가 받은 자료는 과연 예상대로였다. KT&G에서 준 자료로만 보면 해외 궐련담배와 전자담배(HNB) 모두 흑자였다. 그러나 자료를 받으면서 KT&G와 나눈 이야기를 조금만 복기해보면 이는 말도 안 된다는 것을 중학생도 알 수 있을 정도였다.

일단 원가. KT&G는 원재료에서는 내수용과 수출용 담배를 구분하지 않는다고 분명히 밝혔다. 부재료 등은 자료 리스트에 없었고 인건비, 공장 기계 사용 비용(감가상각비) 등도 들어가겠지만 이 비용이 국내에서 파는 담배와 크게 다르다는 근거도 없었다.

그리고 판관비는 정말 해외와 연락을 취하는 딱 그 팀에 들어가는 비용만 넣었다. 그마저도 숨만 쉬고 사나 싶게 적은 비용만 넣었다.

일반적인 관리회계라면 해외 담당 부서의 인원을 관리하는 인사팀이 쓰는 비용, 그 실적을 집계하는 회계팀이 쓰는 비용, 그 사무실을 관리하는 총무팀이 쓰는 비용 등을 산출해 반영해야 한다. 해외 수출을 하지 않아서 인원이 없다면, 거래 기록이 없다면 발생하지 않았을 비용들이다.

이는 마치 사과 하나의 반쪽이 다른 부분이라고 주장하는 것과 같았다. FCP는 되도록 회사의 의견을 반영해 보수적으로 실적을 추산했다. 아무리 좋게 보아도 과거 3년간 해외 판매 실적은 마이너스였다. 그것도 마이너스 680억 원이었다.

3월 11일, FCP는 전국, 전 세계 모든 주주에게 영어와 한국어로 온라인 주주설명회를 개최한다는 보도자료를 발행했다. 이때 KT&G가 숨겨온 해외 실적을 공개하겠다고 예고했다.

3월 13일, 미국 동부 시간 오전 9시를 시작으로 1차 웨비나가 열렸다. KT&G로부터 받은 데이터를 전부 공개하면 법적 리스크가 있다는 변호사들의 엄중한 경고가 있었기에, 가능한 한 요점만 정리하며 설명했다. 결론은 3년간 수출 실적은 누적 손실액 680억 원이라는 것이었다. 예의 그 행복해하던 홍콩 헤지펀드의 동심을 무참히 깨버리는 숫자였다.

숫자로 확인한 것 말고도 손실은 더 있을 것이다. 지금까지 언론에 나온, 숨겨온 리스크를 감안하면 '조 단위' 손실도 예상할 수 있었다.

궐련담배 수출: 밀어내기의 무리수

이상현은 웨비나를 진행하면서 2024년 1월 17일 조선일보 보도를 소개했다. 제목은 "KT&G, 담배 성분 누락 자료 제출… 美법무부 조사 받아 / 본지 내부 문건 입수… 美서 예치금 1조 5400억 원 못 받을 수도"였다. 미국에 수출한 담배가 미국 법무부 조사를 받고 있다는 내용이었다.

얼마 전까지만 해도 '고단가 시장'이라고 침을 튀기며 자랑하던 매출이다. 그런데 KT&G 임직원들이 미국 FDA에 서류를 제출할 때 '고의로' 담배 성분을 누락했다.

[단독] KT&G, 담배 성분 누락 자료 제출… 美법무부 조사 받아
본지 내부 문건 입수… 美서 예치금 1조 5,400억 원 못 받을 수도

김지섭 기자 2024. 01. 17.

세계 5위, 국내 1위 담배업체인 KT&G가 경영상 중대 실책으로 미 법무부와 식품의약국(FDA)의 조사를 받고 있는 것으로 확인됐다. 담배와 관련한 미 보건 당국의 규제를 위반하고, 담배 제품 승인과 심사 과정에서 잘못된 자료를 제출한 혐의를 받고 있기 때문이다. 이 문제로 인해 미국 주(州)정부에 낸 1조 5,400억 원의 장기예치금을 제대로 돌려받지 못할 가능성이 있는 것으로 알려졌다.

장기예치금은 미국에서 담배를 판매하는 업체의 잘못으로 흡연자의 건강이나 신체상 피해가 발생할 경우에 대비해 주정부에 맡겨두는 돈이다. 담배 판매금의 일부를 내며, 큰 문제가 없다면 납부일로부터 25년 뒤 모두 돌려받을 수 있다. KT&G 사업보고서에 따르면, 장기예치금은 작년 3분기 기준 1조 5,412억 8,400만원에 달한다. 2000년대 초반 미국에 진출한 KT&G는 1~2년 뒤부터 이 돈을 돌려받아야 하지만 돌발 변수가 생긴 것이다.

2021년 12월 KT&G 이사회에 보고된 내부 문건의 일부. 이 문건에는 KT&G가 미국 식품의약국(FDA)에 부정확한 서류를 제출했고, 담배의 성분을 임의로 변경했다는 내용이 나온다.

■ KT&G, 1조 5,400억 반환에 변수 생겨

16일 본지가 입수한 KT&G 이사회 내부 문건에 따르면, KT&G 미국 법인은 2007년과 2011년 미국에서 담배 카니발과 타임을 출시했는데, 이 담배들에 포함된 다이아세틸(Diacetyl), 레불린산(Levulinic acid) 등 유해물질 성분을 FDA에 제출한 서류에 누락했다. 문건에는 "(담배) 실물에 포함된 성분을 안전성 및 사회적 이슈를 이유로 서류상으로만 삭제"라고 표기돼 있다.

KT&G는 미국 담배 규제의 핵심인 '상당한 동일성(SE·Substantial Equivalance)' 원칙을 어긴 혐의도 받고 있다. SE는 담배 신제품의 성분이 이전에 출시된 제품과 동일해야 한다는 원칙이다. 문건에 따르면 KT&G는 2017년 '디스'를 출시할 때 해당 원칙을 위반했다. 또 2011년 카니발·타임에 사용된 재료를 2007년 카니발 때부터 써온 것처럼 자료를 수정했고, 2018년 미국 네브래스카 등 주정부에 등록할 때 2017년 디스의 기준 제품이 2007년 카니발이라는 점을 밝히지 않았다는 내용도 문건에 담겼다. KT&G 내부 관계자는 "인체에 직접 영향을 주는 담배 성분과 관련한 사태가 발생한 것이어서 향후 장기예치금 반환에 문제가 생길 수 있을 것으로 보고 있다"고 말했다.

■ 美담배 규제 어긴 정황 다수

이 문건은 미국 정부의 조사 및 자료 제출 요구에 대응하기 위해 KT&G가 선임한 국내 대형 로펌 A사가 작성해 이사회에 보고한 것이다. A로펌은 보고서 작성 경위에 대해 "(미국 정부의) 문서 제출 명령 대응 과정에서 2011년 카니발·타임, 2017년 디스 제품에 대해 사실관계 확인이 필요한 이메일, 회의록 등을 발견(했다)"고 적었다. 로펌 조사는 R&D(연구·개발), SCM(공급망 관리), 글로벌 본부 등에서 18명을 대상으로 2021년 9월부터 12월 초까지 이뤄졌다. A로펌은 보고서에서 "FDA에 대한 부정확한 서류 제출, 실물 임의 변경 및 동일성 위배와 관련된 논의 및 실행은 대부분 R&D 기술협력팀이 주도했다"고 했다.

로펌이 해당 보고서를 이사회에 보고한 2021년 12월 14일 KT&G는 갑자기 미국 사업을 접겠다는 내용의 '영업 정지' 공시를 냈다. KT&G는 당시 "미국의 규제 강화, 시장 경쟁 심화 등에 따라 미국 사업에 대한 재검토 필요가 발생했다"고 밝혔다. 이후 KT&G는 분기별 공시 등을 통해 "미국 내 판매 중인 담배 제품의 규제 준수 현황에 관한 포괄적 문서 제출 명령을 받아 조사받고 있으며, 조사의 최종 결과 및 그 영향은 현재 예측할 수 없다"고 밝히고 있다. 하지만 왜 문서를 내야 하고 조사를 받는지에 대한 구체적 내용은 설명하지 않았다.

KT&G 측은 이날 "미 법무부가 조사 중 사안에 대한 비밀 유지 의무를 부여하는 점을 고려해 구체적 내용은 확인해줄 수 없다"며 "미국 정부로부터 제재를 받은 사실이 없고, 현재까지 문제가 발생하지 않았기 때문에 (장기예치금은) 납부 시기에 따라 2025년부터 각 금액을 순차적으로 반환받을 것으로 예상하고 있다"고 말했다.

그래서 실제 KT&G 고위 경영자들은 조사 대상이 될까 봐 미국에 들어가지 못한다는 소문도 있었다. 사실이라면 정말 큰일이다. 부도덕하다는 비난을 넘어서 법적 처벌을 받을 수도 있었다.

조선일보 기사에는 "'사회적 이슈를 이유로' 서류상으로만 삭제"라고 쓰여 있다. 즉 사회의 시선이 부담되어 포장지에서 지웠다는 뜻이었다.

KT&G의 이러한 관청 속이기는 처음이 아니었다. KT&G 자회사 영진약품은 식약청을 속이고 아토피 치료제 허가를 받았다가 취소되었고 이로 인해 94억 원을 배상했다.[71]

1조 5,000억 원이라는 막대한 돈도 문제지만 더 큰 문제가 생길 수 있다. KT&G는 조선일보에 "미국 정부로부터 제재를 받은 사실이 없고, 현재까지 문제가 발생하지 않았기 때문에 (장기예치금은) 납부 시기에 따라 2025년부터 각 금액을 순차적으로 반환받을 것으로 예상한다"라고 변명했다.

당연한 말이다. 아직 조사 중이니까 결론이 안 나왔다. 나중에 벌금이 나오면 어떻게 변명할까? '안타깝게도 벌금형이 나왔으나 모든 혐의에 대해 나온 것은 아니다'라고 말하려나.

사외이사들은 무엇을 했나? 리스크를 지적한 사람이 단 한 명이라도 있었을까? 검사, 교수, 영세 광고대행사 사장으로 구성된 이사회는 회사, 사업을 이해할까? 대놓고 사회 분위기상 뺐다는데 회사 시스템이 어떻기에 이런 행위가 허용될까? 앞에서 말했듯이 당시 이사회를 담당하던 직원은 '미국 법인의 영업정지를 결의할 때 질문하는 사외이사는 단 한 명도 없었다'고 했다.

국적 없는 담배

중동 매출의 실체도 언론 보도로 폭로되었다. 중동으로 간 KT&G 담배 대부분이 호주, 인도로 밀수된다는 내용이었다. 심각한 문제였다.

[단독] "에쎄는 인도 최대 밀수 담배"…배후 지목된 KT&G
박동휘 기자 2024. 02. 04

'고구마 줄기'처럼 나오는 방만 경영
美 1.5조 공탁금 몰취 위기 이어
인도서 '에쎄 슬림' 밀수 대규모 발각
경영진과 밀착한 사외이사 견제 상실

"의심할 나위 없이 '에쎄(Esse)'는 인도에서 가장 인기 있는 밀수 브랜드(smuggled brand)이다."

인도의 유력 언론인 민트(MINT)는 지난달 17일 '에쎄는 어떻게 경쟁자들을 질식시키고 있나(smoking)'라는 제목의 분석 기사를 게재했다. 이 기사의 온라인판은 4일 기준 구독 수 1,000만 명에 육박하고 있다.

인도 유력지가 심층 분석한 KT&G 담배 '밀수 루트'

기사는 구랑(Gurang)이라는 이름의 인도 청년이 코로나 봉쇄 기간에 겪은 일을 소개하는 것으로 시작한다. 구랑의 선호 담배는 원래 '말보로 라이트'였다. 1주일간 집에 있어야 한다는 얘기에 그는 동네 담배 가게에서 말보로 '사재기'에 나섰다. 하지만 그가 살 수 있는 양은 2보루뿐이었다. 구랑과 똑같은 생각을 한 이들이 많았다는 얘기다. 대신 가게 주인은 '백업'으로 에쎄를 내밀었다. 봉쇄가 길어지면서 구랑이 사랑하는 담배는 겉면에 혐오스러운 경고 그림도 없고 값도 싼 에쎄로 바뀌었다.

민트 기사는 KT&G의 최대 판매 브랜드인 에쎄가 어떻게 인도 시장에서 말보로 등 강력한 경쟁자들과 '어깨를 나란히' 할 수 있게 된 것인지를 상세하게 설명한다. 결론은 적나라했다. '에쎄는 밀수로 성공했다'는 것이다. 밀수는 현재진행형이다. 지난달 초 인도 세관(DRI)은 인도 중서비 나비뭄바이주에 있는 자와할랄 네루항에서 두바이발(發) 컨테이너선을 밀수 혐의로 포획했다.

중국산 카펫으로 신고된 컨테이너는 672만 개에 달하는 '에쎄 체인지'로 가득했다. 약 1억 7,000만 원어치의 밀수품이다. 민트가 유로모니터를 인용해 보도한 자료에 따르면 세계에서 두 번째로 시장 규모가 큰 인도 담배 시장에서 밀수품이 차지하는 비중은 5분의 1(2022년 기준)에 달했다. 그중에서도 인도의 밀수 담배 시장을 주도하는 브랜드는 에쎄다. DRI 관계자는 민트에 이렇게 말했다. "모든 압수 담배의 상당한 비중을 차지하는 건 언제나 에쎄다"

민트의 이번 보도는 KT&G 수출의 실상을 드러냈다는 점에서 향후 만만치 않은 파장이 예상된다. 민트는 기사에서 "KT&G에 해명을 요구하는 이메일을 보냈으나 답을 받지 못했다"고 말했다. 인도 정부가 KT&G에 책임을 물을 경우 손실이 어느 정도일지 가늠조차 하기 어렵다.

호주 정부도 꾸준히 한국 담배의 불법 유입에 '경고'

미국에서 유해 성분이 함유된 담배를 팔고도 이를 감췄다는 이유로 1.5조 규모의 에스크로(공탁금)를 몰취당할 위기에 처한 데 이어 또 하나의 대형 악재가 터진 것이다. 국내 1위 담배 제조사이며, 세계 5위의 글로벌 담배 기업이라고 자부해온 KT&G에서 어떻게 이런 일이 벌어진 것일까.

KT&G 담배가 밀수품으로 지목당한 건 인도가 처음이 아니다. 호주도 불법 경로로 유입되는 한국 담배로 골머리를 앓고 있다. 호주 매체 MHD는 2016년 8월 10일 '한국 담배 밀수업자들이 호주를 타깃으로 삼고 있다'는 제목의 기사를 내보냈다. 호주국경수비대(ABF)를 밀수품

압수 결과를 인용해 한국에서 호주로 운송되는 해상 물류를 통해 4백만개의 불법 담배를 입수했다는 내용이었다.

ABF는 아예 지난해 말 홈페이지에 "역대 최대 규모(주간 기준)의 불법 담배를 압수했다"는 실적을 공지했다. 4800만 달러어치의 밀수 담배를 적발했는데 포획한 선박이 한국, 중국, 싱가포르에서 출항했을 것으로 추정했다. ABF는 다양한 범죄 조직이 연루됐을 것이라고 보고했다.

인도와 호주의 사례를 조합하면 역대급 한국 담배 밀수 사건의 전말을 어느 정도 가늠해볼 수 있다. 우선 KT&G 담배(KT&G의 국내 독점 사업자이므로 한국 담배는 결국 KT&G 브랜드를 의미한다)를 밀수하는 조직이 매우 체계적이고, 대규모라는 것을 짐작할 수 있다.

이들은 인도, 호주 등 담배에 고율 관세를 매기는 국가를 집중 공략하고 있다. 밀수 담배를 숨기기 위한 위장 화물의 종류도 다양하다. 카펫, 화장지, 소파, 자동차 스캐너 등을 선적하는 것처럼 서류를 꾸민 뒤 한국을 포함해 다양한 국적의 밀수 담배로 컨테이너를 채웠다.

KT&G 고위 임원과 중동 수입상과의 '수상한 관계'

그렇다면 한국 담배를 불법 경로로 인도, 호주 등에 판매하는 이들은 누구일까. KT&G가 밀수에 직접 관여했을 가능성은 없다. 다만, 묵인하고 있을 개연성은 있다. KT&G 내부 사정에 정통한 관계자는 "중동 등 대리상을 통해 에쎄를 비롯한 KT&G 담배가 흘러 들어갔을 것"이라고 말했다.

인도 민트의 기사에서도 적발된 컨테이너선의 출항지는 두바이였다. 호주 ABF가 출항지로 언급한 3개 국가(한국, 중국, 싱가포르)는 중간 기착지인 것으로 추정된다. 싱가포르는 매우 엄격한 금연 정책을 시행하는 국가다. 중국 역시 자국 담배 산업 보호를 위해 외산 담배에 대해 쿼터제를 적용하는 나라다. 중국에서 한국 담배를 제조해 밀수품으로 둔갑시켰을 가능성은 거의 없다.

KT&G는 2022년 12월 말 기준으로 전 세계 135개국에 궐련 및 전자 담배를 수출하고 있다. 2022년에만 494억 개비의 궐련과 전자담배(NGP) 스틱 59억 개비를 수출했다. 양적으로는 매년 팽창하고 있지만, KT&G의 수출 방식은 해외 시장을 직접 공략하는 필립모리스인터내셔널(PMI), 영국 BAT, 일본 JTI 등 글로벌 상위 담배 제조사와는 다르다.

KT&G는 해외 판매 경로(지난해 3분기 감사보고서)에 대해 이렇게 기재해놨다. '해외 판매는 해외법인 영업 조직을 통해 도·소매상 등에 직접 유통하는 방식과 수입상을 통한 간접 유통방식으로 운영되고 있다.' KT&G 해외법인은 인도네시아, 러시아, 튀르키예, 대만, 미국, 이란, 카자흐스탄 등 총 10개며, 중국 몽골 우즈베키스탄에 사무소를 운영하고 있다.

에쎄 등 KT&G 브랜드의 밀수는 '수입상을 통한 간접 유통방식'에서 횡행하고 있는 것으로 알려졌다. 특히 중동의 수입상이 늘 도마 위에 올랐다. 민영진 KT&G 전 사장(현 KT&G복지재단 이사장)은 2009년 중동의 담배 유통상으로부터 4500만 원대 스위스제 명품 시계 '파텍 필립' 1개와 670여만 원 상당의 롤렉스 시계 5개를 챙기는 등 1억 원대 뇌물을 수수한 혐의로 재판에 넘겨졌다. 법원은 민 전 사장 등 KT&G 임원들에게 최종 무죄 판결하긴 했지만, 중동 수입상과 KT&G 와의 '돈독한 관계'를 엿볼 수 있는 사건이라는 점에선 의심의 여지가 없다는 지적이 나온다.

수입상 의존하는 해외 매출, 정보 공개 꺼리는 KT&G

중동 수입상으로 가는 담배 관리는 튀르키예 법인이 맡고 있다. 튀르키예 법인은 KT&G 해외 사업의 핵심으로 분류된다. 재연임을 마치고 올 3월 KT&G 재단 이사장으로 옮길 예정인 백복인 사장은 튀크키예 법인장을 역임했다. 최근 KT&G가 해외 현지 법인 점검을 명분으로 사외이사들에게 여행사 패키지 상품을 사용하도록 했다는 의혹이 제기됐는데 사외이사들의 최애 출장지로 꼽히는 곳이 튀크키예 법인이다.

수입상을 통한 중동 수출 구조도 비상식적이다. 2021년 1분기 사업 보고서의 지역별 수출 현황에 따르면 KT&G는 중동·러시아·중앙아시아에 7억6,600만갑을 수출해 2688억 원 매출 실적을 기록했다. 1갑당 약 350원에 납품한 셈이다. KT&G 주요 담배 브랜드의 한 갑당 매출 단가는 700~800원가량이다.

간접비와 매출채권 회수 비용 등을 감안하면 사실상 적자를 내면서 일종의 밀어내기 매출을 했던 셈이다. 담배업계 관계자는 "중동 등 수입상들은 KT&G로부터 헐값에 담배를 받아와서 인도처럼 외산 담배 가격이 비싸거나 호주처럼 담뱃값 자체가 고가인 곳에 밀수로 팔면 엄청난 이득을 챙길 수 있다"고 지적했다.

인도의 민트도 에쎄가 밀수품으로 인도에 대량으로 풀리고 있는 원인을 "KT&G의 무자비한 수출 때문"이라고 꼬집었다. 민트는 KT&G가 1899년 전매청으로 출발해 국내 독점 기업으로 성장하기까지의 역사를 개괄한 뒤, 주식시장 상장 및 민영화 이후 더욱더 궐련 제품의 수출에 사활을 걸고 있다고 분석했다.

KT&G는 러시아, 인도네시아, 투르키예, 카자흐스탄에서 궐련 제조 공장을 운영 중인 데 이어 2026년 가동을 목표로 인도네시아에 두 번째 생산 공장을 짓겠다고 밝힌 바 있다. 생산 시설의 가동률을 올리기 위해선 수요처를 발굴해야 한다. 이를 달성하기 위해서 KT&G는 절대로 인도 시장을 방관할 수 없었을 것이라는 게 민트 측의 추정이다.

인도 유력 언론으로부터 '밀수의 배후'로 지목당하면서 또다시 KT&G의 경영 관행에 대한 비판의 목소리가 높아지고 있다. KT&G 공채 출신을 우대하는 '그들만의 왕국'을 건설하는 데 혈안이 되면서 기업 가치를 훼손하고 있다는 우려가 나온다.

이 같은 의혹에 대해 KT&G 측은 "합법적인 경로를 통해 제품을 수출하고 있고, 정상적인 사업자들에게 제품을 공급하고 있다. 제품이 정상적으로 공급된 이후의 유통 경로에 대해서는 알 수가 없다. 다만, 회사는 수입상들이 각 국가의 규제를 준수해서 판매할 것을 지속적으로 소통해오고 있다. 아울러 중동 지역은 전량 국내에서 제조한 담배가 수출되고 있다"고 밝혔다.

기사 마지막 단락처럼 KT&G는 서둘러 입장문을 냈다. "제품이 정상적으로 공급된 이후의 유통 경로에 대해서는 알 수가 없다… 아울러 중동 지역은 전량 국내에서 제조한 담배가 수출되고 있다." 호텔 식당에서 파텍필립 시계를 받고도 뇌물인 줄 몰랐다고 했던 민영진 사장의 말과 같은 셈이다. 시계를 준 사람도 바로 같은 중동 상인 압둘 라만이었다.

법정에서 모르쇠는 통하지 않는다. 제삼국을 경유한 밀수는 자칫 무역 문제로도 번질 수 있다. 비슷한 사례로 영국 BAT가 싱가포르 소재 제삼자 회사를 경유해 북한에 담배를 판매했다는 이유로, 미국 법무부가 대북 제재 벌금으로 6억 달러 이상 부과했다고 앞서 소개한 바 있다.

세 번 진행된 웨비나를 통해 전 세계 주주에게 알린 FCP는 뒤늦게나마 이 사실을 알고 주주들이 한 명이라도 옳은 결정을 하기를 바랐다. 그리고 드디어 이번 주총에서는 이길 수 있을지도 모른다는 희망을 품었다.

두 번째 주주제안

2월 14일, FCP는 2024년 3월 주총을 위한 주주제안을 제출했다. 전년에는 무려 아홉 가지 안건을 제안했다면 이번에는 단 한 가지였다. 사외이사 선임이었다. 가장 핵심적인 하나를 얻고 나머지는 찬찬히 추진하겠다는 자세였다. 주주들에게 메시지를 전할 간단한 엘리베이터 피치(elevator pitch)가 필요했다.

'현 사외이사들로는 회사가 계속 망가질 것이다. 이사들은 앞으로도 열기구를 타고 회사 재산을 임원들 재단으로 옮길 것이다. 실적을 부풀리는 해외 매출만 늘어나며 조 단위 손실이 생길 것이다. 제대로 된 사외이사가 있어야만 이런 일을 막을 수 있다.'

그런데 사실 2024년 주총에서 가장 화제가 된 사건은 FCP가 제공한 것이 아니었다.

기업은행의 와신상담

2024년 2월 21일, 신문을 읽다가 이상현은 갸웃거렸다. 기업은행이 KT&G에 새로운 사외이사 후보를 제안했다는 내용이었다. 기업은행은 2018년에 요란하게 당시 백복인 사장의 연임을 반대했고, 주총에서 패배한 뒤인 2021년에는 거꾸로 백복인의 3연임을 찬성했다고 알려졌다. 심지어 2022년에도 경영진 편을 들었다. 주거니 받거니 경영진과 딜이라도 하나 보다, 이상현은 대수롭지 않게 생각했었다.

그런데 뒤이은 3월 중순의 조선일보 기사는 보다 의미심장했다. 기업은행이 KT&G에 주주명부를 요청했다가 거절당했다고 보도했다. 거절? 국민연금도 KT&G 주식을 판 뒤라 기업은행이 이제 명실상부한 최대주주인데, 고작 주주명부를 보겠다는 요청을 거절했다고? 기업은행과 KT&G 사이에 갈등이 존재한다는 분명한 신호였다. 기업은행에 대한 KT&G의 반응 역시 석연찮았다. 기업은행의 요청에 KT&G는 검토가 필요하다고 반응했다. 말을 아끼는 것 같아도, 갈등의 골이 깊어진 것 같은 분위기는 충분히 감지할 수 있었다.

같은 날 금감원 전자공시 사이트에는 기업은행의 '의결권 대리행사 권유 참고서류' 공시가 올라온다. 다른 KT&G 주주들에게, 기업은행에 의결권을 위임해달라고 요청하는 내용이었다. 이제는 이 글을 읽는 누구라도 알 수 있었다. 기업은행과 KT&G가 한판 붙는다!

물론 궁금한 점은 아직 해소되지 않았다. 명색이 최대주주인데 어쩌다 이렇게까지 해야 했을까? KT&G와 평소에 소통을 안 하나? 이럴 거면 작년에는 왜 KT&G 편을 들었을까? 오락가락하는 기업은행의 의중을 알 수 없었다. 그리고 '오락'에서 '가락'으로, 무엇이 기업은행의 심경 변화를 가져왔을까? 정부의 입장이 바뀌었기 때문일 수 있었다. 여론의 변화 때문일 수도 있었다. 그 두 가지 다일 수도 있었다.

실제로 2023년부터 정부 입장은 눈에 띄게 달라졌다. 윤석열 대통령부터 소유분산기업의 거버넌스에 대한 우려를 표명했고, 더군다나 2024년 2월에는 밸류업 프로그램을 발표해 한국 주식시장의 저평가를 해소하겠다고 출사표를 던진 상황이었다. 국민연금은 투자 목적을 '단순 투자'에서 '일반 투자'로 바꿨다. 더 이상 가만히 보고만 있지는 않겠다는 선전포고였다. 그동안 KT&G, 포스코 같은 회사에서 불거진 경영진-이사회 결탁이 대서특필로 집중 조명되면서 등을 돌린 여론을 의식했을 것이다.

정확히 무엇 때문에 기업은행의 마음이 돌아섰는지는 몰라도 최대주주가 할 말은 하겠다니 시장에서는 모두가 고개를 끄덕였다. 기업은행은 더 이상 미룰 수 없었다. 자신의 입장을 확실히 밝혀야 했다.

조선일보 기사가 나온 날, 기업은행은 열여덟 장짜리 '주주 제안 설명 자료'를 발표했다. 주주들에게 호소하는 기업은행의 논조는 날카로웠다. 프레젠테이션 도입부부터 "주주들에게 KT&G에 관하여 세 가지 질문을 드린다"는 장표로 시작했다. 그리고 얼른 봐도 사이즈가 80은 되는 것 같은 큼직큼직한 글자로 질문을 던졌다.

첫째: 코리아 디스카운트의 가장 큰 원인은 무엇인가?

둘째: 회사의 주인은 누구인가? KT&G의 기업 지배구조 관행은 과연 선진적인가?

셋째: 최대주주인 IBK의 역할은 무엇이라 생각하는가?

그렇게 주의를 환기하고서 기업은행은 세 가지 질문에 답도 제시했다. 코리아 디스카운트는 '후진적 지배구조' 때문이다. 소유분산기업의 지배구조 선진화는 '밸류업'의 시작점이다. 소유분산기업 CEO의 사익 추구 행위로 이사회의 독립성 훼손이 우려된다. 그러면서 대한민국 정부는 기업은행 지분 59.5%를 보유한 최대주주이고, 기업은행 역시 소유분산기업 지배구조 선진화에 일조할 것이라고 했다.

드디어 대한민국 정부가 주주들 편에 서서 싸우겠다는 선언이나 다름없었다. 소액주주들에게 이만큼 통쾌한 메시지는 없었다. 뒤이은 페이지에서 기업은행은 현 경영진을 신랄하게 비판했다. 무려 6년을 와신상담하며 묵혀온 목소리였다.

KT&G 경영진의 이사회 포획을 통한 참호 구축 시도
- 매년 회사 비용 수천만 원을 들여 사외이사에게 해외 출장을 제공*하였고, 시민단체가 백복인 사장과 방경만 부사장, 사외이사 등 이사회 전원을 업무상 횡령 등의 혐의로 고발

  * 비즈니스 항공권, 고급 호텔 숙박, 식대 등 명목으로 하루 500달러 지급. 배우자 동반 사례도 있음

KT&G 경영진의 사외이사 회유를 통한 참호 구축 시도

- 금번 KT&G 사외이사 추천 후보 임민규는 사장후보추천위원회 위원으로 방경만 후보 추천
- 임민규 본인은 KT&G 사외이사 후보로 추천되어 연임 시도
  → 임민규 사외이사 후보는 KT&G 이사회 의장으로, 現 이사회의 독립성과 관련한 시장의 의구심에 대해 충분한 해명 없이 사외이사 후보로 재추천된 것은 사외이사 권력화임

KT&G 경영진의 자기주식 증여를 통한 참호 구축 시도

- 전·현직 사장인 민영진, 백복인이 이사장 등으로 있는 기관에 이사회 권한으로 KT&G 자사주를 무상 증여한 것으로 확인되었고, 경영진 우호지분을 확보한 것으로 추측
- FCP는 감사위원회에 결의한 이사들을 상대로 손해배상 청구하였으나 공익 목적 인정, 제반 절차 준수 등의 사유로 거절
- 우리사주조합 등에 증여하는 사례는 있으나 재단에 주는 사례는 흔치 않은 것으로 판단됨

신규 사장 후보 방경만 선임 건에 대해서도 딱 부러지는 의견을 냈다.

"반대합니다. 사외이사 출장 등에 책임이 있고, 부사장 시절 경영성과도 우수하지 않기 때문입니다."

이보다 더 명확할 수 없는 단호한 입장 표명이었다.

'관치'를 중단하라

이쯤 되자 KT&G 경영진도 나이스한 가면을 벗어야 했다. 완곡한 표현으로 유명한 기업은행이 자신들을 '맹공격'했다. 최대주주에 대한 예의 따위를 찾을 때가 아니었다. 죽느냐 사느냐 하는 상황이다. 확실히 본때를 보여줘야 했다. 2018년에 확실히 죽였어야 하는데….

게다가 기업은행이 아무리 7% 지분으로 명목상 최대주주라고 한들, 자신들 지분보다 훨씬 작았다. 2024년 3월 재단과 각종 기금 등이 보유한 지분은 전년보다 커져서 12%에 달했다.

1단계로 KT&G가 기업은행의 목소리를 잠재우려고 내세운 키워드는 '관치금융'이었다. 이 카드로 2018년에 기업은행을 이겼었다. 'Again 2018'이다. 홍보팀이 움직일 때였다. 소형 인터넷 매체들을 시키면 자극적인 헤드라인을 뽑아낼 수 있다.

"KT&G, 차기 사장 반대 나선 IBK기업은행…관치 논란 불붙나" (뉴스1)

"기업은행, KT&G 사장후보 방경만 끌어내리기…'관치 논란'…" (블로터)

"KT&G 최대주주 기업은행, '관치 논란'에 '법 위반' 의혹까지" (뉴스1)

그러나 대중의 반응은 냉담했다. 언론 보도로 경영진과 이사회의 밀월 관계가 이미 널리 드러났다. 실적이 하락했는데도 불구하고 백복인이 연봉킹이 된 것도, 감옥에서 나온 전임 사장이 재단 이사장 자리를 꿰차고 그 재단에 자사주를 불법 기부해 최대주주를 만든 것도, 사외이사들이 부부 동반으로 열기구, 크루즈 관광을 하고서 출장계획서를 위조해서 돈을 받아낸 것도 다 잘 알고 있었다.

'기업은행 말은 듣지 말라'는 KT&G의 목소리에는 설득력이 없었다. 0.4% 주주인 FCP는 '먹튀'라서 안 되고, 최대주주인 기업은행은 '관치'라서 나쁘다면 주주들은 모두 반대라는 말밖에 되지 않았다. 주주라면 무조건 악으로 규정하는 것처럼 보일 뿐이었다.

사람들은 이 '모두 까기' 패턴에 논리적 구멍이 있음을 발견했다. 당장은 '주주님' 소리를 듣다가도 경영진에게 질문을 던지는 순간 '악'으로 불릴 수 있다는 현실을 깨달았다.

FCP의 지원 활동

2024년 기업은행의 주주제안은 딱 한 가지였다. 기업은행이 추천하는 사외이사를 입성시키겠다는 것이다. 기업은행이 추천한 후보자는 손동환이었다. 1973년생으로 서울대학교를 나와 사법 시험에 합격한 전형적인 엘리트 판사였다. 공군법무관과 서울고등법원, 재판연구관으로 일한 후 부장판사로 퇴임하고 성균관대학교 로스쿨 교수로 재직 중이다.

기업은행의 주주제안 자료에 따르면 손동환 판사는 소주 담합 사건, 경질유 담합 사건, 유류 할증료 담합 사건, LPG 담합 사건, 발효유 담합 사건, CJ헬로비전 거래상 지위 남용 사건, 현대모비스 시장지배적 지위 남용 사건, 삼성에버랜드 노조 와해 공작 사건, 김학의 전 법무부 차관 성접대 사건, 구미 간첩단 항소심 사건 등을 다룬 경력이 있다.

이 중 언론에 가장 많이 알려진 판결은 2011년 에버랜드의 노조 와해 공작 사건에 대한 것이었다. 2019년 서울중앙지방법원(부패전담 형사 합의부) 시절 내린 판결이다. 당시 삼성그룹은 그룹 전체에 이른바 '무노조 원칙'을 유지하기 위해 미래전략실을 주축으로 조직적으로 노조를 와해할 주도면밀한 계획을 세우고 실행한다. 노조 설립 직원을 감시하고 사생활 기밀을 빼내 징계 사유를 억지로 찾아 회사에서 내쫓으려 했다. 급여를 깎아 경제적 압박을 가하기도 했다. 또 사용자에게 협조적인 노조를 대표로 삼으며 노조를 유명무실하게 만들었다.

대기업, 그것도 삼성그룹을 호령하는 미래전략실이니 은밀하게, 그러면서 치밀하게 진행되었다. 이 세련된 포장 속에 결국 '그룹 차원의 조직적 지시'가 있었다고 판단한 당시 손동환 판사는 삼성 강 모 부사장에 징역 1년 3개월 실형을 선고했다. 삼성그룹, 그것도 미전실 임원에게 실형을 선고했다고 해서 당시 큰 화제였다. 재판부가 삼성그룹에 흔들리지 않는구나, 아직 정의가 살아 있구나, 안도감을 느끼게 해주는 판결이었다.

손동환 판사가 KT&G 경영진의 치밀한 자사주 불법 기부, 사외이사 매수, 실적 은닉도 마찬가지로 꿰뚫어 보고 그 비리를 밝혀낼까? 많은 사람이 궁금해했지만 아직 어떤 언론과도 인터뷰하지 않은 손동환 후보로부터 출마의 변을 기대하는 것은 무리였다.

기업은행의 의도가 KT&G와의 연정(聯政)이 아님을 확인한 FCP는 후보 통합을 선언했다. 자신들이 추천한 사외이사 후보를 사퇴시키고 기업은행 측 손동환 후보를 지지하기로 결정했다. FCP로서는 기업은행을 믿어보는 수밖에 없었다. 힘을 합쳐야 했다. 자칫 따로 후보를 냈다가 경영진 좋은 일만 만드느니,

표가 갈리지 않게 하는 것이 급선무였다.

FCP는 주총까지 기업은행을 전폭적으로 지지했다. 주주 웨비나 일정을 잡아 전 세계 주주들과 직접 연락했고 ISS 등 의결권 자문사들에도 기업은행의 손동환 후보를 홍보, 지원했다.

3월 13일, 미국 동부 시간 기준 오전 9시에 시작한 FCP 웨비나에는 최근에 돌아가는 이 긴박한 상황에 대해 명쾌한 설명을 듣고 싶었던 주주 수백 명이 모여 있었다. 약 40분 동안 진행된 웨비나를 요약하자면 다음과 같다.

첫째, KT&G의 해외 실적은 모두 적자이며, 이를 경영진이 감추고 있다.

둘째, 사장 후보 선정은 불공정, 불투명한 답정 선거였다.

셋째, 경영진에게서 향응을 받으며 자신의 임무를 저버린 사외이사들을 믿을 수 없다. 이사회에 주주를 대변하는 사외이사를 진입시키자.

이 중 첫째 항목을 설명하는 데 가장 긴 시간이 필요했다. 해외 투자자들에게는 내러티브뿐 아니라 구체적인 팩트와 분석으로 차분히 설득해야 했기 때문이다. FCP는 법원 판결로 받아낸 KT&G의 해외 실적을 하나씩 설명했다. 궐련담배 수출은 누적 적자가 680억 원에 조 단위 손실이 발생할 가능성이 있고, HNB 수출 또한 누적 적자가 570억 원임을 밝혔다. 분명 KT&G에 부정적인 뉴스였다. 그러나 이렇게라도 해야 경영진이 현실을 직시하고 앞으로는 주주를 현혹하는 일을 중단시킬 수 있다고 믿었다. 그래야 겉모습만 화려한 무수익 활동이 아니라 전도유망한 '진짜 사업'에 회사 역량을 집중할 것이었다.

화려해 보이는 해외 사업이 적자라고 말하면 KT&G가 가만있지 않으리라 예상했는지, 웨비나에서 이상현 대표는 이렇게 제안했다. "우리 숫자에 조금이라도 이의가 있다면, 해외 사업 담당인 방경만과 당장 만나서 공개토론할 의향이 있다. 뒤에서 불평하지 말고 신속, 투명하게 주주들에게 정확한 정보를 제공하자."

웨비나가 끝나자마자, 주총을 2주일 남겨둔 상황에서 언론도 FCP의 폭로를 앞다퉈 보도했다.

"KT&G 궐련담배 해외 사업 2020년부터 3년간 680억 원 손실" (한국경제)

"FCP "KT&G, 궐련담배 수출로 3년간 680억원 적자"" (조선비즈)

"최근 3년 궐련담배 수출 최소 680억원 손실" (연합뉴스)

언론 보도가 있었던 3월 14일, KT&G 주가는 1.28% 올랐다. 표면상 악재였던 이 소식은 이 기회에 KT&G 경영진을 교체할 수 있다는 기대감으로 바뀌어 호재로 작용했다.

FCP가 만난 해외 주주들 모두가 사외이사 선임에 대해서 같은 질문을 했다. 갑자기 나타난 손동환이 누구인가? 도대체 뭘 하려 한다는 것인가? 겨우 한 명이 이사회에 들어가서 뭘 바꿀 수 있겠는가? FCP는 난처했다. 아직 손동환 후보를 만나본 적도 없었기 때문이다. 상식적 입장에서 설명해야 했다. FCP의 설명은 한마디로 'CCTV 이론'이었다.

'손동환 안 만났다. 모른다. 그래도 나아질 것이다. 주주를 대변하는 사외이사가 단 1인이라도 있다면 분위기를 바꿀 수 있다. 마치 회의실에 설치한 CCTV 한 대가 모두의 행동을 바꾸듯이 말이다.'

KT&G 입장에서 FCP의 해외 실적 폭로는 매우 아픈 일격이었다. 기업은행에는 '관치' 프레임을 씌우면 되는데, 숫자를 기반으로 꼼꼼히 만든 FCP 자료는 대놓고 부정하기가 힘들었다. 부정하려면 자신도 근거를 대야 한다. 그러나 근거로 붙으면 진다. 그렇다고 법원의 공식 명령에 따라 스스로 제공한 자료가 잘못된 데이터였다고 할 수도 없었다. 근간을 흔든 일격에 속수무책이었다.

현 경영진의 업적이라고 선전해온 이 사업이 적자면 실상 아무것도 한 일 없이 월급만 받았다는 것을 인정해야 했다. 신임 사장 후보 방경만의 유일한 치적도 해외라고 했으니 자칫하면 그 또한 낙선할 참이었다. 어떻게든 피해야 했다.

'일단 이번만, 이번만 넘어가면 된다. 그러면 3년간 사장을 할 수 있다. 나중에 생각하자. FCP와의 공개 토론? 말도 안 되는 소리. 사업 수익성에 대해서는 지금까지 제대로 신경 써본 적도 없는데, 인터넷으로 나가서 전 세계 주주 앞에서 생방송으로 망신당한다? 주총을 코앞에 두고 왜?'

안 그래도 초조해하던 KT&G에 엎친 데 덮쳐 더 충격적인 뉴스가 도착했다.

ISS 죽이기

ISS는 1895년 설립된 세계 최대의 의결권 자문사다. 주총 때 기관투자가들이 보유한 종목의 주총 안건을 분석하고 투표할 방향을 추천한다. 전 세계에 3,200명이 근무하면서 세계 기관투자가의 80%가 가입한, 절대적 권위를 가진 기관이다.[72]

ISS는 일찍이 FCP, 기업은행 그리고 KT&G와 각각 콜을 진행했다. 그리고 3월 14일 최종 분석 리포트를 발표했다. 보고서에는 FCP의 분석, 기업은행의 입장 그리고 KT&G 경영진의 항변도 모두 실렸다. 수십 페이지에 걸쳐서 분석한 결과 도달한 결론은 침착한 톤이었다. 그러나 내용은 신랄했다.

지금까지 KT&G의 주가 흐름은 동종 업체 평균과 비교, 과거 어느 기간을 채택하더라도 하회해왔다. FCP가 캠페인을 시작한 이후 주가는 올라가기 시작했지만 나중에는 다시 떨어져서 코스피보다도 낮은 수익률을 보였다.

...

KT&G의 비효율적 자본 구조가 사업 성과에 영향을 끼친다는 것은 FCP가 지적한 바 있다… 대량의 투자(capex) 플랜을 발표하면서도 그 투자로부터 얻는 예상 수익성(return)을 밝히기 꺼리는 KT&G의 행위 또한 FCP의 비판을 받았다. 이 이슈는 끝내 공개를 거부하는 내수/수출의 수익성과 연관되어 있으며, 경영진이 매출만을 키우기 위해 수익을 해치고 있다는 우려를 낳았다.

...

또 다른 이슈는 자사주(현재 시총의 15%에 상당)인데 KT&G '인사이더'들이 운영하는 기관들에 자사주를 기부해온 역사를 비추어 볼 때, 이 자사주가 또다시 경영진과 이사회의 참호 파기에 악용될 수 있다는 우려가 있다.

...

FCP와 기업은행은 이번 사장 후보 선정 과정에 심각한 우려를 표하고 있으며 경영진이 내세운 사장 후보에 반대 의사를 표하고 있다. 밖에서 일견 보기에는 투명하고 공정한 프로세스인 듯 보이지만, 짧은 시간에 이루어진 선정 절차가 과연 공정하고 투명했는지 의문을 표하지 않을 수 없다. 특히 그 공정하고 투명했다는 절차의 결론이라는 것이 KT&G 실적 악화의 장본인인 사람을 후보로 도출했다는 것은 실로 놀라운 일이다.

요약표에 안건별로 표시된 ISS의 결론은 명확했다.

- 손동환 사외이사 선임: 찬성
- 방경만 대표이사 선임: 반대
- 그 외 모든 KT&G 측 사외이사 선임: 반대

ISS의 발표를 기다리던 언론은 대서특필했다.

"(단독) ISS도 KT&G 방경만 선임 반대" (서울경제)

"ISS KT&G 주총서 기업은행 후보에 몰표 권고" (한국경제)

"세계 최대 의결권 자문사 "KT&G 방경만 사장 선임 안돼" 반기

왜" (중앙일보)

KT&G는 난감했다. 자신들이 최대주주이긴 해도 주총에서 다른 주주들의 동의가 있어야만 사장 선임이 가결될 수 있다. 뭐라고 반박하면 될까? ISS의 세계적 권위는 감히 트집 잡을 수 없었다. FCP의 분석은… 반박하기가 힘들었다. '외국 먹튀'라고 할까? 왠지 통하지 않을 것 같다. 그러기엔 너무 많은 사람이 호응하고 있다. 더군다나 외국인 주주라고 매도했다간 50% 표를 통째로 잃어버릴 수 있다. '그래, 아주 좋은 수는 아닐 수 있어도, 지금으로서는 쓸 수 있는 한 가지 방법이 있다.'

다음 날 KT&G 발표를 받아쓴 기사가 보도된다.

"KT&G, ISS 방경만 선임 반대 의견에 '보고서 중대한 오류'" (팝콘뉴스)

"KT&G, ISS 방경만 후보 선임 '반대' 권고에, "일방적 동조" 반박" (노컷뉴스)

"KT&G, ISS의 '방경만 반대' 권고에 유감… "FCP와 공모 의혹"" (뉴스핌)

자신에게 불리한 의견을 표했다고 두 회사가 '공모'했다는 표현까지 쓰는 걸 보니 적잖이 당황했음이 여실히 드러났다. KT&G는 다음 날 회사 홈페이지에, 그토록 공개하지 못한다던 해외 실적을 공개한다.

지금까지 이 핑계 저 핑계 대고 법정에서 싸우면서까지 공개를 거부했던 자료를 이제 와서 알리자니 '이렇게 가능할 거였으면 지금까진 왜 안 했나?' 소리가 나올 게 뻔했다. 그러나 그런 걸 따질 때가 아니었다. 절체절명의 시간이었다.

KT&G와 FCP는 정반대 입장이었다.

FCP	KT&G
궐련담배 수출 누적 적자 680억 HNB 수출 누적 적자 570억	궐련담배, HNB 수출 누적 흑자 총 5,500억 원

주주들은 혼란스러웠다. 결과가 이렇게 다르다고? 도대체 누구 말을 믿어야 하는 거야? 물론 FCP는 웨비나를 열어 근거를 친절히 설명했고, KT&G는 아무 근거와 설명 없이 숫자만 제시했다. 그래도 회사가 자기 실적이 그렇다고 하는데 무턱대고 무시할 수도 없는 노릇이었다.

KT&G의 발표는 최소한 주주들을 동요시키는 데는 효과가 있었다. KT&G의 갑작스러운 행동에 이의를 제기하는 주주는 많지 않았다. 지금이라도 실적을 공개했으니 그나마 다행이라고 생각했다. KT&G가 해외 사업의 수익성을 발표한 것은 이때가 처음이자 마지막이었다.

제발

'글로벌 신화'의 주인공 방경만은 마음이 급했다. 주총은 2주
일 뒤였다. 자고 일어나면 악재가 등장했다. ISS의 반대로 사
장 선임에는 이미 빨간불이 켜졌다. KT&G의 해외 주주 비중
은 50%다. 이들 중 80%가 ISS 가입자라고 알려져 있다. 그럼
40%가 날아간다.

국내 개인 주주들은 심지어 냉담을 넘어 무섭기까지 했다.

KT&G 뜻 풀이 해드립니다

경찰(FCP)과 도둑(이사회) & 경만이(도둑 두목님) (tjda****)

도둑놈들아 내 돈으로 산 자사주 돌려다오

주주가치 제고 목적으로 자사주 매수해서, 니네들 자리 보전하는
수단으로 빼돌리냐? 주주 돈으로 산 주식 당장 제자리로 돌려놔라
(sand****)

자사주 소각이 주주가치 증대에 효과가 없다?

이런 말을 한 것이 사실이라면 사장 자격이 있나 싶네요 (oris****)

해외 수출담배 적자????? 백복인 이럴 줄 알았다

해외 담배 수출로 만년 적자 내놓고 ㅋㅋ 숨기고 있고 매출만 올려놓고 성과급 받는 꼬라지하곤 아이러니합니다. 주주님들 흑자인줄 알았던 해외 담배 680억 적자인데 주가는 반대로 급상승하네요 ㅋㅋㅋ 왜 그런 줄 아시죠? 이번 기회에 이사진 사장진 싹 다 갈아야 합니다 (kec2****)

이번 주총은 다르다

작년하고 확연히 다르다. IBK와 FCP 협공으로 도둑넘들 쩔쩔매고 있다. 여기에 국민연금이 합세한다면 볼 것도 없다. 이번에야말로 백복인/방경만/이사회 거수기를 몰아낼 절호의 찬스라고 본다 (seil****)

방만경영 적폐청산

고인물은 썩기 마련. 방경만 후보가 될 경우 자신들이 왕좌를 지켰다는 안도감과 함께 주가 하락될 수 있으니 잘 판단하시길 주가를 떠나 장기적으로 회사를 위하는 길은 개혁과 혁신뿐임 (bubu****)

관치가 아니라, 이게 바로 주주 자본주의이고 주주이익 극대화 입니다

오늘도 기업은행의 행보가 관치라는 어딘가의 영향을 받은 뉴스기사들이 나오는데 기업은행은 마땅히 최대주주로서의 행보를 보이고 있다고 생각합니다. 조금 늦긴 했죠. 주주 여러분, 저 또한 일개 개인주주이지만 금번 이슈에 적극적으로 참여하셔서 주주로서 권리를 되찾으셨으면 합니다 (lazy****)

회사는 딴소리 말고
1. 외부 회계법인에 감사 받은 해외 실적을 정확하게 공개하라
2. 복지재단에 넘긴 자사주로 지분권 행사를 그동안 했는지, 했다면 어떻게 했는지 밝혀라

이거 두 개 안 하면 너네가 뭔 소리를 해도 다 헛소리임

왜 동사 해외 영업이익은 00원이고, 복지재단에 넘긴 자사주는 어쨌든 주주 자산이기 때문에 지분권 행사를 하지 않았다고 말을 못하는지…

국민연금은 뭐하는가? 정부 기조대로 밸류업 하려면 KT&G부터 바꿔야 하고 빨리 기업은행과 협력해라 (n9******)

이런 상황에 다른 사람이 사장이 된다면? 생각만 해도 큰일이었다. 지금까지의 기록이 모두 까발려질 것이다. 자신뿐 아니라 자신이 모셨던 민영진, 백복인, 두 분 모두에게 누를 끼치게 된다. 생각하고 싶지 않은 시나리오였다.

이미 사외이사는 물 건너간 것 같은 분위기였다. 자신이 사장으로 선임되는 것만은 반드시 관철해야 했다. 재단 등의 12%는 확보했다. 그러나 그 이상, 누가 그를 지지할 것인가? 과반을 받을 수 있을까?

최후의 보루, 아껴온 카드를 쓸 때였다. 회사 공식 입장도 발표하고 인터넷 매체, 지방 언론들 모두 총동원해야 했다.

"KT&G, '최대주주' 기업은행 비판 "방경만 반대는 경영공백 초래"" (아시아경제)

"KT&G "기업은행 대안 제시 없는 방경만 후보 반대…경영공백 우려"" (뉴스1)

"표대결 앞둔 KT&G…반대 주주에 '경영 공백 우려'도" (한국아이닷컴)

홍보팀이 이렇게 열심히 일하는데 자신만 가만히 있을 수 없었다. 방경만은 이럴수록 움직여야 한다. 투자자들에게 문자라도 보내야겠다 싶었다.

XX님~

현재 진행되는 일들이 심히 걱정되어 전화 드렸습니다

행동주의 펀드의 틀린 정보를 근간으로 ISS 보고서가 나왔습니다. KT&G의 주요 주주로서 잘 지켜주시기를 간곡히 부탁드립니다.

방경만 드림

이 정도로 저자세면 보통 전화가 와야 하는데, 답장도 없었다. 다시 한번 보냈다.

XX님 통화 한번 꼭 하고 싶습니다. 부탁드립니다.

'읽씹'이었다. 그렇다고 포기할 순 없었다. 다른 건 몰라도 친화력 하나만큼은 자신이 있는 방경만이었다. 이번엔 최대한 진정성을 담아 다시 문자를 보냈다.

XX님 ~

좋은 회사를 만들기 위해 과거랑은 다르게 주주들과 직접 소통하며 변화를 하고 있습니다. 또한 이 부분에 대해 많은 조언과 지원을 해주신 부분에 대해 진심으로 감사드립니다. 정부의 밸류업 프로그램 전부터 저희는 먼저 진행했던 부분을 기억해주시고 자본시장의 우려를 잘 해결할 수 있도록 꼭 저에게 기회를 주십시오. 정말 진심으로 도와주십시오. 간절히 부탁드립니다.

방경만 드림

국민연금 그리고 결전의 날

이제 남은 건 국민연금뿐이었다. 국내 기관투자가 대부분이 국민연금의 결정을 따른다.

3월 21일 저녁 10시, 국민연금 수탁위 발표가 있었다. 수탁위의 입장은 기업은행과는 묘하게 어긋났다. '사외이사는 기업은행-FCP의 손동환을 찬성한다. 그리고 사장 방경만 선임도 찬성한다.' 이쪽도 저쪽도 아닌 국민연금 특유의 플레이가 또 나왔다. 딱히 설명은 없었다.

재단 등 지분 12%에다 국민연금의 지지까지 받은 방경만은 적어도 자신의 선임에 대해서는 한시름 놓았다. 그러자 소액주주들의 실망스러운 목소리가 잇따랐다.

"국민연금은 폰지사기다… 국민 돈 갈취하여 부패경영인 뒤봐주는 국민사기공단이다. 안 내고 안 받기 운동 실시하자" (tjda****)

하지만 국민연금의 의결권은 수탁위 결정 사항이었고 이미 난 결정을 되돌릴 수는 없었다. 이제 KT&G도, 기업은행도, FCP도 마지막 남은 시간 동안 한 명이라도 더 많은 주주의 마음을 움직이기 위해 열심이었다. 각론은 달랐어도 핵심 문제는 하나였다. 누가 주가를 상승시킬 수 있는가?

2024년 3월 28일 오전 10시, 대전에는 비가 내렸다. KT&G 인재개발원에는 주주, 기자, 회사 직원 그리고 노조원까지 수백 명이 모였다. 노조원들은 주총장 가는 길목에서 경영진 편이라며 노동요를 부르고 있었다.

주총이 열릴 인재개발원 비전홀 앞에는 검은색 차량이 줄지어 서 있었다. 주주를 모시기 위한 배려는 아니었다. 기자들을 대전역에서 주총장으로 모시기 위해 KT&G가 준비한 의전 차량이었다. 기업은행은 전날 도착해서 카니발을 대절해 일찍부터 회장에 나와 있었다. FCP도 시작 전에 도착해 있었다.

주총장은 시작 전부터 술렁거렸다. 주주총회 진행은 백복인 사장이 맡았고, 이것이 사장으로서 그의 마지막 업무였다. 대본을 읽는 그의 모습은 침착하면서도 뭔가 힘이 없어 보였다.

백복인이 주주총회 개회를 선언했다.

첫 번째 안건은 제37기 재무제표 및 이익잉여금처분계산서 승인의 건. 큰 문제 없이 승인되었다.

두 번째는 정관 일부 변경 건. 세부 안건으로 모두 여섯 건이 있었다.

- 제2-1호: 목적사업 추가
- 제2-2호: 상법 개정 사항 반영 등 조문 정비
- 제2-3호: 사내이사 추천/해임건의권 이관
- 제2-4호: 사장후보추천위원회 구성 및 운영 개선
- 제2-5호: 이사회 내 위원회 구성 개선
- 제2-6호: 배당기준일 관련 개정

제2-1호 목적사업 추가에는 자사 온라인몰에서 릴 등의 상품을 직접 판매하기 위해 전자상거래업과 통신판매업, 통신판매중개업을 추가했다. 제2-2호는 신주의 배당 기준일을 상법 개정 사항에 맞게 조정하는 내용이다. 제2-3호는 사내이사의 추천/해임 주주총회 건의권 중 사장과 사장 후보에게 있던 권한을 이사회로 완전히 이관한다는 내용이었다.

제2-4호는 사장후보추천위원회 구성에서 현직 사장을 완전히 배제하고 운영 기간을 늘렸다. 제2-5호는 감사위원회 구성을 기존 3분의 2 이상 사외이사에서 전원 사외이사로, 사외이사후보추천위원회는 기존 과반수 사외이사에서 전원 사외이사로 변경한다는 내용이다. 제2-6호로는 배당 기준일을 기존 매 결산 기말에서 이사회 결의일로 바꾸어 배당을 먼저 확인하고 투자할 수 있도록 절차를 개선했다.

대부분 무난한 안건이었다. 그런데 유선규가 느끼기에 분명 뭔가 달랐다. '2023년에는 하나하나 꼼꼼히 챙기는 느낌이었는데 이번에는 속전속결이다. 빨리 진행해서 덮어야 할 뭔가가 있나?'

KT&G는 이상할 정도로 주총 진행을 서둘렀다. 순식간에 안건 번호를 읽고, 개표를 발표하고, 초반에는 안건 하나를 통과시키기까지 채 몇 분도 걸리지 않았다. 게다가 노조 조끼를 입고 앞자리를 차지한 노조원들과 뒷자리에 앉은 KT&G 직원들은 안건이 통과될 때마다 요란하게 함성을 지르고 박수를 쳤다. 마치 주주제안자들을 압박하는 것 같았다. 일반 주주가 질문하는 것 또한 상상도 하기 힘든 분위기였다.

이제 모두가 기다린 제3호 안건, 이사 선임 건이다. 1주 1의 결권인 일반 투표와 달리 집중투표 원칙을 적용했다. 이는 두 명 이상의 이사를 선임할 때 각 주에 이사 수만큼 의결권을 부여하는 제도다. 즉 보유한 주식 수에 뽑는 인원수를 곱한 만큼 의결권을 갖는다. 이번 KT&G 주총에서는 대표이사를 포함해 이사 두 명을 뽑으니 1주당 의결권은 두 표다. 각 주주는 이 두 표를 한 명에게 다 행사할 수도 있고, 한 명에게 한 표씩 나누어 행사할 수도 있다.

FCP, 기업은행 모두가 제안하고 KT&G도 선뜻 동의해 집중투표로 사내이사와 사외이사를 선임하기로 했다. 뽑아야 하는 사람은 두 명, 후보는 세 명이었다. 꼴찌만 면하면 선임이다.

진행을 맡은 백복인이 발표했다.

■ 제3-1호: 대표이사 사장 방경만 선임의 건(KT&G 이사회 안)

이때 유선규가 손을 들었다. 그리고 현장에 참석한 주주들도 현장 투표를 할 수 있게 해달라고 건의했다. KT&G 측은 우왕좌왕했다. 담당자가 유선규에게 달려와 현장 투표를 원하는 게 맞는지 재차 확인했다. 당연했다. 현장은 일반 소액주주를 압박하는 분위기였다. 주총을 진행하는 백복인이 당연히 물어보아야 하는 일이었다.

하는 수 없이 현장 투표가 진행되었다. 현장에서 투표한 용지 수십 장이 모였고, 주주제안을 한 기업은행 측은 개표를 꼼꼼히 검수했다. 시간이 흘렀음에도 모든 주주가 현장을 떠나지 않고 자리를 지켰다.

국민연금이 찬성까지 했으니 재단 등이 집중되고 그럼 24%, 거기에 국민연금 7%, 그러면 합해서 31%, 나머지 주주들로부터 얼마나 받을 수 있을까? 기타 주주들 중에 '경영권 공백'이라는 협박은 묘하게 울림이 있었다. 이 말을 듣고 우려하는 마음에 어쩔 수 없이 현 경영진을 뽑는 주주도 적잖게 있을 것이었다. 특히 패시브 펀드들이 그랬다. 경영진이 감옥에 들어가지 않는 한 지지한다는 방침이 있었다. 게다가 KT&G에서 현금을 받아 퇴직연금을 운용하고 KT&G를 위해 채권을 발행하는 금융회사들. 이 모두는 KT&G의 영향권에 있다고 할 수 있었다. 방경만의 선임은 확실시되어 보였다. 얼마나 안전하게 되느냐, 아니면 가까스로 턱걸이로 되느냐의 문제였다.

한편 현직 사외이사이자 이사회 의장인 임민규도 표를 분산시킬 수 있는 요소였다. 임민규는 호화 출장에 대한 업무상 횡령 혐의로 경찰 조사를 받고 있었다. 하지만 딱히 이뻐서가 아니라 투표용지를 잘 보지 않고 기계적으로 회사 측에 투표하는 패시브 펀드도 많았다. 수백 수천 개 회사에 투표하기에 내용은 잘 보지도 않을 것이다. 그런 펀드가 전체의 얼마나 될까? 적어도 15%는 될 것이었다.

11시 15분경, 투표 결과 발표가 임박했다는 안내가 흘러나왔다. 장내 주주들의 관심은 다시 눈앞의 무대 위로 집중되었다. 다시 연단으로 올라온 백복인은 투표 결과를 발표했다.

　"제3-1호, 대표이사 사장 방경만 선임의 건입니다. 전체 참석 주주 1억 6,520만 7,264표 중 8,409만 7,688표를 얻어 득표율 50.9%로 가결되었습니다."[73]

　신임 사장 방경만 선임안이 통과되었다. 사장 선임에 통상 요구되는 50%에 미치지 못했지만 상대평가 원칙이 적용된 집중투표 덕이었다. 더군다나 KT&G 측 재단 등이 보유한 지분이 집중되어 12%가 몰렸다고 가정하면 나머지 주주로부터는 단 37%만을 받은 것이었다. 자사주를 기부받은 재단의 도움이 없었다면 사장이 될 수 없었을 터였다.

　결국 민영진-백복인에 이어 민영진의 비서실 출신 방경만이 바통을 넘겨받았다. 그래도 검증된 실패에도 불구하고 4연임까지 하려던 백복인을 막았다는 데 의미가 있었다. 방경만은 자신도 백복인처럼 되지 않으려면 주가를 신경 써야만 하는 처지가 되었다.

　"제3-3호, 사외이사 손동환 선임의 건은 5,660만 3,958표를 얻어 득표율 34.3%로 가결되었습니다."

　무난한 2위였다. 이로써 기업은행은 2018년의 참패를 설욕

했다. KT&G 측 직원들과 노조원들을 제외하고는 주총장의 모두가 박수를 보냈다. 기업은행 측 참가자들과 개인 주주 자격으로 참석한 사람들은 서로 얼싸안기도 했다.

임민규는 2,450만 5,618표를 얻어 득표율 14.8%로 선임안이 부결되었다. 꼴찌로 불신임 탈락하는 수모를 겪었다. 맨 앞줄 가운데에 앉아 있던 이사회 의장 임민규는 눈을 감았다. 이제 그의 앞에는 경찰 수사만이 남았다.

남은 두 가지 안건(제4호: 감사위원회 위원이 되는 사외이사 선임의 건, 제5호: 이사 보수 한도 승인의 건)도 무난히 가결되었다.

주총이 끝나고 백복인 사장은 기뻐하는 방경만을 데리고 들어갔다. 기자들이 취재를 위해 모여들고, 몇몇 해외 투자가와 소액 투자자가 FCP에 찾아와 인사를 건넸다. 2022년 이래 KT&G를 상대로 주주 캠페인을 벌여온 FCP에도 만족스러운 결과였다.

돌아보면 지난 2년간 최대 승자는 아이러니하게도 방경만이었다. 상사가 갑자기 투옥되는 바람에 사장이 된 백복인처럼, 행동주의 펀드의 공격이 얼떨결에 방경만을 사장으로 만들어 준 셈이었다. FCP가 없었다면 방경만은 지금도 백복인 밑에서 부사장을 하고 있을 것이고 백복인의 4연임, 5연임 이후 상황을 살펴야 했을 것이다.

엉뚱하게 이득을 본 사람이 방경만이라면, 주총 결과에 가장 큰 부담을 느낀 사람은 손동환이었다. 손동환은 주총 당일에도 모습을 보이지 않았다. 손동환에 대한 대중의 시각은 기대 반 우려 반이었다. 주총 당일 KT&G 주가는 보합이었다. 손동환이라는 호재와 방경만이라는 악재가 겹친 탓도 있었겠지만, 보다 근본적인 우려가 있었다.

손동환 후보는 판사 출신 교수일 뿐이다. 소비재 사업 경험도 전혀 없다. 18년간 판사로 재직하고 그다음에는 교수직. 대한민국 수천 개 상장사에서 자주 볼 수 있는 약력이다. 과연 제 목소리를 낼 수 있을까? 경영진을 감시, 감독할 수 있을까? 삼성그룹 미전실 임원에게 실형을 선고한 강단을 KT&G에서도 주주를 위해 발휘할 수 있을까?

2006년 칼 아이칸이 주주제안으로 사외이사를 입성시킨 후 2년 반 동안 KT&G 주가는 80%나 상승했다. 이번에는 어떻게 될까? 'KT&G의 밸류업을 위해서' 손동환을 사외이사로 추천한다던 기업은행의 말대로, 소액주주를 기억하고 KT&G 주가 정상화에 기여할 것인가?

이제 시선은 손동환 이사에게 집중되었다.

2025년, 대한민국

'경영권'이란 무슨 뜻일까? 너무 자주 쓰는 용어라 한 번도 생각해보지 않은 사람이 많다.

익숙한 이 단어는 사실 전 세계에서 우리나라만 쓰는 말이다. 인터넷에서 뜻을 검색하면 '사용자가 기업 경영에 필요한 권리, 근로자가 관여할 수 없는 배타적인 권리'라고 나온다. 어? 이건 우리가 아는 것과 전혀 다르다. 외부 침입에 맞서 계속 경영하는 권리라는 뜻 아니었나?

외국에도 'control stake'라는 표현으로 '회사의 경영에 영향을 줄 수 있는 지분'이라는 말은 있지만 '계속 자리를 보전할 수 있도록 임원들에게 주어진 권리'라는 개념은 존재하지 않는다.

경영진은 주주를 위해 일하는 사람이다. 실적에 따라 유임되기도 하고 경질되기도 하는 축구 감독과도 같은 존재다. 리그 꼴찌 축구팀 감독에게 '감독권'이란 말은 이상하다. 난방비를 가로챈 아파트 관리사무소장이 '소장권'을 주장하는 것 또한 이상하다. 경영권도 말이 안 되는 소리다.

이러한 혼란은 일부 세력이 경영권의 '권'을 권리라고 끊임없이 세뇌하기 때문이다. 경영권의 '권'은 권리(rights)가 아니라 권한(authority)을 의미한다. 권리가 자신의 사적 이익을 위해서 소유, 관리, 처분할 수 있는 것을 가리킨다면, 권한은 타인으로부터 위임받은 법적 지위를 말한다. 그러므로 사적인 이익을 위해서 권한을 행사하면 불법이다. 오직 위임인을 위해서, 위임의 목적 범위 내에서만 행사할 수 있다.

즉 경영권은 이사회가 주주로부터 위임받은 권한이며 오직 주주를 위해서, 주주가 위임한 목적 범위 내에서만 행사할 수 있다. 주주는 이사회가 주주를 위해서, 주주가 위임한 목적 범위 내에서 경영권을 잘 행사했는지 주기적으로 검증하고, 잘하면 보상하고 잘못하면 책임을 물어 퇴출시킨다.

경영권 방어도 외부 세력으로부터 이사회를 보호하는 것이 오직 주주 전체의 이익을 제고할 경우에만 허용된다. 이사회, 경영진의 사적 이익을 보호하는 것이 전혀 아니다. 경영권이 창업주 일가 같은 경영진이 가진 '권리'인 양 세뇌하고, 경영권을 사고팔고 상속할 수 있는 것인 양 혹세무민해서는 안 된다. 경영권을 자녀에게 승계하려면 주주의 검증과 승인을 거쳐 다시 위임받아야 한다. 전대 회장이 임의로 물려줄 수 있는 게 전혀 아니다.

따라서 경영은 '특권'이 아니다. '임무'일 뿐이다. 주는 사람도 뺏는 사람도 회사의 주인이다. 그러나 우리나라에서는 주주를 주인으로 보지 않는다. '회사의 주인'이 아니라 그저 주식이라는 투자증권을 보유한 소유주로 볼 뿐이다. 그래서 회사의 주인을 가리키는 '오너'라는 말이 따로 있다.

과거 우리나라는 정부와 재벌이 긴밀한 관계를 유지하며 놀라운 산업화를 이룩했다. 이런 관계는 성장의 신화를 이룩한 자랑스러운 역사의 산물이기도 하다. 그러나 이 과정에서 주주의 권리가 무시되었다. '주주'가 아니라 '경영진'이 회사의 주인 행세를 한다. 이러한 변태적 구도가 오랫동안 계속되다 보니 매일 막히는 교통 상황처럼 이제는 모두가 그러려니 한다.

기업공개를 한다는 것은 소유권을 나누고 다른 주주들을 주식 수만큼 똑같이 존중하겠다는 회사의 약속이다. 그러나 그런 기억은 이제 가물가물하다. 주총에 나가는 주주는 별난 사람 취급을 받고, 주주제안을 하는 투자자는 '먹튀'라고 손가락질을 받는다.

국민이 대통령을 감시하듯, 주주는 경영진을 엄정히 평가해야 한다. 사실 쉽지 않은 일이다. 엔비디아 주식을 사야 한다며 국장을 기피하는 지인도 사실 주주로서 주총에 한 표를 행사하지 않는다. 남들이 해주겠지 생각한다. 나는 샀다 팔면 그만이다. 남들보다 먼저 사고 먼저 팔면 된다. KT&G같이 회사 자산을 빼돌려 스스로 주주가 되어버린 회사가 있다는 것은 그만큼 주주가 손을 쓰기 힘들었다는 방증이다.

생업이 있는 일반 주주들이 '주주로서의 권리'를 찾을 현실적인 대안이 있을까? 답은 있다. 사외이사다. 사외이사는 주주를 대신해 사내이사 혹은 경영진을 감독하는 사람이다. 그것이 사외이사가 존재하는 이유다. 경영진과 골프 치고 명절 때 선물을 받았다고 사장 연봉을 올려주는 이익집단이 아니다. 주주에게 받은 임무를 명심해야 한다.

하지만 많은 기업에서 사외이사들은 사장을 상사로 모신다. 2024년 언론을 떠들썩하게 했던, 미국에서 초호화 접대를 받은 포스코 사외이사, 허위 출장보고서로 부부 동반 해외 관광을 했다는 KT&G 사외이사, 모두 같은 케이스다. 보도 후 한 명이라도 양심상 사임했다는 소식을 들은 적이 없다. 사실 그들이 그만둔들 결국 똑같은 사람들로 대체될 뿐이다.

보다 근본적으로 사외이사의 의무를 엄격히 묻는 법령 개정이 필요하다. 바로 그 법이 '이사의 주주 충실의무'다. 우리 법원은 이사가 '주주의 이익을 보호할 의무'를 지지 않는다는 뉘앙스의 판결을 여러 번 내렸다. 따라서 특히 합병, 인수, 주식 분할, 주식 교환, 영업 양도 등 자본 거래에서 회사 자산에 영향이 없다면, 아무리 주가를 폭락시키고 주주가 죽든 말든 이사는 책임지지 않는 것처럼 알려져 있다. 세상 어느 문명 국가에서 이런 말도 안 되는 범죄 행위가 백주에 벌어지고 국가가 이를 방치한단 말인가. 전 세계에서 딱 우리나라에서만 이런 범죄 행위를 방치한다. 주주 권리가 없는 나라, 수탈이 법으로 보장된 나라다.

최근에야 정부 주도로 주주 이익을 보호하는 것이 포함되도록 추진하고 있다. 많이 늦었지만 '코리아 디스카운트' 문제의 핵심에 접근하게 되어 다행스럽다.

법률신문 2024년 7월 20일 자에 실린 천경훈 서울대 로스쿨 교수의 기고문 '이사는 누구를 위해 일하는가'를 인용하며 책을 마무리한다.

우선 다음 두 질문을 구별해야 한다. 첫째, 이사는 누구의 수임인인가, 즉 누구에 대하여 수임인으로서 의무를 지는가의 문제이다. 이에 대한 현행법의 답은 '회사'이다. 회사와 이사의 관계에 관해 민법상 위임에 관한 규정을 준용하기 때문에(상법 제382조 제2항), 회사가 위임인이고 이사가 수임인이다. 배임죄와 관련하여서는 이사를 타인의 사무처리자라고 할 때 그 타인은 회사이다. 이것은 충실의무에 관한 제382조의3을 개정한다고 해서 달라지지 않는다. 미국, 영국, 독일, 일본 등 대부분의 입법례도 이사는 '회사에 대하여' 의무를 진다고 규정한다.

이와 구분해야 할 두 번째 질문은 이사가 회사의 수임인이라면 그 의무의 내용으로서 누구의 이익을 보호해야 하는가의 문제이다. 물론 그 일차적인 답은 '회사의 이익을 보호해야 한다'는 것이지만, 그것이 기계적으로 회사의 자산을 늘리는 것만을 의미하지는 않는다. 회사는 그 구성원인 주주들에게 이익을 분배하는 것을 주된 목적으로 하는 영리법인이므로, 회사의 수임인인 이사는 그 직무를 수행함에 있어 주주의 이익을 보호해야 한다. 특정 주주가 아닌 전체 주주(shareholder as a whole)의 이익증진이 이사의 의무의 중요한 내용이라는 점은 미국, 영국, 독일, 일본 등의 각종 문헌과 법령은 물론 국내 일부 교과서에서도 당연한 내용으로 기술된다.

대개 회사에 손익이 발생하면 그것이 주주의 손익으로 귀속되겠지만, 예외적으로 회사의 재산 증감을 거치지 않고 주주에게 직접 손익이 귀속되는 경우들이 있다. 이런 경우에도 이사는 주주이익을 무시

해도 되는 것이 아니라 주주이익을 보호해야 한다. 예컨대 합병계약을 협상하는 이사는 주주들이 정당한 합병비율을 받도록 노력해야 하고, 회사에 공개매수 제안이 들어왔을 때 이사는 그 가격과 조건이 부당함에도 주주들에게 매도를 재촉해서는 안 된다. "나는 회사의 수임인이지 주주의 수임인이 아니므로 내 직무수행으로 주주가 손해를 보건 말건 내 의무와 무관하다"는 주장은 상식에도 반하고 법적으로도 옳지 않다. 교수가 "나는 학교의 피용인이지 학생의 피용인이 아니므로 학생의 권익은 내 직무와 무관하다"라고 할 수는 없지 않은가.

그러나 일부 판례와 일부 논자들이 '회사와 주주는 별개'라는 명제를 지나치게 도식적으로 이해하여, 회사의 재산증감을 거치지 않고 직접 주주에게 손익이 미치는 문제에 관해서는 이사의 의무와 책임이 없는 것처럼 얘기하는 경우들이 있다. 이런 오해를 바로잡기 위해 첫 번째 문제를 건드리지 않으면서도 두 번째 문제를 명확히 하는 개정을 고려할 수 있지 않을까? 예컨대 현재의 선관주의의무 및 충실의무 조항을 유지하되, 이사가 직무수행에 있어 전체주주의 이익을 보호해야 하고 특정주주의 이익을 부당하게 침해해서는 안 된다는 취지의 조항을 덧붙이는 것이다.

감사의 글

2020년 9월 19일 오후 4시 45분 인천공항을 이륙해서 싱가포르 창이공항에 내리니 한밤중이었다. 곧바로 2주간 코로나19 팬데믹 격리에 들어갔다. 인생은 줄서기 아닌가. '어린 아들'이 있다고 어필해서 5성급 그랜드하얏트호텔을 배정받았다. 가족이 세 명이니 큰 방 두 개를 터서 지낼 수 있었다. 나중엔 방에서 숨바꼭질도 할 수 있었다.

그렇게 싱가포르 이민 생활이 시작되었지만 석 달 만에 향수병에 걸리고 말았다. FCP의 이상현 대표님, 유선규 상무님과 인터뷰하면서 외로움과 향수병을 달랠 수 있었다. 매번 인터뷰에 응해주신 두 분께 깊이 감사드린다.

쓰다 보니 KT&G 이사회와 경영진을 언급하지 않을 수가 없었다. 쓰디쓰게 비판한 대목도 많다. 그러나 사실 초안에 비하면 많이 순화했음을 밝혀둔다. 누구나 자신의 명예는 소중하고 누구에게나 사정은 있다. 많은 기업의 관행이니 억울할 수도 있겠다. 그러나 그 이면에 죽어나가는 주주들이 있음을 기억해야 한다. 그러므로 이런 책은 언젠가는 나올 수밖에 없었다. KT&G가 거기 있었고, 나도 피하고 싶지 않았다.

오늘 11월 21일 더불어민주당이 상법 제382조의3 "제1항" 이사의 충실의무 대상에 주주를 포함하는 상법 개정안을 발의했다. 법안을 발의해주신 의원들께 감사드린다. 윤석열 대통령, 한동훈 국민의힘 대표, 이복현 금감원장 등도 상법 개정 취지에 공감하는 뜻을 여러 번 비친 바 있다. 감사의 말씀과 함께 의지를 중간에 꺾지 마시라는 당부를 전한다. 반드시 상법 제382조의3 제1항 이사의 충실의무 대상에 주주를 포함하는 법률안 원안대로 의결되고 대통령의 거부권 행사 없이 바로 발효되길 진심으로 바란다.

추천사를 써주신 이남우 한국기업거버넌스포럼 회장님, 정동우 CFA한국협회 회장님, 이충희 서울경제신문 기자님, 남양유업 감사인 심혜섭 변호사님, 아시아 최대 의결권 컨설팅회사 조지슨의 카스 시도로위츠 글로벌 CEO님, 미국 미디어 CTFN의 딘 맥로비 기자님께도 깊이 감사드린다.

이 책은 우리 기업 거버넌스와 자본시장 개혁을 위해 분투하시는 분들에게 큰 빚을 졌다. 모든 분께 깊이 감사드린다.

2024년 11월 21일

김규식

주석

들어가며

1 하지만 지금까지 계속 연장되고 있다.

2 https://www.elliottmgmt.com

3 https://www.ielp.com/static-files/b68a9ffb-6659-4221-9d4b-6525434cc1e9

첫 번째 이야기: 1998년, 서울

4 "Scourge of the chaebol-How a soft-spoken, orchid-growing professor became South Korea's
   most audacious shareholder champion.", Institutional Investor, 2001. 3. 31.

5 "삼성 사외이사 '실권株'단기매매 폭리…9社 14명 26-190%수익", 한국경제, 2000. 10. 12.

두 번째 이야기: 2022년, 카파도키아

6 "백종수 부산지검장, 24년 검사생활 마무리 검찰 떠나", 로이슈, 2015. 2. 10.

7 "[단독]KARA 회장, 女오피셜 성추행 알고도 모른척?… "모터스포츠업계 파문"", 뉴스
   웨이, 2018. 7. 16.

8 "한국 대기업 사외이사 교수나 前공무원 일색, 해외 글로벌 기업의 CEO를 영입하라",
   조선일보, 2023. 2. 24.

세 번째 이야기: '담배로 해친 건강, 인삼으로 회복하자'

9 "[수도권뉴스]한국전매공사 설립 마무리 단계", MBC, 1987. 3. 30.

네 번째 이야기: 2006년, 서울

10 임기 중에 물러날 경우 퇴직금 외에 받는 거액의 보너스나 스톡옵션.

11 "Wall Street Rewired: Apple, Icahn, and the $17 Billion Tweet", Wired, 2013. 8. 16.

12 "Apple Expands Capital Return Program to Over $130 Billion", Apple press release, 2014. 4. 24

13 "Opinion: Carl Icahn's $2 billion Apple stake was a prime example of investment inequality",
   MarketWatch, 2016. 6. 7.

14 https://dart.fss.or.kr/dsaf001/main.do?rcpNo=20060207800261 케이티앤지 공정공시의무 (종합) 관련 사항. 2006. 2. 9.

15 "KT&G, 아이칸 '분리매각 요구' 거부", 경향신문, 2006. 2. 9.

16 https://dart.fss.or.kr/dsaf001/main.do?rcpNo=20060224800002 케이티앤지 기타 주요경영 사항(자진공시), 2006. 2. 24.

17 https://dart.fss.or.kr/dsaf001/main.do?rcpNo=20060228800138 케이티앤지 기타 주요경영 사항(자진공시), 2006. 2. 28.

18 "KT&G "경영권 방어 문제없다"", 연합뉴스, 2006. 3. 7.

19 https://dart.fss.or.kr/dsaf001/main.do?rcpNo=20060411800052 케이티앤지, 타법인 출자지분 처분결정(자진공시), 2006. 4. 19.

20 "[기업연구] KT&G를 이끄는 사람-곽영균 사장", 매경이코노미, 2005. 3. 8.

다섯 번째 이야기: 최장수 CEO

21 "[Who Is?] 백복인 KT&G 대표이사 사장-전략적 사고에 능해, 강한 업무추진력", 비즈니스포스트, 2017. 6. 28.

22 "광고업체 선정 '뒷돈'…백복인 KT&G 사장 1심 무죄", 중앙일보, 2017. 2. 2.

23 https://www.youtube.com/watch?v=9sNzKTqMQ0k '뭐? 문재인정권 청와대가 민간기업 사장을 바꾸려했다고?!', 신재민 유튜브 채널.

24 "[단독]흡연자 줄고 '전자담배 흡연자' 늘었다…소비세 첫 6천억대", 뉴시스, 2024. 9. 18.

25 e-나라지표 국세수입실적 현황, 2023.

26 "신재민 실종 신고부터 발견까지 '긴박'…IP 추적 실마리", JTBC, 2019. 1. 4.

여섯 번째 이야기: 두 개의 대한민국

27 "홈플러스 매각 공식화…원매자들에 티저 송부", 더벨, 2015. 6. 4.

28 2023 통계로 본 1인 가구, 통계청.

29 "Scourge of the chaebol-How a soft-spoken, orchid-growing professor became South Korea's most audacious shareholder champion.", Institutional Investor, 2001. 3. 31.

30 "What are the investment implications of passive overtaking active?", ftadvisor, 2024. 1. 16.

31 "[단독] 이중장부, 자산 부풀리기…금감원, 분식회계 의혹 KT&G 감리", 한겨레, 2017. 12. 29.

32 "국세청, 담배회사 KT&G 세무조사 착수", 뉴스핌, 2016. 12. 16.

33 "KT&G, 담배값 인상시 3300억원 챙겨...감사원 "징계방안 검토"", 뉴스핌, 2017. 1. 12.

34 환경(Environmental), 사회(Social), 지배구조(Governance)의 영문 첫 글자를 조합한 단어로 기업 경영에서 지속가능성을 달성하기 위한 3가지 핵심 요소라고 일컬어진다.

일곱 번째 이야기: 2020년, 도쿄

35 "安倍総裁と経団連会長が"ケンカ"", livedoor, 2012. 11. 28.

36 2023년 말 현재 국민연금의 수탁고는 8,000억 달러다.

여덟 번째 이야기: 2022년, 서울

37 플래쉬라이트 캐피탈 파트너스 홈페이지(www.flashlightcap.com)

38 https://manukahoneyofnz.com/blogs/manuka-honey-blog/the-history-of-original-manuka-honey

39 https://www.selfridges.com/SG/en/product/the-true-honey-company-limited-edition-2050+-mgo-rare-harvest-mānuka-honey-230g_R04239970/?cm_mmc=PLA-_-GoogleSG-_-FOODHALL-_-THETRUEHONEYCOMPANY&POR=Y&gad_source=1&gclid=Cj0KCQjw1qO0BhDwARIsANfnkv9koSoxRYKAhWe2lyKwFytQkmAqcQTDSg1amIgfxl9NEa2wGKUKai4aAkZqEALw_wcB&gclsrc=aw.ds

아홉 번째 이야기: 잃어버린 15년

40 플래쉬라이트 캐피탈 파트너스 홈페이지(www.flashlightcap.com)

41 당시 8월 평균 가격을 적용하면 18만 원.

42 당시 8월 평균 가격을 적용하면 45만 원.

43 "'인삼공사 인적 분할' 등 주주제안 받은 KT&G, 김앤장에 자문 받는다", 조선비즈, 2022. 11. 4.

44 "[단독] 인삼공사 분리 포석?...KT&G, 골드만삭스 자문사로", 한국경제 2022. 11. 14.

45 "행동주의 펀드 '협공'에 KT&G "절차 통해 수렴...26일 주주들과 소통"", 이데일리. 2023. 1. 19.

46 "[시그널] 삼성생명 출신 투자 귀재들 자본시장 '접수'", 서울경제, 2022. 9. 22.

열 번째 이야기: 짐이 곧 최대주주다

47 "[공익법인等] KT&G복지재단, 3년간 기부수익 66% '뚝'… 투명성 '글쎄'", NGO저널, 2023. 7. 28.

48 "[칼럼] 근로자와 사업주에게 모두 좋은 사내근로복지기금", 한국경제TV, 2024. 1. 25.

열한 번째 이야기: 주식 대통령

49 "국민연금 기금운용본부장에 안효준씨", 전북도민일보, 2018. 10. 8.

50 "'"연봉 차이 2배'… 국민연금, 해외 전문 인력 필요한데 구할 수가 없네", 아시아투데이, 2024. 1. 26.

51 국민연금기금운용본부, 기금 포트폴리오 현황, 2024.

52 "삼성물산, 11년 전 헤르메스의 악몽.. '먹튀' 재연되나", 머니투데이, 2015. 6. 4., "삼성물산·제일모직 합병 반대한 엘리엇.. '단기 먹튀' 장애물 없다", MTN뉴스, 2015. 6. 4.

53 "삼성물산과 제일모직 합병 후 국민연금 2천451억원 손실", 연합뉴스, 2023. 8. 30.

54 "이재용 다음달 22일 '삼성물산 부당 합병 의혹' 항소심, 3대 관전 포인트는…", 더밸류뉴스, 2024. 6. 20.

55 "[최준선 칼럼] 삼성물산 합병사건 무죄 피고인에 대한 보상은 누가 하나?", 아시아투데이, 2024. 2. 12.

열두 번째 이야기: '이번엔 투명하고 공정하게 하겠습니다'

56 "좋은기업연구소, KT&G 사장 연임 찬성의견 왜?", 주간현대, 2018. 3. 13.

57 "[단독] KT&G 사외이사들, 부부동반 외유 1000만원씩 회삿돈 썼다", 조선일보, 2024. 1. 25.

58 "현직 사장 연임 우선권 없앤 KT&G, 백복인 사장 거치는?", 머니투데이, 2023. 12. 14.

59 "[관점뉴스] KT&G 차기 대표 방경만 수석부사장 유력…FCP "인선 절차 불투명" 의혹 제기 '후폭풍' 불까", 뉴스투데이, 2024. 3. 25.

60 KT&G의 2024년 8월 공시에 의하면 3월에 퇴임한 백복인의 마지막 연봉은 32억 원이었다(퇴직금 별도). 업계 연봉킹으로 등극한 2021년(26억 원)을 뛰어넘는 기록적 금액이다.

61 "KT&G 대 기업은행, 주총 표대결 중심 선 방경만은 어떤 사람?", 뉴스드림, 2024. 3. 20.

62 "KT&G 새 사장에 내부 출신 '에쎄남' 방경만", 한국금융신문, 2024. 2. 23.

열세 번째 이야기: 백만 스물한 개비, 백만 스물두 개비…

63 "[KT&G 회계처리 논란] 알로코자이 외상값 2000억, 부실여부 '진실공방'", 더벨, 2020.
3. 10.

64 "British American Tobacco to pay $635m for North Korea sanctions breaches", BBC, 2023.
4. 26.

열네 번째 이야기: 시간 관계상 여기까지

65 https://app.saytechnologies.com/tesla-2024-q1?

66 https://www.pmi.com/investor-relations/press-releases-and-events/investor-day-2023

67 "KT&G, 다음달 11일 1분기 실적발표…사업부문별 매출·수익성 공개", 매일경제, 2023.
4. 25.

68. "KT&G, '릴' 수출 금액 2월 첫 공개…'깜깜이' 논란에는 묵묵부답", 조선일보, 2023. 2. 1.

69 https://www.kpf.or.kr/synap/skin/doc.html?fn=1707180676725.pdf&rs=/synap/result/
research/ '2023신문산업 실태조사', 한국언론진흥재단 2023.

열다섯 번째 이야기: 벌거벗은 임금

70 "궐련형 전자담배 릴 시리즈…해외 31개국 판매", 한국경제, 2023. 9. 3.

71 "KT&G 계열사 식약처 6번 속이고 아토피치료제 허가 받아", 경향신문, 2020. 7. 15.,
""대기업만 믿었다가…" 어느 '아토피 치료제' 개발자의 울분", 노컷뉴스, 2023. 3. 8.

열여섯 번째 이야기: 기업은행의 와신상담

72 https://www.issgovernance.com/about/about-iss/

73 "KT&G 5대 사장에 방경만 선임…실적개선·투명성은 과제", 블로터, 2024. 3. 28.

찾아보기

할 말 하는 주주

초판 1쇄 | 2024년 12월 5일

지은이 | 김규식

펴낸곳 | 액티브
펴낸이 | 김기호
편집 | 양은희
기획관리 | 문성조
디자인 | 표지·1-1company, 본문·채홍디자인

신고 | 2022년 5월 27일 제2022-000008호
주소 | 서울시 용산구 한강대로 295, 503호
전화 | 02-322-9792
팩스 | 0303-3445-3030

이메일 | activebooks@naver.com
블로그 | https://blog.naver.com/activebooks

ISBN | 979-11-983353-8-8
값 | 20,000원